Burkhard Olschowsky (Hg.):

Akteur im Stillen.
Enno Meyer und sein Engagement für die Aussöhnung mit Polen und Juden

Schriften des Bundesinstituts für Kultur und Geschichte der Deutschen im östlichen Europa
Band 73

DE GRUYTER
OLDENBOURG

AKTEUR IM STILLEN

ENNO MEYER UND SEIN ENGAGEMENT FÜR DIE AUSSÖHNUNG MIT POLEN UND JUDEN

herausgegeben von

Burkhard Olschowsky

DE GRUYTER
OLDENBOURG

Bibliografische Information der Deutschen Nationalbibliothek
Die Deutsche Nationalbibliothek verzeichnet diese Publikation in der Deutschen Nationalbibliografie; detaillierte bibliographische Daten sind im Internet über <http://dnb.ddb.de> abrufbar.

Library of Congress Cataloging-in-Publication Data
A CIP catalog record for this book has been applied for the Library of Congress.

Veröffentlicht durch den Verlag De Gruyter Oldenbourg, München 2019

Titelbild: Enno Meyer 1977, Quelle: Nordwest-Zeitung, Bernd Backenköhler

Umschlaggestaltung: NRDesign AGD (Oldenburg)

Satz, Layout: Oliver Rösch

Druck: officina, Oldenburg

ISBN 978-3-11-059718-9

Inhalt

Familiäre Erinnerung

Anhang

Burkhard Olschowsky

Einführung

Der Oldenburger Gymnasiallehrer Enno Meyer war ein früher Wegbereiter der Verständigung zwischen Deutschen und Polen sowie Deutschen und Juden. Der vorliegende Band geht auf einen biografischen Workshop über Leben und Wirken Enno Meyers zurück, der am 8. und 9. Oktober 2015 im Bundesinstitut für Kultur und Geschichte der Deutschen im östlichen Europa in Oldenburg stattfand. Mitveranstalter waren das „Europäische Netzwerk Erinnerung und Solidarität" (Warschau) und die Deutsch-Polnische Gesellschaft Oldenburg. Eingeladen waren sowohl Wissenschaftler als auch Zeitzeugen und Weggefährten, um über Enno Meyer Auskunft zu geben und sich auszutauschen. Die damaligen Referentinnen und Referenten sind zum überwiegenden Teil auch in diesem Band vertreten.

Paneldiskussion auf dem Workshop mit den einstigen Lehrerkollegen Enno Meyers: Rolf Pottebaum, Hans-Jürgen Lorenz, Werner Broll und dem früheren Schüler Uwe Hoffmann (v.l.), moderiert von Burkhard Olschowsky

In dieser Publikation werden ungewöhnliche Wege der biografischen Annäherung an Enno Meyer beschritten, da verschiedenartige Texttypen zusammengeführt werden. Neben den wissenschaftlichen Aufsätzen von Stefan Guth, Wolfgang Jacobmeyer, Thomas Strobel und Burkhard Olschowsky stehen Beiträge von Krzysztof Ruchniewicz und Dieter Goertz, die Zeitzeugenschaft und wissenschaftliche Expertise vereinen, und solche, die auf dem Zeugnis von Kollegen und Schülern des Lehrers Enno Meyer basieren. Hinzu kommen schließlich die Erinnerungen der ältesten Tochter Elisabeth sowie der Söhne Martin und Borchard Meyer-Renschhausen an ihren Vater.

Mit ihrem besonderen Wissen können Trägerinnen und Träger familiärer Erinnerungen einen authentischen, persönlichen Zugang zu der Person schaffen, die im Zentrum des Interesses steht. Zugleich sind familiäre Erinnerungen unvermeidlich selektiv. In der skizzierten Vielfalt der Textgattungen liegt eine gewisse Spannung, die dem Informationsgehalt dieses Bandes zugutekommt, da jeder Beitrag auf eigene Weise bestimmte Phasen bzw. Facetten im Leben von Enno Meyer beleuchtet. Durch die Kombination von wissenschaftlicher Darstellung und Einordnung mit persönlicher Schilderung lässt sich eine größere Dichte der Beschreibung erreichen. Eine solche Herangehensweise gewinnt insbesondere dann an Bedeutung, wenn, wie in diesem Falle, die Anzahl der schriftlichen Quellen begrenzt ist.

Der vorliegende Band zeichnet keine kohärente Biografie. Vielmehr fügt er aus verschiedenartigen Quellen ein biografisches Mosaik zusammen, an dem sich das Persönlichkeitsmuster von Enno Meyer ablesen lässt. Dies bedarf der ständigen Reflektion über die Interdependenz von strukturellen Zwängen, denen der Protagonist ausgesetzt war, seinen individuellen Anlagen und Möglichkeiten.[1]

Dabei ist auch von Interesse, welche Erziehungspraktiken und kulturelle Muster in Enno Meyers Elternhaus herrschten und wie ihn seine Schulzeit prägte. Diese kultursoziologische bzw. praxeologische Herangehensweise basiert auf der Annahme, dass Kinder und Jugendliche durch die vorgegebene Lebensform in einem überschaubaren sozialen Umfeld sozialisiert werden.[2] Erst als junge Erwachsene beginnen sie, die materielle und soziale Umwelt nicht mehr als bloße Speicherung von Informationen aufzunehmen, sondern integrieren das Neue in das bereits Gewusste oder Erlernte – hin zu einem komplexen Bild vom Leben.[3] Dabei wird das Ver-

1 Wolfram Pyta: Biografische Arbeiten als Methode. Geschichtswissenschaft. In: Christian Klein (Hg.): Handbuch Biographie. Methoden, Traditionen, Theorien. Stuttgart 2009, S. 331–338, hier S. 336.

2 Andreas Reckwitz: Auf dem Weg zu einer kultursoziologischen Analytik zwischen Praxeologie und Poststrukturalismus. In: Monika Wohlrab-Sahr (Hg.): Kultursoziologie. Paradigmen – Methoden – Fragestellungen. Wiesbaden 2010, S. 179–205, hier S. 197.

3 Dorothee Wierling: Geboren im Jahr Eins. Der Jahrgang 1949 in der DDR. Versuch einer Kollektivbiographie. Berlin 2002, S. 16.

traute vornehmlich in oder nach krisenhaften Situationen in Frage gestellt.[4] In der Wechselwirkung von sozialem Umfeld, persönlicher Disposition und dem Moment des Zufalls (etwa durch Begegnungen oder Erlebnisse) ist Enno Meyers Lebenslauf im Umfeld der Zäsur des Jahres 1945 auf neue Handlungsoptionen und veränderte Einstellungen hin zu betrachten.[5]

Gemessen an der Bedeutung seines Wirkens für die deutsch-polnische und die deutsch-jüdische Verständigung erstaunt es, dass es kaum Literatur über Enno Meyer gibt. Grundlegend sind seine eigenen kursorischen Erinnerungen von 1988 sowie die Arbeit von Krzysztof Ruchniewicz aus dem Jahre 1994.[6] Der Fokus beider Schriften und weniger Aufsätze liegt auf den Schulbuchgesprächen und den Bemühungen um die Gründung der Deutsch-Polnischen Schulbuchkommission im Jahre 1972.[7]

Der vorliegende Sammelband hätte ohne die Offenheit, Hilfe und vor allem ohne die aktive Mitarbeit der Kinder Enno Meyers, die mir private Quellen und Bildmaterial zugänglich machten, nicht entstehen können. Dafür möchte ich Elisabeth, Borchard und Martin Meyer-Renschhausen ganz herzlich danken. Hans-Jürgen Lorenz als ehemaliger Lehrerkollege Enno Meyers hat mir etliche Hinweise gegeben und Türen geöffnet, wofür ihm großer Dank gebührt. Von den befragten ehemaligen Schülern sei Uwe Hoffmann erwähnt, der den Band mit seinen detaillierten Erinnerungen bereichert hat. Unter den vielen Zeitzeugen, die mir mit großem Engagement Auskunft gaben, möchte ich den 104-jährigen Freund und früheren Klassenkameraden Hans von Seggern hervorheben. Eher spät und unverhofft stieß ich auf ihn; unsere längeren und fruchtbaren Gespräche vermittelten mir manchen Einblick in das schulische Milieu und die politische Atmosphäre Oldenburgs in der Weimarer Republik.

---

4 Olaf Hähner: Historische Biographik: Die Entwicklung einer geschichtswissenschaftlichen Darstellungsform von der Antike bis ins 20. Jahrhundert. Frankfurt/Main u.a. 1999, S. 256.

5 Vgl. Rudolf Jaworski, Hans-Christian Petersen: Biographische Aspekte der „Ostforschung“. Überlegungen zu Forschungsstand und Methodik. In: Eckhard Hübner, Mathias Niendorf, Hans-Christian Petersen (Hg.): Ostmitteleuropa im Fokus. Ausgewählte Aufsätze von Rudolf Jaworski. Osnabrück 2009, S. 169–186, hier S. 178.

6 Enno Meyer: Wie ich dazu gekommen bin. Die Vorgeschichte der deutsch-polnischen Schulbuchgespräche 1948–1971 (Studien zur internationalen Schulbuchforschung 56). Braunschweig 1988; Krzysztof Ruchniewicz: Enno Meyer a Polska i Polacy (1939–1990). Z badań nad początkami Wspólnej Komisji Podręcznikowej PRL – RFN (Prace Historyczne VII) [Enno Meyer und Polen (1939–1990). Aus den Forschungen zu den Anfängen der Gemeinsamen Schulbuchkommission der Volksrepublik Polen und der Bundesrepublik Deutschland]. Wrocław 1994.

7 Krzysztof Ruchniewicz: Enno Meyer – Pionier des Dialogs und der deutsch-polnischen Verständigung. In: Krzysztof Ruchniewicz: Zögernde Annäherung. Studien zur Geschichte der deutsch-polnischen Beziehungen im 20. Jahrhundert. Dresden 2005, S. 303–309; Ders.: Zögernde Annäherung. Der Beginn des wissenschaftlichen Dialogs zwischen polnischen und deutschen Historikern in der Nachkriegszeit. In: Ansichten. Jahrbuch des Deutschen Polen-Instituts Darmstadt 11 (2000), S. 23–54.

Burkhard Olschowsky

Ein Porträt – Schule, Studium und Kriegsdienst

Enno Meyer wurde im Jahre 1913 in Oldenburg in eine gutbürgerliche Familie hineingeboren und auch in der ehemaligen Residenzstadt eingeschult. Sein Vater war Kaufmann und wählte traditionell die Deutschnationale Volkspartei, die in Oldenburg ausgeprägt konservativ war und gegen ein Bündnis der Parteien SPD und DDP[1] im Land Oldenburg opponierte.[2]

Vor und während des Ersten Weltkriegs war Oldenburg eine Garnisonsstadt, in der u.a. Paul von Hindenburg Dienst tat und dort Ende des 19. Jahrhunderts zum Regimentskommandeur aufstieg. Auch aus diesem Grunde wurde dem betagten Feldmarschall nach dem Krieg in Oldenburg besondere Zuneigung zuteil, so auch im Elternhause Meyers. Um seiner Verehrung für Hindenburg Ausdruck zu verlei-

1. Paul von Hindenburg als „Befreier des Ostens“, 1914

hen, fuhr der Vater eigens nach Hannover, in der Hoffnung den „Helden von Tannenberg“ dort zu Gesicht zu bekommen. Zu seiner Freude erhielt er ein Autogramm Hindenburgs unter einem mitgebrachten Foto, welches über viele Jahre einen Ehrenplatz in der Meyerschen Wohnung eingenommen hat, gleich neben dem Porträt Otto von Bismarcks in Form einer Brandmalerei. An Feiertagen wurden im Hause Meyer lokalpatriotisch die Oldenburger Farben blau-rot geflaggt, keinesfalls jedoch schwarz-rot-gold, die Farben der jungen Weimarer Republik.[3]

1 DDP – Deutsche Demokratische Partei.

2 Wolfgang Günther: Freistaat und Land Oldenburg (1918–1946). In: Albrecht Eckhardt, Heinrich Schmidt (Hg.): Geschichte des Landes Oldenburg. Oldenburg 1987, S. 403–490, hier S. 417–430.

3 Hans W. Meyer: Schuljahre 1915–1927, aufgezeichnet 1985 (Manuskript im Besitz des Autors), S. 7.

2. Der Schüler Enno Meyer am heimischen Schreibtisch

Das Jahr 1918 war in mehrfacher Hinsicht eine Zäsur für Oldenburg und seine Bewohner. Die Oldenburger Soldaten mussten während des Ersten Weltkriegs einen hohen Blutzoll entrichten. Infolge der Bestimmungen des Versailler Vertrages wurde das Oldenburgische Infanterie-Regiment Nr. 91 nach 1918 aufgelöst; die Soldaten wurden demobilisiert.[4]

Einschneidend waren vor allem die Auflösung des Großherzogtums und die Gründung des Freistaates Oldenburg. Für die Geschäftsleute der Stadt, so auch Enno Meyers Vater, war das revolutionäre Aufbegehren der Matrosen und Arbeiter im nahen Wilhelmshaven und Bremen Anlass zu höchster Beunruhigung. Sie gründeten Bürgerwehren, um zu verhindern, dass der revolutionäre Funke auf Oldenburg und seine Arbeiterschaft übersprang. Das nächtliche Wachehalten hat auch der junge Enno Meyer als etwas Einschneidendes erlebt und in seinen autobiografischen Notizen festgehalten.[5]

Fassungslosigkeit herrschte bei vielen Oldenburger Schülern, so auch bei Ennos älterem Bruder Hans (geb. 1909), darüber, dass der in der öffentlichen Meinung

4 Erinnerungen des Oldenburgischen Infanterie-Regiments Nr. 91 aus dem Weltkrieg 1914/18. Im Anhang eine Übersicht über die Schlachten, Verluste und die Unterstellungsverhältnisse des O.I.-R. 91. Oldenburg 1921.

5 Enno Meyer: Autobiografische Notizen, S. 10 (im Besitz des Autors).

weithin gelobte Kaiser Wilhelm II. abdankte und ins Exil nach Holland ging.[6] Ähnliches galt für den Versailler Friedensvertrag und seine Folgen. Dass Deutschland alle Kolonien verlor und Elsass-Lothringen an Frankreich und Nordschleswig an Dänemark abtreten musste, war aus Sicht der Familie Meyer bitter, wurde aber als Ergebnis des verlorenen Krieges hingenommen. „Als gar nicht fassbar und geradezu katastrophal empfanden auch wir Kinder aber die Abtrennung von Ostpreußen durch den sogenannten polnischen Korridor."[7]

Es war diese Atmosphäre der Fassungslosigkeit ob des Umbruchs und das Festhalten an verfügbaren traditionellen Autoritäten und politischen Mustern, die Enno Meyer im Elternhaus und in der Schule erlebte. Sie haben seine Persönlichkeitsentwicklung nachhaltig beeinflusst.[8]

Realgymnasium – „Verein für das Deutschtum im Ausland" und „Jungstahlhelm"

Ab 1925 besuchte Meyer das Realgymnasium in der Oldenburger Innenstadt. Es handelte sich um eine traditionsreiche Schule der Oldenburger Eliten, in der die Erinnerung an die Kaiserzeit gepflegt wurde, was sich u.a. in der schwarz-weiß-ro-

3. Das Oldenburger Realgymnasium in den 20er Jahren

6 Hans W. Meyer: Schuljahre 1915–1927 (wie Anm. 3), S. 5.
7 Hans W. Meyer: Schuljahre 1915–1927 (wie Anm. 3), S. 6.
8 Vgl. Andreas Gestrich: Vergesellschaftung des Menschen. Einführung in die Historische Sozialisationsforschung. Tübingen 1999, S. 102.

ten Beflaggung äußerte. Ausdruck der deutschnationalen und tendenziell völkischen Gesinnung am Realgymnasium war u.a. das Wirken des „Vereins für das Deutschtum im Ausland“ (VDA), für dessen Mitgliedschaft an dieser und anderen Oldenburger Schulen intensiv geworben wurde, mit dem Ergebnis, dass im Jahrgang 1914/1915 etwa 25 Prozent der Schüler dem VDA angehörten.[9]

Der VDA hatte sich zur Aufgabe gemacht, die Schüler über das „Grenz- und Auslandsdeutschtum“ vor allem im östlichen Europa zu informieren und gegen die „polnische Willkür“ in Westpreußen und Ostoberschlesien zu agitieren. In der Ausgabe des VDA-Jahrbuchs von 1926 heißt es drohend: „Eines verkenne man nicht: wir haben einen Rechtsgrund, die Revision des Versailler Diktats zu fordern, wenn auch unsere Machtmittel zu solcher Umgestaltung der Friedensbedingungen gegenwärtig noch nicht ausreichen. Aber mit dem Grade unserer inneren Erstarkung und der wachsenden Erkenntnis von der Unwahrheit der Kriegsschuldlüge in der Welt und vom Sitze eines bedrohlichen Militarismus in Paris wird auch die Zwangsjacke des Diktats von Versailles und St. Germain fallen.“[10]

4. Das Logo des „Vereins für das Deutschtum im Ausland“ (VDA) mit der Kornblume

Der 1930 auf zwei Millionen Mitglieder angewachsene Verband übte erheblichen Einfluss auf die Lehrer, Schulbuchverlage und Volksbildungsminister aus und erfreute sich der Unterstützung zahlreicher Organisationen aus dem deutsch-völkischen und monarchistischen Spektrum.[11] Der VDA selbst artikulierte „Überwertigkeitsvorstellungen vom Deutschtum und einer Unterwertigkeitsvorstellung von fremden Völkern“, wie der Sozialökonom Oskar Stillich (1872–1945) in seiner programmatischen Schrift „Fort mit dem VDA aus deutschen Schulen!“ 1930 kritisch anmerkte.[12]

Auch Enno Meyer zeigte sich empfänglich für die Themen und Ziele dieser Organisation. Mit Unterstützung seines Deutsch- und Geschichtslehrers Lüthke, der als VDA-Vertrauenslehrer fungierte, beteiligte er sich aktiv an einer „VDA-Schulgruppe“, die sein Banknachbar Hans von Seggern ins Leben gerufen hatte und zu der etwa 15 Schüler gehörten. Sie lasen den *Jung-Roland*, das Monatsblatt für die Schulgruppen des VDA, recherchierten die Situation der Deutschen vor allem in Polen, abonnierten die Bromberger *Deutsche Rundschau* und das *Memeler Dampf-*

9 Schulakten des Oldenburger Realgymnasiums. Stadtarchiv Oldenburg, Bestand 262-1, AGO II, Nr. 9.

10 Hugo Grothe im Jahrbuch des Vereins für das Deutschtum im Ausland, Ausgabe 1926, S. 101.

11 Wegweiser durch das Grenz- und Auslandsdeutschtum und durch seine unterrichtliche Behandlung in unseren Schulen, 2. Aufl. Dresden 1933, S. 5f.

12 Oskar Stillich: Fort mit dem VDA aus deutschen Schulen!. Breslau 1930, S. 5–7.

boot und informierten sich in Referaten über die „Auslandsdeutschen“.[13] Enno Meyers Engagement im VDA korrespondierte mit seiner Vorliebe für die Fächer Geschichte und Erdkunde. Ferner interessierten ihn früh die Ortsnamenkunde und alles, was mit „Auslandsdeutschtum“ zusammenhing.

Seit der Obersekunda[14] war Enno Meyer zudem Mitglied des 1923 entstandenen „Jungstahlhelms“, einer völkischen militaristischen Organisation, in der die Heranwachsenden mit Unterstützung der Reichswehr „körperlich ertüchtigt“ werden und eine erste militärische Ausbildung erhalten sollten. Letzteres geschah unter gezielter Umgehung der Bestimmungen des Versailler Vertrags, die ein strikt demilitarisiertes Deutschland verlangten.[15] Wandern und Kleinkaliberschießen, die Grundlagen des Stahlhelmsports, zählten zum abverlangten Ertüchtigungsprogramm der Schüler des Oldenburger Realgymnasiums, die dem „Jungstahlhelm“ angehörten.[16] „Mit dem Begriff ‚Wandern‘ umschrieb man Marschübungen, deren Zweck es war, ‚den Körper zu stählen‘ und ihn an ‚Entbehrungen‘ zu gewöhnen.“[17] Derlei Übungen machte der schlaksige und etwas versonnene Enno Meyer zwar mit, gefallen haben dürften sie ihm, der im Schulsport nie über die Note vier hinauskam, eher nicht. Ihn faszinierten die Völker- und Naturbeschreibungen ferner Länder, was mit seinem Interesse für Geschichte einher ging, ein Schulfach, in dem er Einsen sammelte. Ferner liebte er ausgedehnte Radtouren mit den Klassenkameraden Hans von Seggern und Rolf Fischer. Mit Ersterem fuhr er z.B. 1931 nach Doorn, auch in der Hoffnung, den exilierten Kaiser Wilhelm II. zu Gesicht zu bekommen. Ein Wunsch, der sich für beide erfüllte.[18]

5. Das Logo des „Jungstahlhelms“

Joachim Tautz bemerkt, dass der „Jungstahlhelm“ vor allem im protestantisch-deutschnationalen Milieu eine Sozialisationsinstanz war. Zugleich war er ein Instrument der Mobilisierung junger Männer als Ersatz für den seit 1918 weggefalle-

13 Interviews mit Enno Meyers Klassenkameraden und Freund Hans von Seggern vom 4.4.2018 und 7.5.2018.

14 Obersekunda bezeichnete die 11. Klasse an damaligen Gymnasien.

15 Joachim Tautz: Militaristische Jugendpolitik in der Weimarer Republik. Die Jugendorganisationen des Stahlhelm, Bund der Frontsoldaten: Jungstahlhelm und Scharnhorst, Bund deutscher Jungmannen (Theorie und Forschung 588/Zeitgeschichte 8). Regensburg 1998, S. 31.

16 Interviews mit Hans von Seggern vom 4.4.2018 und 7.5.2018.

17 Tautz: Militaristische Jugendpolitik (wie Anm. 15), S. 95.

18 Interview mit Hans von Seggern vom 4.4.2018; vgl. Bernd-A. Rusinek: Die Kultur der Jugend und des Krieges. Militärischer Stil als Phänomen der Jugendkultur in der Weimarer Zeit. In: Jost Dülffer, Gerd Krumeich (Hg.): Der verlorene Frieden. Politik und Kriegskultur nach 1918 (Schriften der Bibliothek für Zeitgeschichte 15). Essen 2002, S. 171–198, hier S. 175.

nen Wehrdienst. „Die Existenz [...] des Jungstahlhelms war durch die Aktivitäten ehemaliger Offiziere mit entsprechenden sozialen Bindungen und Verbindungen vorgegeben, die die Organisationsnormen setzten, in die sich die Jugendlichen und jungen Männer unter Einfluss ihres Herkunftsmilieus freiwillig einpassten".[19]

6. Der Schulfreund Hans von Seggern

Das Gros der Schüler des Oldenburger Realgymnasiums wie auch Enno Meyer waren von der bündischen Bewegung beeinflusst, die ein parteipolitisches Engagement ablehnte und zur rechten Mitte tendierte. Für sie wurde der Mythos von der Erneuerung der Nation aus der Niederlage des Ersten Weltkriegs heraus zur prägenden politischen Erwartungshaltung. Sie präferierten daher überwiegend neokonservative Ideen, die durch eine Abwendung vom Prinzip der liberalen Öffentlichkeit gekennzeichnet waren.[20]

Als weitaus prekärer für das Selbstverständnis vieler Heranwachsender sollte sich die Distanz zur jungen Weimarer Republik erweisen. Sie fußte auf einer Gegnerschaft zur Demokratie und zur sozialistischen Arbeiterbewegung. Positiv konnotiert waren hingegen ein expansiver Nationalismus sowie ein deutlicher Antislawismus, indes der Antisemitismus eher schwach ausgeprägt war. Mit seinen nationalistisch-konservativen Anschauungen und aufgrund personeller Verbindungen rückte der „Stahlhelm" in die Nähe der NSDAP, denn seinen Anliegen, eine Rückkehr zu militärischer Stärke und verlorene Gebiete im „Osten" zurückzugewinnen, hatten sich die Nationalsozialisten ebenfalls verschrieben.[21]

19 Tautz: Militaristische Jugendpolitik (wie Anm. 15), S. 494.

20 Hans Mommsen: Generationenkonflikt und politische Entwicklung in der Weimarer Republik. In: Jürgen Reulecke (Hg.): Generationalität und Lebensgeschichte im 20. Jahrhundert (Schriften des Historischen Kollegs 58). München 2003, S. 115–126, hier S. 118; Wolfgang Krabbe: Die gescheiterte Zukunft der Ersten Republik. Jugendorganisationen bürgerlicher Parteien im Weimarer Staat (1918–1933). Opladen 1995, S. 177f.; vgl. Jens Hacke: Existenzkrise der Demokratie: Zur politischen Theorie des Liberalismus in der Zwischenkriegszeit. Berlin 2018, S. 77–84.

21 Tautz: Militaristische Jugendpolitik (wie Anm. 15), S. 497; Die Glorifizierung der Abstimmungskämpfe in Oberschlesien unter Beteiligung deutscher Freikorps: „Aber in ihren nervigen Fäusten flattern die Fahnen vom oberschlesischen Annaberg, unten denen ein Leo Schlageter sie erfolgreich gegen die raublustige Polenbanden geführt hat.", Hans Brenning: 10 Jahre Stahlhelm-Kreisgruppen Oldenburg. Oldenburg 1930, S. 40.

Nach dem Abitur 1933 absolvierte Enno Meyer mit anderen Schülern, die im „Jungstahlhelm" aktiv waren, so auch mit seinem Freund Hans von Seggern, eine zehntägige Wehrübung auf dem Truppenübungsplatz Munster, die von einem Oberstleutnant der Reichswehr geleitet wurde. Dieser Umstand imponierte den Abiturienten Meyer und von Seggern ebenso wie der Pomp des „Tages von Potsdam" am 21. März 1933. Die Betonung des Soldatisch-Preußischen schien Deutschland aus Sicht der beiden Abiturienten nach Jahren der Wirtschaftskrise und der „nationalen Demütigung" nunmehr Zuversicht und neues Selbstbewusstsein einzuflößen. Dieses Hochgefühl wurde freilich etwas getrübt, als sich Meyer und von Seggern wenige Wochen später in der SA wiederfanden. Denn alle Mitglieder des „Jungstahlhelms" wurden in die paramilitärische Kampforganisation der NSDAP eingegliedert, die als gewaltbereite und primär aus Arbeitern und einfachen Angestellten rekrutierte Ordnertruppe unter Jugendlichen aus dem Bildungsbürgertum keinen guten Ruf genoss.[22]

7. Der Abiturient Enno Meyer

Ehe Meyer und von Seggern ihre Heimatstadt zum Studium verließen, machten sie sich per Rad von Fulda nach Wien auf. Eine Tour, die aufgrund ihrer Länge und landschaftlichen Schönheit später noch für angenehmen Gesprächsstoff zwischen beiden sorgte und auf die Hans von Seggern Jahrzehnte später Bezug nahm.[23]

Studium

Im Herbst 1933 begann Enno Meyer eine Banklehre in Osnabrück, wo er zugleich im Selbststudium anfing, Polnisch zu lernen. Für das Nachbarland und seine Sprache zeigte er viel Interesse. Weit weniger befriedigte ihn die Banklehre, die er Ostern 1934 abbrach. Auf Anraten des von ihm geschätzten Geschichts- und Geografielehrers Johannes Dietrich Dannemann und mit Erlaubnis der Eltern ging er im Som-

22 Enno Meyer beklagte später den „rüden Kommißton" in den SA-Lagern. Brief von Enno Meyer an seine Geschwister Hans, Gerold und Almuth vom 12.10.1936 (dieser und die folgenden zitierten Briefe im Besitz des Autors); Interview mit Hans von Seggern vom 7.5.2018.

23 Hans von Seggern: Predigt zur Beisetzung von Dr. Enno Meyer, Garnisonskirche Oldenburg vom 12.6.1996 (im Besitz des Autors).

8. Die Geschwister Enno, Almuth, Gerold und Hans Anfang der 30er Jahre (v.l.)

mersemsester 1934 zum Studium der Geschichte, Geografie und Germanistik nach München.[24]

In den 20er Jahren galt München als ein Sammelbecken völkischer und reaktionärer Gruppen, denen viele Studenten angehörten und deren Radikalisierung und Präsenz mit der Zeit zunahm. Die „Machtergreifung" der Nationalsozialisten 1933 brachte eine Reihe von Änderungen für die Münchener Universität mit sich: Ein neues Studentengesetz wurde eingeführt, der Lehrkörper von jüdischen und politisch unliebsamen Personen „gesäubert" und der Lehrplan entsprechend den Vorstellungen der neuen Machthaber ausgerichtet.[25] Hinzu kamen die eindeutigen ideologischen Vorgaben, die insbesondere den Historikern zwischen 1933 und 1945 gemacht wurden. Sie sollten fortan Reichs-, Volks- und Rassengeschichte betreiben und ihre Forschungs- und Lehrtätigkeit entsprechend ausrichten.[26]

Wie sein fünf Jahre älterer Bruder Hans schloss sich Enno in der bayerischen Landeshauptstadt der deutschnationalen Burschenschaft „Rhenania" an. Dort fand er

24 Meyer: Autobiografische Notizen (wie Anm. 5), S. 15.

25 1918 bis 1945: Weimarer Republik und Zeit des Nationalsozialismus, Homepage der LMU München <https://www.uni-muenchen.de/ueber_die_lmu/portraet/geschichte/zusammenhaenge/08_weimar_ns/index.html> (Abruf, 7.8.2018).

26 Frank-Rutger Hausmann: Die Geisteswissenschaften im „Dritten Reich". Frankfurt/Main 2011, S. 428.

Unterkunft und auch eine geistige Heimstatt während der ersten beiden Studienjahre, in denen es galt, den Anforderungen des Studiums, den Pflichten der Verbindung (u.a. mit Mensuren, Kneipen), politischen Schulungen und Sport sowie der zunehmenden Beanspruchung durch die SA nachzukommen.[27]

Wie das Gros der deutschen korporierten Studenten waren die Rhenanen 1914 mit Begeisterung in den Krieg gezogen, für ihr Schicksal steht symbolisch „Langemarck"[28]. Die aus dem Weltkrieg zurückgekehrten Studenten waren andere geworden. Der Nationalismus der Studenten wandte sich nun erstmals gegen den eigenen Staat.[29] Symptomatisch war deren Verhalten in den frühen Jahren der Weimarer Republik. Die Rhenanen wie auch andere Münchener Burschenschaftler schlugen zusammen mit Freikorpsverbänden die Münchener Räterepublik im Mai 1919 gewaltsam nieder. Nicht wenige Rhenanen beteiligten sich auch am Hitler-Putsch im November 1923 in München, wie in den Mitteilungen dieser Burschenschaft nicht ohne Stolz ausgeführt wurde.[30]

9. Das Wappen der Burschenschaft Rhenania

Zusammen mit anderen Studentenverbindungen betrieben auch die Rhenanen ab 1928 Wehrsport in einem eigens dafür errichteten Lager in Neuburg an der Donau. Nach Vereinbarung mit dem VDA fuhren seit 1928 die aktiven Bundesbrüder in die Gottschee (Kočerska/Slowenien), um „deutsche Sprachinseln inmitten ihrer slowenischen Umgebung im schweren Abwehrkampf um die Erhaltung ihres deutschen Volkstums" zu unterstützen, so Enno Meyer 1959, im unzeitgemäß völkischen Duktus, in der von ihm verfassten Geschichte der Rhenania.[31] 1935 fuhr er mit vier aktiven Bundesbrüdern in die Gottschee, um dem Anliegen nach Stärkung der „deutschen Sprachinseln" im Rahmen der „Grenz- und Auslandsarbeit" gerecht zu werden. Meyer konstatierte in seinem Reisebericht einerseits die wirtschaftlichen

27 Brief von Enno Meyer an seine Geschwister Hans, Gerold und Almuth vom 14.9.1934; Zweiter Tätigkeitsbericht. In: Mitteilungen der Burschenschaft Rhenania, 35 (1934), S. 21f.

28 Am 10. November 1914 fand ein verlustreiches Gefecht in der Nähe des belgischen Ortes Langemarck statt. Der Tod deutscher Soldaten (unter ihnen Studenten) wurde in der Weimarer Republik propagandistisch zum „Mythos von Langemarck" überhöht.

29 Harald Lönnecker: Das studentische Weltbild im 20. Jahrhundert. Frankfurt/Main 2000, S. 6 (Abruf, 17.6.2018 unter: www.burschenschaft.de); Wolfgang Zorn: Die politische Entwicklung des deutschen Studententums 1918–1931. In: Wolfgang Klötzer (Hg.): Darstellungen und Quellen zur Geschichte der deutschen Einheitsbewegung im neunzehnten und zwanzigsten Jahrhundert, Bd. 5. Heidelberg 1965, S. 223–307.

30 Enno Meyer: Die Geschichte der Münchener Burschenschaft Rhenania, 1927–1958. München 1959 (interne Publikation), S. 11, 14; Bundesbruder Walter: Der totale Bund im totalen Staat. In: Mitteilungen der Burschenschaft Rhenania, 34 (1933), S. 12–15, hier S. 15.

31 Meyer: Die Geschichte der Rhenania (wie Anm. 30), S. 9f.

Schwierigkeiten der Landbevölkerung, betonte zugleich, dass „das Zusammengehörigkeitsgefühl ganz hervorragend ist, praktisch ist heute die ganze Gottschee nationalsozialistisch“.[32] Durch diese Erfahrungen, aber auch durch deren völkische Aufladung, wurde sein seit der Schulzeit bestehendes Interesse für die deutschen Minderheiten des östlichen Europa verstärkt.

Anfang der 30er Jahre fand der 1926 gegründete „Nationalsozialistische Deutsche Studentenbund“ (NSDStB) in der Studentenschaft größeren Zuspruch. Der Studentenbund verstand sich als „Kampfgemeinschaft von Nationalsozialisten an den Hochschulen“ und fiel durch seinen politischen Aktivismus in Form von Demonstrationen, Versammlungen und Flugblattaktionen auf. Sein Weltbild ähnelte dem der studentischen Korporationen. Unterschiede bestanden hinsichtlich der totalitären, egalitären und antibürgerlichen Zielsetzungen des „Nationalsozialistischen Deutschen Studentenbunds“.[33]

Ausdruck der zunehmenden Attraktivität nationalsozialistischen Gedankengutes war der Beschluss des Dachverbandes „Deutsche Burschenschaft“ 1931 über ein Verbot der Mitgliedschaft in der KPD und in der SPD, das die Rhenanen nach heftigem internen Streit auch umsetzten. Es traf einen ihrer profiliertesten Bundesbrüder: Heinz Potthoff, Experte für Arbeitsrecht und langjähriger Reichstagsabgeordneter der Deutschen Demokratischen Partei, der 1930 zur SPD übergetreten war.[34]

Mit der Machtergreifung der Nationalsozialisten bekamen die ohnehin ausgeprägten völkischen Gedanken eine stärkere politische und rassistische Färbung, wodurch die urburschenschaftlichen Prinzipien ‚Ehre‘, ‚Freiheit‘, ‚Vaterland‘ aus der ersten Hälfte des 19. Jahrhunderts umgedeutet wurden. Ab 1933 mussten Bundesbrüder jüdischer Herkunft aus der Rhenania ausscheiden.[35] Bei der Umsetzung dieser Bestimmungen tat sich besonders Otto Nippold (1902–1940) hervor. Er war Teilnehmer am Hitler-Putsch 1923, stellvertretender Gauleiter von München-Oberbayern und seit 1934 Bundesleiter der Rhenania.[36]

Während seiner aktiven Bundeszeit in München 1934/35 erlebte Enno Meyer, wie die Rhenania und andere Burschenschaften nicht ganz freiwillig in den „Nationalsozialistischen Deutschen Studentenbund“ inkorporiert wurden. In der Folge wurden aus Studentenverbindungen Kameradschaften. Das bürgerliche bzw. adligelitäre Selbstverständnis vieler Corps verbunden mit „Kneipen“ sollte „spartanischer

32 Enno Meyer: Die Gottscheefahrt 1935. In: Mitteilungen der Burschenschaft Rhenania, 41 (1935), S. 13–15, hier S. 15.

33 Lönnecker: Das studentische Weltbild (wie Anm. 29), S. 7; Konrad H. Jarausch: Deutsche Studenten 1800–1970. Frankfurt/Main 1984, S. 157, 162.

34 Meyer: Die Geschichte der Rhenania (wie Anm. 30), S. 17f.

35 Der Führer der Deutschen Burschenschaft Otto Schwab: Führerbrief Nr. 6. In: Mitteilungen der Burschenschaft Rhenania, 33 (1933), S. 4; Meyer: Die Geschichte der Rhenania (wie Anm. 30), S. 12.

36 Meyer: Die Geschichte der Rhenania (wie Anm. 30), S. 29.

Einfachheit und Härte" weichen.[37] Die neuen Studentenbund-Kameradschaften waren z.B. angehalten, Gemeinschaftsabende u.a. mit Arbeitern zu organisieren. Diese egalitaristischen Versuche, die mit Ernüchterung endeten, wurden bald aufgegeben.[38] „Der geringe Einfluss der eingesetzten Kameradschaftsführer bei zunehmendem Einfluss alter Inaktiver und der Altherrenschaften […] und die mangelnde Tauglichkeit des Führungspersonals in den Hochschulgruppen trugen dazu bei, die Studentenbunds-Kameradschaften nach innen mehr und mehr zu Korporationen alten Stils werden zu lassen".[39]

Enno Meyer erlebte diese Veränderungen als Aktiver vor Ort und äußerte in den Briefen an seine Geschwister sein Befremden über die Art und Weise der strukturellen Gleichschaltung der Rhenania.[40] In Fortsetzung einiger Traditionen der Rhenania wurde 1938 die Altherrenschaft „Planetta" gegründet. Während des Zweiten Weltkrieges fungierte „Planetta" als Kameradschaft, mit deren Mitteilungsblatt ein loser Kontakt zwischen den Bundesbrüdern gehalten werden konnte, die an verschiedenen Fronten eingesetzt waren.[41]

10. Das Mitteilungsblatt der Kameradschaft „Planetta" während des Krieges

Im März 1936 wechselte Enno Meyer nach Königsberg, um das staatlicherseits propagierte und durch Fahrpreisermäßigungen geförderte „Ostsemester" zu absolvieren. Die lange Bahnreise nach Königsberg führte ihn durch den sogenannten „polnischen Korridor" in die neu gegründete Hafenstadt Gdynia (Gdingen), die als Zugang zur Ostsee für Polen von strategischer Bedeutung war. Ihre moderne Architektur nannte Enno Meyer „hässlich und amerikanisch" und folgte damit den Stereotypen, die deutsche konservative und nationalistische Kreise in Danzig vertraten.[42]

---

37 Otto Schwab: Führerbrief Nr. 6 (wie Anm. 35), S. 3; Die ambivalente Haltung zum NDStB-Beitritt geben folgende Beiträge wieder. „Burschen heraus! Rhenania auf dem rechten Wege!" sowie Das Stiftungsfest. Die Rede des Sprechers Joachim Hertz-Kleptow. In: Mitteilungen der Burschenschaft Rhenania, 40 (1935), S. 1–7, 18f.

38 Bundesbruder Heinzel: Burschenschaftlicher Abend. In: Mitteilungen der Burschenschaft Rhenania, 34 (1933), S. 9–12; Walter Rose: 4. Arbeitsbericht. In: Mitteilungen der Burschenschaft Rhenania, 35 (1934), S. 10–14; Walter Rose: Die Aktivitas berichtet. In: Mitteilungen der Burschenschaft Rhenania, 37 (1934), S. 8–11.

39 Lönnecker: Das studentische Weltbild (wie Anm. 29), S. 9.

40 Brief von Enno Meyer an seine Geschwister vom 7.4.1936.

41 Meyer: Die Geschichte der Rhenania (wie Anm. 30), S. 40–43; Von der Rhenania zur Planetta. In: Mitteilungen der Münchener Burschenschaft Rhenania, 58 (1938).

42 Brief von Enno Meyer an seine Geschwister vom 7.4.1936; In der Danziger Presse war über die Neubauten in Gdynia (Gdingen) zu lesen: „Grau-weiße Klötze" in „wunderbarer Landschaft, die

11. Als Student in Rostock 1936

Zuvor hatte er seinen älteren Bruder Hans in Berlin besucht, der seit 1935 als Elektroingenieur in der Hauptstadt arbeitete. Beide waren Mitglieder der Oldenburger Schülerverbindung Vandalia und der Rhenania, auch interessierten sie sich für Politik. Anders als sein jüngerer Bruder Enno hinterfragte Hans früh Institutionen und Autoritäten und scheute nicht davor zurück, daraus auch Konsequenzen zu ziehen. So trat er aus der evangelischen Kirche und später aus der Rhenania aus. Die massive Aufrüstung betrachtete er als friedensgefährdend und die NS-Organisation „Kraft durch Freude" als Propagandaaktion, was bei Enno Meyer auf Unverständnis stieß. Er hielt die Aufrüstung für „das Allernotwendigste, wenn Deutschland wieder hochkommen will" und sah sie als rein defensiv gegen das Ausland gerichtet: „Ein Leben in ‚Schönheit und Würde' kann ein Staat seinen Bürgern doch nur dann ermöglichen, wenn er den Nachbarn die Möglichkeit nimmt, sich in seine Verhältnisse einzumischen."[43]

In Königsberg studierte er mit Passion, zudem nutzte er die angebotenen universitären Exkursionen und unternahm eigene Reisen durch Ostpreußen bis an die Grenze zu Polen sowie nach Litauen, auch um die Geschichte und Kultur des Ermlands und der Masuren näher kennenzulernen. Seine positiven Eindrücke von den Einwohnern und der fremden Schönheit der Natur hielt er in Briefen an seine Eltern und Geschwister fest. In der Stadt am Pregel lernte Enno Meyer unter anderem weiter intensiv Polnisch.[44]

Im Herbst 1936 wechselte er nach Rostock, wo sein Interesse an der wissenschaftlichen Arbeit wuchs. „In dem traditionell junkerlich-deutschnational geprägten und ‚judenarmen' Land Mecklenburg hatten die ‚deutschbewußten' universitären Gremien und die deutschnationalkonservativ geprägte Berufungspolitik der Schweriner Kultusverwaltung lange vor der Machtübernahme der NSDAP dafür gesorgt, dass an der Universität Rostock keine liberal oder gar sozialdemokratisch eingestellten Hochschullehrer und nur wenige jüdische Professoren vorhanden waren."[45]

---

die Polen nicht in angemessener Form zu gestalten verstanden" – Zitat aus: Ostdeutscher Beobachter, 4.8.1942, zit. nach Maria Odyniec: Gdynia w prasie niemieckiej Wolnego Miasta Gdańska 1920–1939 [Gdynia im Spiegel der Presse der Freien Stadt Danzig 1920–1939]. Gdańsk 1983, S. 167f.

43 Brief von Enno Meyer an seine Geschwister vom 12.10.1936.

44 Briefe von Enno Meyer an seine Geschwister vom 7.4. und 24.6.1936.

45 Michael Buddrus, Sigrid Fritzlar: Die Professoren der Universität Rostock im Dritten Reich. Ein biographisches Lexikon (Texte und Materialien zur Zeitgeschichte 16). München 2007, S. 19f.

Die Masse der späteren Professoren waren begeisterte Freiwillige im Ersten Weltkrieg. Nicht wenige der Hochschullehrer waren ab 1918 auch aktive Angehörige von Freikorps. „Auch bei den älteren, schon vor Kriegsbeginn als Professoren berufenen Wissenschaftlern hat der Erste Weltkrieg vorhandene Denkweisen und Handlungsmuster verfestigt, vor allem die Form seines Endes: Der die deutsche Niederlage besiegelnde Versailler Vertrag ließ die mehrheitlich kaisertreu und monarchistisch eingestellte Professorenschaft ebenso wie das Gros der vielfach nationalistisch und völkisch geprägten Nachwuchswissenschaftler und Studenten zu teils erbitterten Gegnern der Weimarer Republik werden."[46]

Charakteristisch für diese Einstellungen ist der Werdegang von Kurt Stegmann von Pritzwald, der 1938 bis 1939 vertretungsweise den Lehrstuhl für vergleichende Sprachwissenschaft an der Universität Rostock übernommen hatte. Aufgewachsen in Lettland, engagiert im VDA, teilte er mit Enno Meyer das kulturelle Interesse am Auslandsdeutschtum im östlichen Europa und wurde so sein Ratgeber und Tutor. Stegmann von Pritzwald hatte nach dem Ersten Weltkrieg in Freikorps und der Baltischen Landeswehr gegen die Rote Armee gekämpft, zeigte bereits vor 1933 eine Affinität zum Nationalsozialismus und war während des Krieges als Experte baltischer und slawischer Sprachen und Kultur im „Reichskommissariat Ostland" tätig.[47] Nach dem Angriff auf die Sowjetunion setzte er sich im „Reichskommissariat Ostland" unter anderem dafür ein, „den deutschen Geist an den Hochschulen" der baltischen Länder wiedererstehen und die „lebendige Verbindung [...] mit dem Gedankengut des Nationalsozialismus" Wirklichkeit werden zu lassen.[48]

In Rostock unterrichtete Kurt Stegmann von Pritzwald Polnisch und Litauisch. Zu seinen Studenten zählte Enno Meyer, der von diesem baltendeutschen Hochschullehrer mehr lernte als die bloßen Sprachkenntnisse. Er freundete sich mit ihm an und profitierte während und vor allem nach dem Krieg von seiner praktischen Hilfe, seinem breiten Wissen über das östliche Europa und seinem wissenschaftlichen Urteil.[49]

46 Buddrus, Fritzlar: Professoren der Universität Rostock (wie Anm. 45), S. 17f.

47 Kurt Stegmann von Pritzwald (1901–1962) gehörte im Juli 1932 zu den Unterstützern der NSDAP. Nach dem Überfall Deutschlands auf die Sowjetunion brauchte der in Reval (Russland/Estland) geborene Alfred Rosenberg, Leiter des Reichsministeriums für die besetzten Ostgebiete, Kenner baltischer und slawischer Sprachen in seinem „Reichskommissariat Ostland". Dort war Stegmann seit Ende Oktober 1941 als Hochschulreferent, später als Leiter des wissenschaftlichen Beirats tätig. Schließlich übernahm er ab November 1943 die Leitung des Sonderreferats Wissenschaft und Kultur im Reichsministerium für die besetzten Ostgebiete. Anastasia Antipova, Gerd Simon (unter Mitwirkung von Joachim Hentschel, Jörg Peter Jatho, Ulrich Schermaul und Irene Schuricht): Chronologie Kurt Stegmann von Pritzwald <https://homepages.uni-tuebingen.de/gerd.simon/ChrStegmann13.pdf> (Abruf, 13.8.2018).

48 Dr. Kurt Stegmann: Wissenschaftsideal und Hochschule. In: Ostland, Monatsschrift des Reichskommissars für das Ostland, 3 (1942), S. 14–17.

49 Enno Meyer: Wie ich dazu gekommen bin. Die Vorgeschichte der deutsch-polnischen Schulbuchgespräche 1948–1971 (Studien zur Internationalen Schulbuchforschung 56). Braunschweig 1988, S. 11.

Hervorhebenswert ist Enno Meyers Beitritt zur NSDAP am 1. Mai 1937 während seiner Rostocker Studienjahre. Dieser erfolgte rückwirkend, denn beantragt hatte er ihn erst am 10. Juni 1937.[50] Diese Aufnahme in die Partei korrespondiert mit dem Ende der formalen Aufnahmesperre für neue NSDAP-Mitglieder, die zwischen Mai 1933 und Mai 1937 bestand. Was ihn bewog, der NSDAP beizutreten, lässt sich kaum ergründen, zumal er nach 1945 weder im Familienkreis noch in seinen Erinnerungen darüber Auskunft geben mochte.

Fest steht hingegen, dass er im Mai 1939 sein Examen in Geschichte, Geografie und Deutsch an der Universität Rostock mit Auszeichnung ablegte und ein Jahr später mit einer geo- und ethnografischen Abhandlung über die Insel Poel mit „Magna cum Laude" bei Otto Jessen (1891–1951) promovierte.[51]

Ein Ereignis hatte ihn während seiner Rostocker Studienzeit erschreckt: die „Reichskristallnacht". Diese erlebte er zufällig bei einem Besuch in Berlin bei seinem Bruder Hans. In der Hauptstadt sah er konsterniert und beschämt die rauchende Ruine der Synagoge in der Fasanenstraße.[52]

Tätigkeit im Deutschen Ausland-Institut

Zeitgleich mit dem Beginn des Zweiten Weltkrieges am 1. September 1939 begann Enno Meyer seine Tätigkeit als wissenschaftlicher Mitarbeiter am Deutschen Ausland-Institut (DAI) in Stuttgart. Er hatte sich auf Anraten seines Tutors Kurt Stegmann von Pritzwald, der dem wissenschaftlichen Rat des DAI angehörte, bei diesem Institut beworben. Hier konnte er seinem besonderen Interesse, der Erforschung von Minderheiten nachgehen.

Das DAI hatte ursprünglich den Zweck, die Beziehungen zum Auslandsdeutschtum zu pflegen und dessen Schul-, Vereins- und Pressearbeit zu fördern. Es stand anderen NS-Institutionen mit seiner Expertise zur Verfügung, insbesondere bei der „praktischen Volkstumsarbeit", die ab 1940 mit der Umsiedlung von Volkdeutschen als Folge des Hitler-Stalin-Paktes deutlich zunahm.[53] Enno Meyer war in der von Hans Joachim Beyer (1908–1971) gegründeten wissenschaftlichen Abteilung „Volksforschung" tätig. Nach seiner Tätigkeit am DAI wurde Beyer 1940 Professor für „Volksforschung mit besonderer Berücksichtigung Osteuropas" am neu gegründeten „Deutschen Auslandswissenschaftlichen Institut" der Friedrich-Wilhelms-Universi-

50 Bundesarchiv Berlin, R 9361-XI Kartei / 27130847.

51 Die Hauptfächer Geschichte und Geografie schloss er mit Auszeichnung ab, das Nebenfach Deutsch mit gut. Enno Meyer: Die Insel Poel. Eine landes- und inselkundliche Untersuchung. Rostock 1940.

52 Information von Elisabeth Meyer-Renschhausen. Siehe ihren Beitrag in diesem Band.

53 Katja Gesche: Kultur als Instrument der Außenpolitik totalitärer Staaten. Das Deutsche Ausland-Institut 1933–1945. Köln u.a. 2006, S. 113–123; Ernst Ritter: Das Deutsche Ausland-Institut in Stuttgart 1917–1945 (Frankfurter Historische Abhandlungen 41). Wiesbaden 1976, S. 92–97.

tät Berlin. Zugleich war er als SS-Mitglied für das Reichssicherheitshauptamt tätig. In seinen Schriften und in der Praxis vertrat er unverhohlen eine rassistische „Umvolkung“ im östlichen Europa.[54]

12. Das Logo des Deutschen Ausland-Instituts in Stuttgart in der NS-Zeit

Ähnlich wie Beyer galt Meyers Interesse dem Nachbarland Polen, und so fragte er einen Kollegen des Instituts, der eine Funktion in Warschau im neu geschaffenen Generalgouvernement übernommen hatte, „ob es dort nicht auch für“ ihn „eine Betätigungsmöglichkeit gäbe. Die Antwort war abschlägig. Später erfuhr Meyer, dass es die Aufgabe jenes Kollegen war, in Warschauer Bibliotheken all das zu kennzeichnen, was zur „Abgabe“ an reichsdeutsche Institutionen geeignet schien. Rückblickend war er daher froh, dass dieser Kelch an ihm vorbeigegangen war.[55]

Meyer blieb zwar indirekt bei dem Thema ‚Polen‘, wandte sich aber nun, die umfangreiche Bibliothek des DAI nutzend, den Auslandspolen in den Benelux-Staaten und in den Vereinigten Staaten zu. Zudem beschäftigte er sich mit „Volksfranzosen und Fremdstämmigen unter den namhaften Persönlichkeiten Frankreichs“. In einem Artikel verunglimpfte er die engagierte Journalistin und Kriegskorrespondentin auf Seiten von General Charles de Gaulles, Ève Curie (1904–2007), als „eine der übelsten Blüten der Schriftsteller-Emigration“. Ferner behauptete er wahrheitswidrig, dass die Tochter der Physiker Marie Skłodowska (1867–1934) und Pierre Curie (1859–1906) in New York mit einem Juden verheiratet sei.[56] So als würde dieser Hinweis hinreichend ihren „üblen“ Charakter für die deutsche Leserschaft bekräftigen. Tatsächlich heiratete Ève Curie 1954 den amerikanischen Diplomaten Henry R. Labouisse (1904–1987), der von 1954 bis 1958 UN-Hochkommissar für die palästinensische Flüchtlingshilfe war.

In einem Aufsatz über die „Volksgruppenbildung der Amerikapolen“ in der Zeitschrift *Volksforschung* aus dem Jahre 1940 attestierte Enno Meyer ihnen Folgen-

54 Hans Joachim Beyer: Fragen der Umvolkung. Stuttgart 1937, S. 369–386; Hans Joachim Beyer: Umvolkung. Studien zur Frage der Assimilation und Amalgamation in Ostmitteleuropa und Übersee (Prager Studien und Dokumente zur Geistes- und Gesinnungsgeschichte Ostmitteleuropas 2). Brünn 1945.

55 Enno Meyer: Wie ich dazu gekommen bin (wie Anm. 49), S. 12f.

56 Enno Meyer: Volksfranzosen und Fremdstämmige unter den namhaften Persönlichkeiten Frankreichs. In: Deutschtum im Ausland, 25, 7/8 (1942), S. 163–171; Teil 2: ebenda, 26, 9/10 (1942), S. 192–196, hier S. 194.

des: „Wenn man zusammenfassend die Bedeutung der Polen im Leben Amerikas überblickt, so kann man nur sagen, dass sie für den Aufbau, die Kultur und die Zivilisation der Vereinigten Staaten nichts beigetragen haben, weder durch einzelne schöpferische Persönlichkeiten noch als Volksgruppe. Wenn man die geduldige Arbeit der polnischen Arbeitermassen auch als etwas Politisches gelten lassen will, so wird dies größtenteils durch das Verbrechertum polnischer Abstammung wieder ausgeglichen. Zusammen mit den Neueinwanderern der verschiedensten Herkunft stellen die Polen ein Element dar, das trotz mehr oder minder äußerlicher Amerikanisierung in stärkster Weise den ursprünglich rein germanischen und nordischen Charakter der Vereinigten Staaten verändert."[57]

Davon abgesehen, dass die USA mit ihrer indigenen Bevölkerung und der erzwungenen Zuwanderung von Farbigen schwerlich einen „nordischen" Charakter aufweisen konnte, ist Enno Meyers stereotype, unterschwellig rassistische und antipolnische Argumentation auffällig. Darin passte er sich anderen Autoren, die in der Zeitschrift *Volksforschung* publizierten, an.[58]

Dienst in der Wehrmacht

Im März 1940 wurde der junge Forscher zur Wehrmacht eingezogen. Weil er sich nach eigenem Bekunden vor militärischem Stumpfsinn fürchtete,[59] kam er durch Vermittlung seines Hochschullehrers Kurt Stegmann von Pritzwald (1901–1962) in das „Bau-Lehrbataillon z.b.V. 800" in Brandenburg, eine dem Oberkommando der Wehrmacht unterstellte Einheit „zur besonderen Verwendung", wo er u.a. den Umgang mit Sprengstoff erlernte. Hier traf er auf zahlreiche Auslandsdeutsche, die bereits in anderen verbündeten Armeen gedient hatten. Anschließend kam er zur „Abwehr" (der Spionageabteilung der Wehrmacht) nach Frankreich. In Paris arbeitete Meyer in einer Dienststelle unter dem Kommando von Hauptmann Alfred Carl Toepfer (1894–1993),[60] das ein Netz von V-Leuten aufbaute, „die wenn nötig für deutsche Interessen eintreten sollten".[61] Toepfer unterhielt im Auftrag der Besatzungsbehörden Kontakte zu deutschfreundlichen Separatisten, die er bereits in der Vorkriegszeit

57 Enno Meyer: Zur Frage der Volksgruppenbildung der Amerikapolen. In: Volksforschung, 4, 1 (1940), S. 8–21, hier S. 20f.

58 Die Zeitschrift *Volksforschung* war eine der vom Deutschen Ausland-Institut herausgegebenen Publikationen, in der insbesondere die Wissenschaftler des DAI regelmäßig Beiträge schrieben.

59 Meyer: Autobiografische Notizen (wie Anm. 5), S. 20.

60 Alfred Carl Toepfer kam aus einfachen Verhältnissen, wurde durch den Ersten Weltkrieg und seinen anschließenden Dienst in Freikorps völkisch geprägt. Über seine Stiftung finanzierte er Organisationen im völkisch-nationalistischen Spektrum und arbeitete im „Dritten Reich" eng mit dem SD (Sicherheitsdienst) zusammen.

61 Meyer: Autobiografische Notizen (wie Anm. 5), S. 25.

geknüpft hatte, auch um mit ihrer Hilfe Résistance-Gruppen zu unterwandern und den Widerstand der Franzosen gegen die deutsche Besatzung zu schwächen.[62]

Enno Meyer, der seine Landes- und Französischkenntnisse in weiteren Beiträgen für das Stuttgarter DAI nutzte, schilderte den Rhenania-Bundesbrüdern seinen „privilegierten" Dienst mit entschuldigendem Tonfall: „Seit fast einem Jahr aber bin ich in das OKW-Amt Ausland geraten, bin ‚Sonderbeauftragter', d.h. Zivilist und wohne als völlig schlichter Bürger in Paris mit meinem vielköpfigen Personal in einem schönen Haus an der Seine, wo ich mich meinen Studien widme und so ziemlich mein eigener Herr bin. Sogar ein Frühjahrsaufenthalt an der Riviera ließ sich einflechten. Als einzige Entschuldigung kann ich anführen, daß ich gegen meinen Willen hierher gekommen bin. Vom Krieg merkt man hier so gut wie gar nichts, höchstens, daß man komischerweise plötzlich Frontzulage kriegt, wenn in der Umgebung einmal ein paar Bomben gefallen sind. Das sind so die Heimkrieger. Aber was soll man machen, sobald wird mein Idyll hier wohl kein Ende haben! So interessant die Arbeit ist, für die Reste militärisch-kriegerischen Ehrgeizes, die ich noch besitze, ist sie auf die Dauer nicht das Richtige."[63]

Die französische „Idylle" endete für ihn im Mai 1942. Als Infanterist im Range eines Unteroffiziers wurde er erst nach Diwenskaja (zwischen Pleskau [Pskov] und Leningrad) zur Ausbildung und im Juli an die Wolchow-Front südlich von Leningrad versetzt.[64] Ein Einschnitt in mehrfacher Hinsicht: Aus dem ruhigen, beinahe idyllischen Einsatzorten in Frankreich kam er an einen der umkämpftesten Frontabschnitte des Zweiten Weltkriegs. Die Wehrmacht hatte Anfang September 1941 die Drei-Millionen-Metropole an der Newa eingeschlossen, um die dortige Bevölkerung auszuhungern. Im Januar 1942 begann eine große sowjetische Offensive in einem schwierigen, tief verschneiten Gelände, um die deutsche Blockade zu durchbrechen und so die Einwohner Leningrads vor dem Hungertod zu bewahren.[65] Es folgten monatelange harte Abnutzungskämpfe mit beiderseits hohen Verlusten in

---

62 Jan Zimmermann: Alfred Toepfers „Westschau". In: Burkhard Dietz, Helmut Gabel, Ulrich Tiedau (Hg.): Der Griff nach dem Westen. Die „Westforschung" der völkisch-nationalen Wissenschaften zum nordwesteuropäischen Raum 1919–1960, Bd. 2. Münster 2003, S. 1061–1090, hier S. 1062f.; Georg Kreis, Gerd Krumeich, Henri Menudier, Hans Mommsen, Arnold Sywottek: Einleitung. In: Dies. (Hg.): Alfred Toepfer. Stifter und Kaufmann. Bausteine einer Biographie. Kritische Bestandsaufnahme. Hamburg 2000, S. 1–11, hier S. 6.

63 Enno Meyer am 14.8.1941. In: Mitteilungsblatt der Kameradschaft und Altherrenschaft „Planetta", 8/9 (1942), S. 40.

64 Niedersächsisches Landesarchiv Oldenburg, Erw. 80, Ref. 271-81, Nr. 28, Brief von Enno Meyer an Krzysztof Ruchniewicz vom 13.5.1991; Meyer: Wie ich dazu gekommen bin (wie Anm. 49), S. 16.

65 Jürgen Kilian: Wehrmacht und Besatzungsherrschaft im Russischen Nordwesten 1941–1944. Praxis und Alltag im Militärverwaltungsgebiet der Heeresgruppe Nord. Paderborn u.a. 2012, S. 89f.; Jörg Ganzenmüller: Das belagerte Leningrad 1941–1944. Die Stadt in den Strategien von Angreifern und Verteidigern. Paderborn u.a. 2005, S. 96f.

13. An der Wolchow-Front, südlich von Leningrad 1942

einem stark bewaldeten Terrain, das sich in der Tauperiode über weite Flächen in eine Sumpflandschaft verwandelte.[66] Um die vorgerückte Rote Armee, die militärstrategisch nach den Verlusten des Vorjahres schnell dazugelernt hatte,[67] dort einzuschließen und zurückzudrängen, wurden im Frühjahr 1942 Divisionen an die Wolchow-Front verlegt und neue Soldaten rekrutiert, unten ihnen auch „volksdeutsche" Soldaten, die sich zumeist als Polen fühlten.[68]

An diesem Frontabschnitt erlebte Meyer eines Tages, wie jene „Volksdeutschen", konkret Kaschuben, in größerer Zahl zur Roten Armee überliefen.[69] Was ungewöhnlich war, da die polnischen Wehrmachtssoldaten mit ihrer ausgeprägt antisowjetischen Einstellung, die in der Zweiten Polnischen Republik allgemein propagiert worden war, eher an der Westfront desertierten.[70] Die Bataillonsführung war völlig überrascht. Die zurückgebliebenen „Volksdeutschen" wurden von der Front abgezogen und zum Knüppeldammbau eingesetzt.[71] In der Folge setzte eine zweifa-

66 Bundesarchiv, Militärarchiv (BA, MA), MSg 2/ 2784, Einsatz der 21. Inf. Div. am „Pogostje-Kessel", Kämpfe im Brückenkopf Kirischi und Abwehr an der Wolchow-Front, Erinnerungen und Aufzeichnungen, S. 1–26; Helmut Römhild: Geschichte der 269. Infanterie-Division. Bad Nauheim 1967, S. 211–232.

67 Bundesarchiv, Militärarchiv, RH 26-331/48, 331 Inf. Div., Abt. Ic, Ausführungen von Hauptmann Schott: „Auf was kommt es in Rußland an", 17.9.1942, S. 1–3.

68 Diese kaschubischen Soldaten wurden über die „Volksliste" der Kategorie 3 rekrutiert. Meyer: Autobiografische Notizen (wie Anm. 5), S. 27; vgl. Ludwig Baumer: Bayerisches Trompeten-Echo im Todeskampf. In: Mittelbayerische Zeitung vom 14.11.2014 <https://www.mittelbayerische.de/region/cham/gemeinden/treffelstein/bayerisches-trompeten-echo-im-todeskampf-21019-art1149348.html> (Abruf, 10.9.2018).

69 Meyer: Wie ich dazu gekommen bin (wie Anm. 49), S. 16.

70 Ryszard Kaczmarek: Polen in der Wehrmacht. München 2017, S. 158–167.

71 Meyer: Wie ich dazu gekommen bin (wie Anm. 49), S. 16.

che Untersuchung ein. Zum einen nahm sich die Wehrmachtsgerichtsbarkeit jener Fälle an. Die Briefe der Deserteure wurden überprüft, Kameraden und vor allem Familienangehörige in der Heimat wurden nach Motiven des Delinquenten befragt. Diese Befragungen waren demütigend und verunsichernd für die mit dem prekären Status der „Volksliste 3" versehenen Familienangehörigen.[72]

Von seinen Vorgesetzten erhielt der damalige Unteroffizier Enno Meyer den Befehl, die zurückgebliebenen kaschubischen Soldaten zu befragen, was nach seinem autobiografischen Bekunden nachhaltigen Eindruck auf ihn machte: „Was ich hörte, erschütterte mich, denn ich hatte bis dahin noch nicht gewusst, wie Partei und Polizei mit der Bevölkerung umgesprungen waren, auch hatte ich noch nichts von den Mordtaten gehört, die die deutschen Einsatzgruppen nach 1939 in Westpreußen verübt hatten. Aber jetzt erfuhr ich es. Nächste Nachbarn und Verwandte [von diesen Überläufern, B.O.] waren als polnische Lehrer oder Priester, Offiziere, Gewerkschaftler oder Mitglieder bestimmter polnischer Organisationen ohne irgendein Gerichtsverfahren erschossen worden."[73]

14. Als Unteroffizier der Wehrmacht, Anfang 1943

Ob und in welcher Weise ihm dieses Erlebnis bereits im Sommer 1942 zu denken gab und ihn während des Krieges zu konkreten Schlüssen bewog, bleibt offen. Fest steht, dass er im September 1942 mit dem Eisernen Kreuz (II. Klasse) ausgezeichnet wurde.[74] Seine weiteren militärischen Stationen geben keine Anhaltspunkte dafür,

72 Der „Volkslisten-Status 3" konnte bei Verstößen aberkannt werden, was die Betroffenen schutzlos vor Enteignungen und Deportationen ins „Generalgouvernement" oder zur Zwangsarbeit ins Deutsche Reich gemacht hätte. Bundesarchiv, Militärarchiv, Pers. 15, 148437, 150961 und 152387, Untersuchungsakten des Infanterie-Regiments 489 zu den Fluchten der volksdeutschen Wehrmachtssoldaten Wladislaus Trzosowski, Leo Nowakowski und Alois Malachowski; vgl. Kaczmarek: Polen in der Wehrmacht (wie Anm. 69), S. 153–158.

73 Meyer: Wie ich dazu gekommen bin (wie Anm. 49), S. 17.

74 Das Eiserne Kreuz wurde ab 1939 in seinen Stufen „für besondere Tapferkeit vor dem Feinde und für hervorragende Verdienste in der Truppenführung" verliehen. Der entsprechende Soldat musste für die Auszeichnung vorgeschlagen werden und der Vorschlag positiv beschieden werden. Urkunde für Enno Meyer, Eisernes Kreuz (II. Klasse) vom 10.9.1942, gezeichnet von Generalleutnant Otto Sponheimer, Kommandeur der 21. Infanterie-Division (im Besitz des Autors).

wie Enno Meyer über die politische Realität und die militärischen Ziele des „Dritten Reiches“ dachte. Er erfüllte offensichtlich seine militärischen Pflichten an den verschiedenen Fronten (in Frankreich, an der Wolchow-Front, in Norwegen), stieg in der Rangfolge der Wehrmacht auf und wurde auch in Anerkennung des im Felde Geleisteten im Frühjahr 1943 zum Offizierslehrgang an die Infanterieschule Milowitz in Böhmen entsandt.[75]

Nach einer Verletzung, die er sich als Bataillonsadjutant im Range eines Leutnants auf Rückzugsgefechten an der ungarischen Front im Herbst 1944 zugezogen hatte, verbrachte er die letzten Kriegsmonate in einem Lazarett in Lauenburg, ehe er in britische Kriegsgefangenschaft kam. Im August 1945 wurde er aus dieser entlassen und kehrte in seine Heimatstadt Oldenburg zu Fuß zurück, wo er seine Eltern und Geschwister glücklich wiedersah.[76]

75 Meyer: Autobiografische Notizen (wie Anm. 5), S. 30.
76 Meyer: Autobiografische Notizen (wie Anm. 5), S. 32f.

Deutsch-polnische Beziehungen

Krzysztof Ruchniewicz

Enno Meyer – ein Wegbereiter der Verständigung

Im Frühjahr 1990 fuhr ich zum ersten Mal nach Oldenburg, um mit dem pensionierten Geschichts-, Geografie- und Deutschlehrer Dr. Enno Meyer, dessen Leben und Werk ich in meiner ersten wissenschaftlichen Arbeit, meiner Magisterarbeit, untersuchen wollte, zusammenzutreffen. Meinem Besuch bei ihm gingen monatelange Vorbereitungen voran: Er fand noch in jener Zeit statt, in der Studienreisen in die Bundesrepublik Deutschland keine Selbstverständlichkeit waren. Die in die Bundesrepublik fahrenden Polen brauchten ein Visum, und der Erhalt eines Stipendiums für einen ausländischen Studenten gestaltete sich schwierig.

Gegen Ende des sechsten Semesters meines Geschichtsstudiums musste ich mich entscheiden, welches Thema ich für meine Magisterarbeit wählen sollte. Seit Beginn meines Studiums interessierte ich mich schon für die deutsch-polnischen Beziehungen nach dem Zweiten Weltkrieg. Jedoch schwebte mir kein Thema vor, das sich mit den Erscheinungen des deutschen Revisionismus bzw. Imperialismus beschäftigte. Ich beabsichtigte vielmehr, über den Gedankenaustausch, die Phasen der Zusammenarbeit und Momente der Verständigung zwischen beiden Völkern zu forschen.

Bei der Suche nach Literatur stieß ich auf eine Quellenauswahl zu den deutsch-polnischen Beziehungen, die im Jahre 1971 von einem mir unbekannten Deutschen namens Enno Meyer herausgegeben worden war. Die oberflächliche Lektüre dieser interessanten Publikation sowie das Fehlen von jeglichen abwertenden Kommentaren animierten mich, weitere Publikationen dieses Autors ausfindig zu machen. So fand ich Enno Meyers Memoirenbändchen *Wie ich dazu gekommen bin*,[1] das ich in einem Zug durchgelesen habe.

Ich war auf einen Mann gestoßen, der, obgleich er keine persönlichen Verbindungen mit Polen hatte, sich der Erforschung polnischer Geschichte fast sein ganzes Leben lang widmete. Vor allem galt den Passagen seiner Memoiren meine Aufmerksamkeit, die seine Schwierigkeiten mit der Erstellung seiner Schulbuchthesen zu den deutsch-polnischen Beziehungen schilderten. Meine ersten Rechercheergebnisse stellte ich im Magisterseminar für Neueste Geschichte vor, das am Historischen Institut der Universität Breslau/Wrocław von Wojciech Wrzesiński (1934–2013) geleitet wurde. Im Gespräch stellte sich heraus, dass er Enno Meyer aus der gemeinsamen Tätigkeit in der Deutsch-Polnischen Schulbuchkommission kannte. In der Folge hat er mich zur weiteren Arbeit über Enno Meyers Rolle bei der Gründung der Schulbuchkommission ermuntert und meine Bemühungen um ein Stipendium unterstützt.

---

1 Enno Meyer: Wie ich dazu gekommen bin: Die Vorgeschichte der deutsch-polnischen Schulbuchgespräche 1948–1971 (Studien zur internationalen Schulbuchforschung 56). Braunschweig 1988.

Nach einigen Monaten bekam ich eine Einladung des Georg-Eckert-Instituts für internationale Schulbuchforschung in Braunschweig. Dank der Vermittlung des damaligen stellvertretenden Direktors dieses Instituts, Wolfgang Jacobmeyer, nahm ich Kontakt mit Enno Meyer auf, und so kam es zum ersten Treffen in Oldenburg.

Auf dem Bahnhof erwartete und begrüßte mich sehr herzlich ein hochgewachsener, älterer Herr. Kurze Zeit später saßen wir in seinem gemütlichen Haus, das er – wie sich später herausstellte – in Teilen selbst gebaut hatte. Mich begrüßte seine Frau Magdalene Meyer, die unserem Gespräch beiwohnte und ab und zu die Ausführungen ihres Mannes ergänzte. Das Zimmer, in dem wir saßen, grenzte an sein Arbeitszimmer, das bis unter die Decke mit Büchern vollgestopft war. In der Mitte stand ein großer Schreibtisch, auf dem verschiedene Papiere gestapelt waren. Auf mich, einen damals jungen Historiker, machte dieses Arbeitszimmer großen Eindruck. Nur der flüchtige Blick auf die vielen Buchrücken ließ das besondere Interesse des Gastgebers für die Geschichte meines Herkunftslandes erahnen.

1. Enno Meyer in seinem Haus, Anfang der 80er Jahre

Das Treffen mit Enno Meyer war ein entscheidender Impuls für meinen weiteren wissenschaftlichen Werdegang. Von ihm erhielt ich Teile seiner umfänglichen Korrespondenz, die mir erlaubte, die ersten Schritte in den 50er Jahren auf dem langen Weg zur Deutsch-Polnischen Schulbuchkommission zu rekonstruieren. Die Bezugspunkte waren das Jahr 1956 und die Veröffentlichung der *47 Thesen über die Darstellung der deutsch-polnischen Beziehungen im Geschichtsunterricht* sowie die Diskussion, die nach ihrer Publikation diesseits und jenseits des „Eisernen Vorhangs" einsetzte.

In den nächsten Wochen des Jahres 1990 fuhr ich noch öfter nach Oldenburg, um die gesammelten Informationen zu vervollständigen und Meyer besser kennenzulernen. Sein Entgegenkommen und sein Vertrauen mir gegenüber ermöglichten es mir, so wie ich es gehofft hatte, eine interessante Magisterarbeit zu verfassen, die im Jahre 1994 an unserem Institut gedruckt wurde. Ich selbst bekam eine Assistentenstelle.

Enno Meyer wurde im Jahre 1913 in Oldenburg in einer kaufmännischen Familie geboren. Nach dem Abschluss des Gymnasiums in seiner Heimatstadt arbeitete er kurz in einer Bank in Osnabrück. Jedoch verzichtete er schnell auf diese Arbeit zugunsten des Studiums der Germanistik, Geschichte und Geografie in München, das er in Königsberg und Rostock fortsetzte. In Rostock legte er im Mai 1939 sein Staatsexamen u.a. zum Thema „Die Bedeutung des Bergbaus der heute zur Tschechoslowakei gehörenden Länder von seinen Anfängen bis in das 16. Jahrhundert" ab. Im gleichen Jahr fand er eine Anstellung am Deutschen Ausland-Institut in Stuttgart. Dort arbeitete er bis zu seiner Einberufung zum Militärdienst im Frühjahr 1940. Das Ende des Krieges erlebte der verwundete und kranke Meyer in einem Lazarett in Mölln an der holsteinisch-mecklenburgischen Grenze.

Die Zeit des Krieges, vor allem seine Teilnahme an den Kämpfen an der Ostfront, stellte einen Wendepunkt in seiner Einstellung gegenüber der polnischen Frage dar. Im Elternhaus wurden ihm – trotz einer konservativen Erziehung – keine Vorurteile gegenüber Polen mitgegeben. Seine frühe Meinung über Polen resultierte vor allem aus dem Schulunterricht sowie erster eigener Lektüre. Die Schule wie auch die Gesellschaft der Weimarer Republik waren politisiert und grundsätzlich antipolnisch eingestellt. So wurde im Geschichtsunterricht die Schaffung des sogenannten polnischen Korridors, der Freien Stadt Danzig und die Teilung Oberschlesiens als ein großes Unrecht für das deutsche Volk dargestellt.

Dieses negative Bild glich Meyer mit seiner Lektüre sowie mit dem Engagement in der schulischen historischen Arbeitsgemeinschaft aus. So lernte er allmählich das während des Unterrichts vermittelte Wissen kritisch zu betrachten. Auf diese Weise wuchs sein Interesse nicht nur für das Schicksal der Deutschen, die in den Grenzen des polnischen Staates gewohnt haben, sondern auch für das Land selbst, in dem sie lebten. Jedoch setzte das bessere Kennenlernen Polens die entsprechenden Sprachkenntnisse voraus, so dass Meyer begann, die polnische Sprache zu lernen, die er im Laufe der Zeit gut beherrschte.

Die Studienzeit sowie die Tätigkeit am Deutschen Ausland-Institut, dessen Arbeit im Nationalsozialismus politisch instrumentalisiert wurde, vertieften das Interesse Meyers für Geschichte und Kultur des östlichen Nachbarlandes. Das erste Mal hatte Meyer Kontakt mit Polen während seines Wehrmachtsdienstes im Sommer 1942 an der Ostfront. Nachdem eine vielköpfige Gruppe von zwangsrekrutierten kaschubischen Wehrmachtssoldaten zur Roten Armee desertiert war, musste er die verbliebenen „volksdeutschen" Soldaten verhören, um die Hintergründe des Überlaufens aufzuklären. Hier erfuhr er zahlreiche Einzelheiten über die deutsche Politik im okkupierten Polen. Die Verhöre hinterließen bei Meyer einen bleibenden Eindruck: „Was ich hörte, erschütterte mich, denn ich hatte bis dahin noch nicht gewusst, wie Partei und Polizei mit der Bevölkerung umgesprungen waren, auch hatte ich noch nichts von den Mordtaten gehört, die die deutschen Einsatzgruppen nach 1939 in Westpreußen verübt hatten. Aber jetzt erfuhr ich es. Nächste Nachbarn und Verwandte [von diesen Überläufern, K.R.] waren als polnische Lehrer oder Priester, Offiziere, Gewerkschaftler oder Mitglieder bestimmter polnischer Organisationen ohne irgendein Gerichtsverfahren erschossen worden."[2]

Nach dem Krieg nahm Meyer die Arbeit am Deutschen Ausland-Institut nicht mehr auf, sondern trat in den Oldenburger Schuldienst ein und unterrichtete seit 1947 an der Vereinigten Oberschule in Wilhelmshaven und seit 1954 am Paul-von-Hindenburg-Gymnasium in seiner Heimatstadt Oldenburg.

Meyer war damals mit vielen Problemen, an denen die deutsche Schule krankte, konfrontiert. Es mangelte an Lehrern, die Klassen waren überfüllt, es fehlte an Lehrplänen und Schulbüchern sowie anderen Hilfsmitteln. Die Zeiten waren alles andere als leicht, da die Alliierten in den ersten Nachkriegsjahren den Geschichtsunterricht in den Schulen fürs Erste abgeschafft und alle Schulbücher, auch die aus der Weimarer Zeit, aus dem Verkehr gezogen hatten. Als die Geschichte als Fach in die Schule zurückgekehrt war, hatten die Lehrer mit großen Problemen hinsichtlich der Schulbücher zu kämpfen, denn neu konzipierte Bücher wurden nur langsam verlegt. Aufgrund dieser schwierigen Situation fühlte sich Meyer gezwungen, die entsprechenden Lehrmaterialien selber vorzubereiten. Er suchte Bibliotheken auf, schrieb Textfragmente aus den Büchern ab und stellte verschiedene Informationen in Tabellen dar. Auf deren Basis formulierte er Thesen, die er während des Unterrichts skizzierte.

Die zufällige Lektüre eines Buches von Stefan Tadeusz Norwid (Nowacki) (1902–1976), eines polnischen Autors in der Emigration, unter dem Titel *Martyrium eines Volkes. Das okkupierte Polen* (Stockholm 1945) machte auf Meyer einen großen Eindruck. Er nahm Kontakt mit dem Autor auf und teilte ihm seine Eindrücke mit. In einem Brief vom 4. August 1949 schrieb er: „In meiner Heimatstadt, die 1939 85.000 Einwohner zählte, sind jetzt 130.000 Menschen, 43.000 von ihnen sind Flüchtlinge und Vertriebene. Als Lehrer werde ich oft gefragt, wie man die deutsch-polnische Frage regeln könne. Wenn einmal wieder ein friedliches Verhältnis zwischen den europäisch-abendländischen Völkern entstehen soll, dann muss doch auch auf diese Frage eine Antwort gefunden werden, trotz aller Feindschaft. Mit den Begriffen wie nationale Ehre, historische Grenzen, Sicherheit, Lebensraum und Revanche wird man – so scheint es mir – zu keinem Frieden gelangen können."[3]

Stefan Tadeusz Norwid ermunterte Meyer dazu, sich auf Grundlage seiner Erfahrungen als Lehrer intensiver mit dieser Problematik zu beschäftigen. Meyer machte sich daran, die Inhalte der polnischen Lehrbücher thesenartig darzustellen und zur Diskussion zu stellen. Auf keinen Fall beabsichtigte er, nur noch eine weitere Initiative an die anderen zu reihen. Er war sich durchaus bewusst, dass er nicht über ausreichende Kompetenzen in deutsch-polnischen Fragen verfügte und auf Unter-

2 Meyer: Wie ich dazu gekommen bin (wie Anm. 1), S. 17.
3 Meyer: Wie ich dazu gekommen bin (wie Anm. 1), S. 21.

stützung angewiesen war. So suchte er nicht nur den Kontakt mit deutschen Institutionen, sondern, und dies ist zu unterstreichen, von Anfang an auch mit polnischen Historikern, obwohl er aus naheliegenden Gründen nur mit Unterstützung der Exilanten rechnen konnte.

2. Der Umschlag des Buches von Stefan Tadeusz Norwid

Zunächst nahm er im August 1953 Kontakt mit dem „Internationalen Institut für Schulbuchverbesserung“ in Braunschweig auf, das sich zu jener Zeit mit dem Problem der Darstellung der deutsch-französischen Beziehungen in den Schulbüchern beider Länder befasste. Dieser Kontakt trug anfänglich nicht die erhofften Früchte, da nach Meinung des Institutsdirektors, Georg Eckert (1912–1974), die Zeit für einen Dialog mit Polen noch nicht reif sei.

Als Land hinter dem „Eisernen Vorhang“, versehen mit einer stalinistischen Ordnung, war Polen weit davon entfernt, eine vorurteilsfreie Diskussion zwischen Historikern beider Länder zu ermöglichen. Auch in Anbetracht der schwierigen politischen Rahmenbedingungen suchte Meyer den Kontakt zu polnischen Historikern im Exil und holte ihre Meinung zu seinen beabsichtigten Thesen über die deutsch-polnischen Beziehungen ein. Einige Gelehrte äußerten sofort ihre Hilfsbereitschaft. Bei der Ausarbeitung eines Teils seiner Thesen über das Mittelalter half Meyer der polnische Mediävist Leon Koczy (1900–1981) aus dem schottischen Banknock, und zu Neuzeit und Zeitgeschichte stand dem Oldenburger Lehrer der österreichische Gelehrte Otto Forst de Battaglia (1889–1965) zur Seite. Gleichzeitig suchte Meyer in Deutschland nach Unterstützung für seine Initiative. Eine Reihe von Universitätsprofessoren wie Herbert Ludat (1910–1993), Werner Conze (1910–1986), Werner Markert (1905–1965) u.a. waren seiner Idee sehr zugetan.

Dieser Erfolg Meyers veranlasste Georg Eckert, sich erneut mit den Meyerschen Thesen zu beschäftigen. Der Vorschlag Meyers, ein Treffen einzuberufen, um über seine Thesen mit westdeutschen Fachhistorikern zu diskutieren, stieß nun auf seine lebhafte Unterstützung. Zu diesem Treffen, welches das erste – wie es scheint – in der Nachkriegsgeschichte Deutschlands zu Fragen der deutsch-polnischen Beziehungen war, kam es im Juni 1955 in Braunschweig. An der Sitzung nahmen bekannte Geschichtsprofessoren teil, unter ihnen Vertreter von Vertriebenenverbänden und von Instituten der „Ostforschung“ wie die Historiker Werner Conze und Herbert Ludat. Eugen Lemberg (1903–1976) und Werner Markert waren dagegen verhindert, wollten aber Meyer wie auch das Braunschweiger Institut in ihren Bemühungen unterstützen. Nach Jahren erinnerte sich Meyer an dieses Treffen wie folgt: „Das Braunschweiger Gespräch […] verlief sachlich und ohne nennenswerte Spannungen. Man empfahl mir, eine Reihe von kleineren Veränderungen vorzunehmen. Sie waren so, daß ich sie akzeptieren konnte."[4] Die Probleme auf dem Weg zur Veröffentlichung der Thesen schienen ausgeräumt, was zweifellos für den Lehrer Enno Meyer eine Anerkennung seiner fachlichen Kompetenz und wohl noch mehr seines unzeitgemäßen und grenzübergreifenden Engagements war.

Die Meyerschen Thesen erschienen im März 1956 und riefen ein lebhaftes Echo bei den Historikern beider deutscher Staaten sowie der polnischen Historiker sowohl im Lande als auch im Exil hervor. Die Veröffentlichung bestand aus 47 Thesen zur Geschichte der deutsch-polnischen Beziehungen: die ersten 20 waren dem Mittelalter, weitere 18 der Neuzeit bis zum 19. Jahrhundert und schließlich 9 der Neuesten Geschichte gewidmet.

„Die Thesen sollen" – schrieb Meyer in der Einführung – „eine Anregung sein. Sie sind entstanden in der Überzeugung, daß es notwendig ist, sich in Deutschland daran zu gewöhnen, die Polen als eine europäische Nation zu betrachten, die – wie jede – ihre Schwächen und Stärken hat, die aber mehr als andere vom Unglück heimgesucht worden ist. Weitgehend ist das auf die geographische Lage Polens – inmitten des Kontinents zwischen mächtigen Nachbarn – zurückzuführen."[5]

Die ersten Reaktionen waren sehr positiv. Ich zitiere einige: „Ich bin überzeugt, daß jeder Geschichtslehrer die Darstellung E. Meyers dankbar begrüßen wird. Es wäre nur zu hoffen, daß sie sich auch bald in dem von dem Verfasser erstrebten Sinne der Revision der deutschen und polnischen Geschichtsbücher auswirken würde."[6] Ein anderer schrieb: „Wenn ich in einigen Punkten, was doch selbstverständlich sein muss, nicht derselben Meinung bin wie Sie, möchte ich gerne Ihren aufrichtigen Willen zur Objektivität besonders hervorheben."[7] Und noch ein anderer fügte hinzu: „Herzlichen Glückwunsch zu Ihren Thesen [...]. Ich finde sie gut fundiert und formuliert."[8]

Die Meyersche Publikation wurde am Rande des ersten deutsch-polnischen Seminars in Tübingen im Oktober 1956, an dem neben deutschen auch polnische Historiker aus dem Exil teilnahmen, besprochen. Es wurde vorgeschlagen, das nächste Treffen den besagten Thesen zu widmen.[9] In den darauffolgenden Monaten erschie-

4 Meyer: Wie ich dazu gekommen bin (wie Anm. 1), S. 29.

5 Enno Meyer: Über die Darstellung der deutsch-polnischen Beziehungen im Geschichtsunterricht. 3., erw. Aufl. Braunschweig 1960, S. 2.

6 Reaktion von Dr. Alois Andel. In: Meyer: Wie ich dazu gekommen bin (wie Anm. 1), S. 35.

7 Reaktion von Prof. Gerard Labuda. In: Meyer: Wie ich dazu gekommen bin (wie Anm. 1), S. 35.

8 Reaktion von PD Dr. Kurt Stegmann von Pritzwald. In: Meyer: Wie ich dazu gekommen bin (wie Anm. 1), S. 35.

9 Über die Konferenz in Tübingen und die ersten Konferenzen zwischen den (exil-)polnischen und deutschen Historikern nach 1945 vgl. ferner: Krzysztof Ruchniewicz: Zögernde Annäherung. Der Beginn des wissenschaftlichen Dialogs zwischen polnischen und deutschen Historikern in der Nachkriegszeit. In: Ansichten. Jahrbuch des Deutschen Polen-Instituts Darmstadt, Bd. 11. Wiesbaden 2000, S. 23–54.

nen in der polnischen Exilpresse beinahe enthusiastische Rezensionen über die Thesen. Doch zum geplanten Treffen sollte es nicht kommen.

Neben den vielen positiven Äußerungen über die Schulbuchthesen von Meyer fanden sich auch negative, die dessen langjähriger Arbeit sowie den Bemühungen des Braunschweiger Instituts schadeten. Der Streit über die Endfassung seiner Thesen, den er mit dem Johann Gottfried Herder-Institut austrug, zeigte, wie schwierig es in der zweiten Hälfte der 50er Jahre war, in einen Dialog über die deutsch-polnische Beziehungsgeschichte zu treten, zumal dann, wenn dies Themen betraf, für welche die „Ostforschung" und deren Institute eine primäre Kompetenz beanspruchten. Es ging mitnichten nur um die Thesen, sondern auch um Deutungshoheiten. Dabei zeigte sich, wie schwer es vielen Westdeutschen fiel, sich über nationale Sichtweisen und Interessen hinwegzusetzen und einen gemeinsamen Konsens anzustreben. Die Berücksichtigung der kritischen Bemerkungen des damaligen Mitarbeiters des Herder-Instituts, Gotthold Rhode (1916–1990), bei der Neuauflage der Thesen von Meyer im Februar 1957 beruhigte zumindest den inhaltlichen Dissens über die Thesen.

Unerwartet für die westdeutsche Seite war das große Interesse der Historiker in Polen für die Meyerschen Thesen, was ihrer Popularisierung zugute kam. Gerard Labuda (1916–2010), einer der polnischen Rezensenten, erinnerte sich, dass das Westinstitut in Posen/Poznań die Vorabdrucke der geplanten zweiten Auflage der Meyerschen Thesen im Sommer 1956 erhalten hatte.

„Zum Dialog mit den bundesdeutschen Historikern regte – in der veränderten politischen Situation in unserem Land – sogar das Außenministerium an, weil damals auf polnischer Seite immer noch mit der Aufnahme von diplomatischen Beziehungen zwischen den beiden Ländern gerechnet wurde."[10]

Die Meyerschen Thesen rezensierten neben Gerard Labuda auch die Historiker Ewa Maleczyńska (1900–1972), Kazimierz Piwarski (1903–1968) und Kazimierz Popiołek (1903–1986). Vom Wert der begonnenen Diskussion zeugt auch die Tatsache, dass die Thesen Gegenstand des Treffens der deutsch-polnischen Historikerkommission im November 1956 in Ost-Berlin war, an der Historiker aus Polen und der DDR teilnahmen. Man beschloss, die Ergebnisse dieser Diskussion in Rezensionen einfließen zu lassen, die jeweils in entsprechenden Zeitschriften des Nachbarlandes platziert werden sollten. Ferner wurde eine Tagung über die deutsch-polnischen Beziehungen in den Schulbüchern für Dezember 1957 avisiert.

Bedingt durch politische Meinungsverschiedenheiten zwischen den Historikern aus Polen und der DDR kam es weder zu den wechselseitigen Rezensionen noch zu der avisierten Tagung. Die Rezensionen erschienen in DDR-Zeitschriften. Sie

10 Krzysztof Ruchniewicz: Enno Meyer a Polska i Polacy (1939–1990). Z badań nad początkami Wspólnej Komisji Podręcznikowej PRL – RFN (Prace Historyczne VII) [Enno Meyer und Polen (1939–1990). Aus den Forschungen zu den Anfängen der Gemeinsamen Schulbuchkommission der Volksrepublik Polen und der Bundesrepublik Deutschland]. Wrocław 1994, S. 62.

dienten jedoch weniger einem Dialog über die politischen Blockgrenzen hinweg als vielmehr einer Diskreditierung der Schrift Meyers bei Historikern und sonstigen Lesern in der DDR.

Die Popularität der Thesen von Enno Meyer regte Georg Eckert zur erneuten, dritten Auflage im Jahre 1958 an. Die Publikation der Thesen wurde um die westdeutschen und polnischen Rezensionen ergänzt, um einen Teil der damaligen Diskussion zu dokumentieren. Jede neue Auflage seiner Thesen hat Meyer korrigiert und ergänzt, wobei er kritische Bemerkungen und wertvolle Hinweise berücksichtigte. In den Jahren 1956 bis 1960 wurden insgesamt 23 Rezensionen seiner Arbeit veröffentlicht. Keine andere Publikation über die deutsch-polnischen Beziehungen stieß damals in der Bundesrepublik auf so große Resonanz.

In jenen Jahren wurde Meyer zu verschiedenen Treffen mit Lehrern eingeladen, bei denen er seine Thesen vorstellte und erläuterte. Neben der Arbeit an seinen Thesen schrieb Meyer Abhandlungen über Polen sowie über Regionalgeschichte und publizierte in Zeitschriften für Lehrer. Er wandte sich insbesondere den Problemen der deutsch-polnischen Nachbarschaft und ihrer Darstellung in polnischen und deutschen Schulbüchern zu. Die Kenntnisse der polnischen Sprache halfen ihm dabei sehr, u.a. rezensierte er über viele Jahre die neu erschienenen polnischen Geschichtsbücher für die renommierte deutsche Zeitschrift *Geschichte in Wissenschaft und Unterricht*.

Damalige Überlegungen, den deutsch-polnischen Dialog über die Schulbücher hinaus zu institutionalisieren, erwiesen sich in mehrfacher Hinsicht als nicht realisierbar. Die Gründung einer aus polnischen Historikern im Exil bestehenden Kommission erwies sich als schwierig. Treffend wies darauf ein promovierter polnischer Historiker aus London, Jakub Hoffman, in einem Brief an Enno Meyer vom Oktober 1960 hin: „Über die Zusammenarbeit mit dem Internationalen Schulbuchinstitut ist von unserer Seite ziemlich schwer zu berichten. Die polnischen Historiker im Exil haben ja keine polnischen Schulen, in welchen sie die Probleme der deutsch-polnischen Verhältnisse thematisieren können. Sie schreiben auch keine polnischen Schulbücher [...].“[11]

Im Fall der polnischen Historiker in Polen war die Situation aus politischen Gründen etwas komplizierter. Die Gründung einer Schulbuchkommission wurde weder durch das angespannte Verhältnis zwischen Polen und der Bundesrepublik noch durch die offizielle Freundschaft zwischen Polen und der DDR begünstigt. Die Bundesregierung weigerte sich, diplomatische Beziehungen mit dem kommunistischen Polen aufzunehmen. Außerdem kam es 1956 in der DDR zur Gründung der Polnisch-Deutschen Historikerkommission, die von da an die Initiativen polnischer Historiker zur Aufnahme eines Dialogs mit ihren bundesdeutschen Kollegen torpedierte.

11 Zit. nach Ruchniewicz: Enno Meyer a Polska (wie Anm. 10), S. 102f.

Kontraproduktiv war auch die Tatsache, dass die bundesdeutsche Kultusministerkonferenz am 13. Dezember 1956, also noch während der Debatte über Meyers Thesen, ihre „Empfehlungen zur Ostkunde" verabschiedete. Ziel des neu geschaffenen Ostkundeunterrichts war es, das Wissen über die ehemaligen deutschen Ostgebiete den bundesdeutschen Schülern zu vermitteln und auf diese Weise die Erinnerung an jene Orte und Landschaften sowie deren Verlust wachzuhalten. Damit waren fürs Erste die Hoffnungen auf eine Verbesserung des Verhältnisses beider Länder begraben. Auch Meyers Thesen verloren an Aktualität und wurden erst mehr als zehn Jahre später während der Arbeiten in der Gemeinsamen Deutsch-Polnischen Schulbuchkommission Anfang der 70er Jahre wieder aufgegriffen.

Die damalige politische Situation vereitelte vorerst alle Bemühungen hin zu einer Verständigung und Zusammenarbeit beider Länder. Ende der 60er Jahre kam die Darstellung der Schulbuchinhalte zu deutsch-polnischen Fragen wieder auf die Tagesordnung. Dies hatte maßgeblich mit der sich verändernden innenpolitischen Situation der Bundesrepublik ab Mitte der 60er Jahre zu tun: durch die Große Koalition unter Bundeskanzler Kurt Georg Kiesinger und dann vor allem ab 1969 durch die SPD/FDP-Regierung unter Bundeskanzler Willy Brandt und der von ihr betriebenen Neuen Ostpolitik.

Wichtig war darüber hinaus eine Veränderung der Einstellungsmuster in der bundesrepublikanischen Öffentlichkeit gegenüber Polen. Ausdruck dessen waren die vom Rat der Evangelischen Kirche in Deutschland 1965 herausgegebene Denkschrift *Die Lage der Vertriebenen und das Verhältnis des deutschen Volkes zu seinen östlichen Nachbarn*, der Briefwechsel zwischen den polnischen und deutschen Bischöfen sowie 1968 das Memorandum der im Bensberger Kreis versammelten katholischen Intellektuellen.

Einen wichtigen Anstoß, die Schulbuchgespräche neu aufzunehmen, boten allgemein die Entspannungspolitik der Regierung Brandt/Scheel mit den Ländern des östlichen Europa und konkret eine Initiative der Evangelischen Akademie in West-Berlin. Ihr Leiter, Pastor Günter Berndt, veranstaltete vom 25. bis 27. November 1969 eine Konferenz zum Thema „Polen im Unterricht", an der deutsche Historiker, Geografen, Politikwissenschaftler, Studenten und Lehrer teilnahmen. In verschiedenen Arbeitsgruppen analysierten die Teilnehmer die westdeutschen Schulbücher in den Fächern Geschichte, Geografie und Sozialkunde und stellten einmütig fest, dass „die Veröffentlichung dieser westdeutschen Schulbuchtexte in Polen die Verständigung gegenwärtig verhindern und auf lange Zeit unmöglich machen kann".[12]

In der Schlussresolution der Konferenz gingen die Beteiligten noch weiter: „Die untersuchten Schulbücher und Atlanten geben keine sachliche Aufklärung über die politische, staatliche und gesellschaftliche Wirklichkeit Polens. Wesentliche Tatsa-

12 Zit. nach Ruchniewicz: Enno Meyer a Polska (wie Anm. 10), S. 105.

chen werden ausgelassen und unwesentliche Einzelheiten in unangemessener Breite ausgeführt. Die verwendete Sprache ist stark gefühlsbetont und fördert eine kritiklose Denkhaltung. Zahlen, Daten, Statistiken und Vorgänge werden in einer Terminologie dargeboten, die den Anschein der Sachlichkeit erweckt, jedoch deutlich tendenziös wertet. Die Einseitigkeit wird besonders deutlich in der Auswahl der Erlebnisberichte und Bilder. Die antikommunistische Einstellung und die Darstellung des polnischen Volkes als negatives Objekt im Freund-Feind-Schema konservieren die Vorstellungen des Kalten Krieges.“[13]

Zusammenfassend hieß es weiter: „Das Unterrichtsmaterial dient nicht der Information, sondern der Indoktrination. Ziel und Ergebnis ist u.a. die emotionale Fixierung der Jugendlichen auf die ehemaligen deutschen Ostgebiete und die Aufrechterhaltung des Besitzanspruches.“[14]

Konkret gefordert wurden eine Aufhebung der „Empfehlungen zur Ostkunde“ und die sofortige Einberufung einer deutsch-polnischen Schulbuchtagung. Die Konferenz selber wie auch ihre Resolution fanden in der bundesrepublikanischen Gesellschaft ein großes Echo, so dass eine Gruppe ins Leben gerufen wurde, die später den Namen „Arbeitskreis Nachbar Polen“ bekam. Dieser Arbeitskreis sollte das auf dieser Tagung Begonnene fortsetzen.

Nachdem Władysław Markiewicz, der Direktor des Posener West-Instituts, von dieser Initiative gehört hatte, lud er die Teilnehmer des Arbeitskreises im Oktober 1970 nach Posen ein. Neben einem Vortrag von Gerard Labuda über „strittige Fragen der deutsch-polnischen Beziehungen“ präsentierten die deutschen Teilnehmer einen 11-Punkte-Katalog zur Geschichte Polens, der im Anschluss von Labudas Ausführungen diskutiert wurde.

Da im Gefolge der Konferenz an der Evangelischen Akademie die Stimmen in der bundesdeutschen Presse zunahmen, sich mit dem Bild Deutschlands in polnischen Schulbüchern zu beschäftigen, organisierte die Evangelische Akademie vom 13. bis 15. November 1970 eine weitere Konferenz zum Thema „Deutschland im polnischen Schulbuch“, an der bekannte Historiker aus Polen und Deutschland teilnahmen. Den Einführungsvortrag hielt Enno Meyer, gleichsam als Anerkennung für sein frühes und langjähriges Engagement.

Dem schloss sich Gerard Labudas Vortrag über „Das Bild der Deutschen und der deutsch-polnischen Beziehungen in polnischen Schulbüchern“ an. Darüber hinaus stellte Władysław Markiewicz sein noch unveröffentlichtes Schulbuch zur Staatsbürgerkunde vor. Das Buch stieß auf großes Interesse und bekam Lob von den Tagungsteilnehmern, nicht zuletzt deshalb, weil ein Schulbuch zwischen Deutschen und Polen zum ersten Mal öffentlich diskutiert wurde.

13 Zit. nach Ruchniewicz: Enno Meyer a Polska (wie Anm. 10), S. 106.
14 Zit. nach Ruchniewicz: Enno Meyer a Polska (wie Anm. 10), S. 106.

Auf Grundlage der Diskussion dieser Tagung wurde in der Arbeitsgruppe eine Resolution verabschiedet, in der unter anderem die Durchführung einer deutsch-polnischen Schulbuchkonferenz gefordert wurde. Man rief die westdeutsche Öffentlichkeit, das Auswärtige Amt, den Bundestag und die Länderregierungen dazu auf, Voraussetzungen für eine Deutsch-Polnische Schulbuchkommission zu schaffen. Zu deren Gründung kam es 1972, nachdem die diplomatischen Beziehungen zwischen der Volksrepublik Polen und der Bundesrepublik aufgenommen worden waren.

3. Tagung der Deutsch-Polnischen Schulbuchkommission im Palais des Warschauer Łazienki-Parks 1973

Die Gründung dieser Kommission erfüllte Meyer mit großer Genugtuung und bestätigte, dass der von ihm und dem Braunschweiger Institut eingeschlagene Weg der richtige war. Gerade darin sollte der Beitrag Meyers für den deutsch-polnischen Dialog gesehen werden. Seine Bemühungen würdigte nicht nur die Kommission mit einem Band der Konferenzmaterialien anlässlich ihres 10-jährigen Bestehens, sondern auch die Bundesregierung, die ihm im Jahre 1980 die höchste Auszeichnung des Landes, das Bundesverdienstkreuz, verlieh.

Ein anderes Betätigungsfeld von Enno Meyer war die Popularisierung des Wissens über Polen und seine Geschichte in der Bundesrepublik, der er sich jahrelang widmete. Über die Rezeption seiner Arbeiten äußerte sich Jörg K. Hoensch wie folgt: „Die von Meyer zusammengestellten Quellenbändchen zum deutsch-polnischen Verhältnis haben gerade während der Aktualität dieses Problemkreises zu Beginn und Mitte der 70er Jahre eine nicht zu unterschätzende Rolle gespielt; seine *Grundzüge der Geschichte Polens* wurden gerne als Einstieg benutzt und haben durch ihre Objektivität in breiten Kreisen Verständnis für die besonderen Belange des polnischen Volkes geweckt. Sein Verdienst liegt hauptsächlich darin, daß er nicht so sehr auf dem engen Gebiet der eigentlichen ‚Wissenschaft', sondern bei Lehrern, Schülern, Journalisten und in der Erwachsenenbildung zum Abbau der früheren Vorurteile und Stereotypen beigetragen hat. Seine Ruhe, sein von Fairness, Zurückhaltung und Disziplin gekennzeichnetes Wesen und sein starkes, in allen seinen Aussagen spürbares Engagement für die deutsch-polnische Aussöhnung haben ihn zu einem Katalysator des Verständigungsgeistes und der Völkerverständigung gemacht."[15]

In der heutigen Zeit, in der diese Versöhnungsbemühungen beinahe dem Vergessen anheimgefallen sind, sollte das pädagogische und wissenschaftliche Wirken von Enno Meyer ein Beispiel für Lehrer in Polen und Deutschland sein, wie nationale Stereotype und Vorurteile abgebaut werden können, und zeigen, welch wichtige Rolle der Schule in diesem Prozess zukommen kann.

Dr. Enno Meyer starb 1996 im Alter von 82 Jahren in Oldenburg.

15 Ruchniewicz, Enno Meyer a Polska (wie Anm. 10), S. 123.

Wolfgang Jacobmeyer

Ohne Enno Meyer hätte es keine deutsch-polnischen Schulbuchgespräche gegeben

Wenn man an einen wirklich bemerkenswerten Menschen erinnern will, kann man das am glaubwürdigsten und am angemessensten tun, indem man eine Aussage über die Leistungen macht, die man am besten beurteilen kann. Enno Meyer, der in vieler Hinsicht bedeutend war, ohne sich wichtig zu nehmen, hätte sich wohl gewünscht, dass es knapp dabei zugeht, eher wortkarg als ausschweifend. Aber gar zu schlicht kann es nicht geschehen; dazu war Enno Meyers Leistung zu komplex und ließe sich ohne eine Skizze der Randbedingungen auch gar nicht angemessen verdeutlichen. Als ich 1978 in das Braunschweiger „Georg-Eckert-Institut für internationale Schulbuchforschung" eingetreten bin, bin ich dem eine knappe Generation älteren Enno Meyer von Beginn an mit Vertrauen und dann mit wachsender Hochachtung begegnet – dem hochgewachsenen kräftigen Mann, der einem mit seinem freundlich aufgeräumten Gesicht entgegenkam und dessen ruhige und nicht eifernde Erörterung von Sachproblemen für einen jüngeren Wissenschaftler wie mich eine Wohltat war. Weder im privaten Gespräch noch in der Diskussion auf Sitzungen und Konferenzen trat Enno Meyer jemals als Wort-Drechsler oder Vielredner auf. Wir haben uns einmal am Rande einer Konferenz sehr an dem lateinischen Begriff des *loquax* und seinen zeitgenössischen Vertretern belustigt. Enno Meyer hat sich vielmehr mit jener gediegenen Sachkenntnis begnügt, die er sich neben der Berufstätigkeit des Gymnasiallehrers erarbeitet hatte, mit genauer Beobachtung von Sachen und Personen und mit seinem lakonischen Witz, dessen Schärfe nur durch die Freundlichkeit seines Wesens zurückgenommen war. Nach der Lektüre meiner Habilitationsschrift zum Schicksal der *Displaced Persons* nach 1945 bemerkte er, dass er das nicht hätte schreiben können. Ich wusste die Bemerkung wohl einzuschätzen: Natürlich hätte er das auch schreiben können, nur eben anders als ich; aber ich habe mich über die Anerkennung doch gefreut.

Wenn ich im Folgenden die Behauptung zu belegen suche, dass Enno Meyer der eigentliche Urheber der deutsch-polnischen Schulbuchempfehlungen war,[1] so bin ich in einer Hinsicht entlastet. Denn die Quellen, aus denen ich schöpfen kann, liegen offen und sind nicht unbekannt: Enno Meyers autobiografische Bemerkun-

1 Vgl. dazu jüngst die sehr detaillierte und quellensatte Darstellung von Thomas Strobel: Transnationale Wissenschafts- und Verhandlungskulturen. Die Gemeinsame Deutsch-Polnische Schulbuchkommission 1972–1990. Göttingen 2015.

gen von 1988, seine 47 Thesen von 1956, die davon ausgelöste Diskussion – ausführlich im Internationalen Jahrbuch für Geschichtsunterricht des Braunschweiger Internationalen Schulbuchinstituts überliefert – und die lange Schleppe der deutsch-polnischen Schulbuchgespräche von 1972 bis heute. Vier Hinweise bilden das Gerüst meiner Überlegungen.

Erster Hinweis: Alleinstellungsmerkmal

Als Enno Meyer 1953 den Leiter des Internationalen Schulbuchinstituts in Braunschweig, Georg Eckert, mit seiner Kritik an der Darstellung der deutsch-polnischen Geschichte in Schulbüchern vertraut machte, schrieb Eckert im September zurück, die deutsch-polnischen Beziehungen hätten ihn und sein wissenschaftliches alter ego Otto-Ernst Schüddekopf (1912–1984) „ganz außerordentlich" interessiert, und sie hätten „auch schon lange darüber nachgedacht, was man auf diesem Gebiete tun

1. Die Historiker Otto-Ernst Schüddekopf und Georg Eckert im Braunschweiger Institut für internationale Schulbuchverbesserung Ende der 50er Jahre (v.l.)

kann".[2] Für ein solches Braunschweiger Interesse an Polen oder gar ein konkretes Arbeitsvorhaben gibt es jedoch keine Evidenz, weder in den spärlichen Akten noch in dem thematischen Sammelsurium des Internationalen Jahrbuchs. Wenn man die sozialdemokratisch geprägten Impulse der Braunschweiger bedenkt, so lag das Thema ‚Polen' damals auch keineswegs auf der Linie linker politischer Empathie. Vielmehr wurde dieses Thema dem Braunschweiger Institut von dem Oldenburger Außenseiter Enno Meyer implantiert. Dann aber, als das Institut der Anregung gefolgt war, sicherte die deutsch-polnische Schulbucharbeit dem Institut für mehr als ein halbes Jahrhundert, über den Tod von Eckert und Schüddekopf weit hinaus, Dynamik, Stabilität, Ansehen und endlich sogar den Status einer Anstalt öffentlichen Rechts.

Enno Meyer war ein Einzelkämpfer, kein Institutsgründer. Sein Auftreten war nicht darauf berechnet, öffentlichen Wirbel zu machen. Dennoch hat er in seiner unaufgeregten Beharrlichkeit die Geschichte der Beziehungen zwischen Deutschen und Polen wissenschaftlich, pädagogisch, politisch und moralisch unabweisbar und für das Institut profitabel gemacht.

Zweiter Hinweis: Konvergenzen

Seit 1951 leitete Georg Eckert das Braunschweiger „Institut für internationale Schulbuchverbesserung", das neben seinem Lehrstuhl bestand und 1975 in seinen heutigen Namen „Georg-Eckert-Institut für internationale Schulbuchforschung" umbenannt wurde. Das war ein eigentümliches, nur aus den Verhältnissen der Nachkriegszeit erklärliches Unternehmen. Denn es gab keinen Gründungsakt, keinen rechtlichen Rückhalt, keinen Haushalt, kein eigenes Personal. Es lebte vom ideellen Glanz des Internationalen, von der Improvisation, von einer Vielfalt der Ideen und Arbeitskontakte, von Einzelfall-Finanzierung, von selbstloser und begeisterter Mitarbeit, von eher zufälliger als systematisch entwickelter Arbeitsplanung. Hätte man versucht, das regelförmig zu machen, wäre alles wohl zum Erliegen gekommen. Blickt man etwa auf die Produktion von Empfehlungen des Instituts, so ergibt das ein stimmiges Selbstportrait des Instituts durch das Bild einer Dynamik mit manisch anmutenden Schüben:[3]

2 Enno Meyer: Wie ich dazu gekommen bin: Die Vorgeschichte der deutsch-polnischen Schulbuchgespräche 1948–1971 (Studien zur Internationalen Schulbuchforschung 56). Braunschweig 1988, S. 22.

3 Vgl. dazu näher Wolfgang Jacobmeyer: „Empfehlungen". Arbeitsform, Medium und Ergebnis der international vergleichenden Schulbuchforschung. In: Zeitschrift für Geschichtsdidaktik 2005, S. 196–209, bes. die Graphik S. 200.

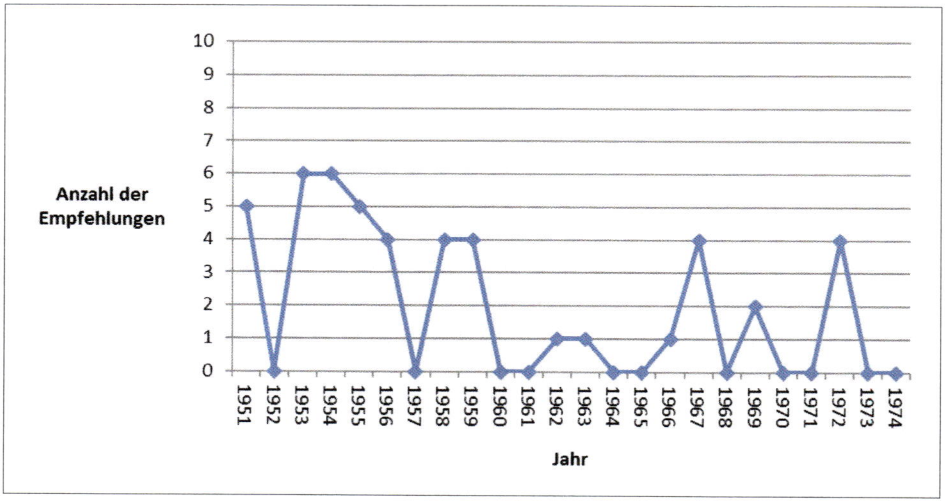

Diesem unruhigen Bild steht jedoch die Leistung entgegen, dass es den Braunschweigern gelang, den aus der Epoche des Völkerbunds überkommenen Begriff von „Empfehlung“ durch vier Merkmale zu standardisieren:

– Empfehlungen waren eine eher normative als eine deskriptive Textsorte,
– sie mussten bilateral erarbeitet worden sein,
– sie mussten gemeinsam verabschiedet worden sein,
– sie mussten durch das Institut publiziert werden.[4]

Das alles war denkbar weit entfernt von dem, was Enno Meyers Interesse für Polen bestimmte. Er folgte seinen lebensgeschichtlichen Veranlassungen, dem pragmatischen Bedarf für den eigenen Unterricht in Oldenburg, und er gab damit seinem lebenslang unbekümmerten und hartnäckigen Erkenntnisinteresse Nahrung. Aber nicht die Abgrenzungen können hier interessieren, sondern das Gemeinsame. Denn im Rückblick sind doch auch tragfähige Verbindungslinien zwischen Oldenburg und Braunschweig zu erkennen. Die erste ist die historiografische Leistung Enno Meyers, eine verschlungene, eine politisch, moralisch und faktisch struppige Beziehungsgeschichte in die perspektivische Ordnung von 47 „Thesen“ zu bannen. Auf diese Zuarbeit von außen waren die Braunschweiger angewiesen, denn sie waren keine Polen-Kenner und nicht schulerfahren. Zudem war bei ihnen Enno Meyers Begriff der ‚Thesen‘ anschlussfähig. Denn „Thesen“ waren in der Frühzeit Braunschweigs nicht unbekannt, standen zunächst gleichbedeutend neben „Vereinbarungen“ oder „Beschlüssen“, ehe die semantische Vielfalt durch den Standardbegriff „Empfehlungen“ bereinigt wurde.[5]

4 Vgl. dazu näher: Jacobmeyer: „Empfehlungen“ (wie Anm. 3), S. 202.
5 Näheres in Jacobmeyer: „Empfehlungen“ (wie Anm. 3), S. 201.

Wichtig für die Passung zwischen dem Braunschweiger Institut und Enno Meyer scheint indessen ein Sachverhalt, der noch nicht genügend gewürdigt ist, nämlich die Tatsache, dass Enno Meyer die Arbeitsgänge der international vergleichenden Schulbuchforschung im Alleingang durchmessen hatte. Denn er hatte sich über die ergebnislosen deutsch-polnischen Schulbuchgespräche der späten 30er Jahre informiert,[6] er hatte seine Thesen schulbuchanalytisch gewonnen, hatte unhaltbare Darstellungen deutscher und polnischer Lehrbücher identifiziert und korrigiert, hatte mit deutschen Wissenschaftlern und Forschungseinrichtungen gezielt und systematisch Kontakt aufgenommen, hatte sogar Arbeitskontakte zu exilpolnischen Wissenschaftlern geknüpft, also zu gleichsam unzuständigen, aber den einzig erreichbaren polnischen Kollegen.[7] Das dürfte in Braunschweig großen Eindruck gemacht haben. Außerdem hatte er, ohne dazu aus Braunschweig angeregt worden zu sein, völlig passgerecht seine drei „Typen von Thesen" entwickelt,[8] mit denen er nicht nur seine Befunde aus der Lehrbuchprüfung klassifizierte, sondern die zugleich auch ein operatives Programm für die Verbesserung der Lehrbücher umschlossen:

- Thesen gegen Fehler in deutschen Lehrbüchern,
- Thesen zur Ergänzung der deutschen Lehrbuchdarstellung und
- Thesen gegen Fehler in polnischen Lehrbüchern.

Will man Enno Meyers Leistung in der Sache und deren Bedeutung für das Braunschweiger Institut zusammenfassen, so muss man urteilen, dass er nicht eine bloße Blaupause für die künftige Erarbeitung von Empfehlungen geliefert hat. Vielmehr hat er das Arbeitsfeld kartiert, hat den, wie Klaus Zernack (1931–2017) urteilt, „Dilettantismus im Polenbild deutscher Schulgeschichtsbücher" im Detail freigelegt,[9] und er hat vor allem den intellektuellen, fachlichen und moralischen Anspruch markiert, dem künftige Schulbuchgespräche würden genügen müssen. Das war ein qualitativer Sprung.

6 Vgl. Enno Meyer: Die deutsch-polnischen Schulbuchgespräche von 1937/38. In: Internationale Schulbuchforschung, 10 (1988), S. 403–418; Ders.: Deutsch-polnischen Schulbuchgespräche. In: Geschichte in Wissenschaft und Unterricht, 24 (1973), S. 35–43.

7 Vgl. Enno Meyers einleitende Bemerkung zum Erstdruck seiner Thesen: „Hinter dem Eisernen Vorhang gibt es keine Historiker und keine Verbände, die mit denen der freien Welt sachlich und unabhängig diskutieren könnten. Dabei wäre gerade das so sehr notwendig". Enno Meyer: Über die Darstellung der deutsch-polnischen Beziehungen im Geschichtsunterricht. In: Internationales Jahrbuch für Geschichtsunterricht, 5 (1956), S. 225–243, hier S. 225.

8 Meyer: Wie ich dazu gekommen bin (wie Anm. 2), S. 27.

9 Klaus Zernack: Zwanzig Jahre danach. In: Empfehlungen für die Schulbücher der Geschichte und Geographie in der Bundesrepublik Deutschland und in der Volksrepublik Polen. [Um Zernacks Beitrag] erweiterte Neuauflage. Braunschweig 1995, S. 8.

Dritter Hinweis: Modus der Anpassung

Der Wandel zwischen den Thesen von 1956 und den Empfehlungen von 1976 ist unverkennbar. 47 Oldenburger Thesen sind zu 26 Braunschweiger Empfehlungen zusammengesintert. Was unterscheidet beide Texte, was ist ihnen gemeinsam?

Bedenkt man die Umstände auf beiden Seiten, so stützen sie die Vermutung, dass der Unterschied in der Arbeitsweise wurzelt. Enno Meyer war bei der Formulierung seiner Thesen viel stärker an das Schulbuchmaterial gebunden als die spätere Praxis der Braunschweiger Kommissionsarbeit, die zwar auch Schulbücher herangezogen hatte, aber doch auf einer niederen Ebene. Pädagogische und fachdidaktische Expertise war und blieb stets nachgeordnet. Die Empfehlungen wurden vielmehr auf abstrakter fachwissenschaftlicher Ebene formuliert. Dass sich dabei keine inhaltlichen Widersprüche zwischen Enno Meyers Pointilismus, wie man es nennen könnte, und der ‚zünftigen' Hochsprache der Braunschweiger Kommission ergaben, spricht für die Solidität von Enno Meyers Vorarbeiten. Die zutreffenden Befunde der „Thesen" wurden in den „Empfehlungen" vielmehr abstrahiert. Aus diesem Grunde – und nicht nur wegen der von Enno Meyer gewählten Zeitebene des erzählenden Präsens – tragen seine „Thesen" eher die Züge einer historischen Darstellung, während die „Empfehlungen" wie lexikalische Fachartikel formuliert sind.

Zwei Instrumente von Abstraktion lassen sich im Wandel von „Thesen" zu „Empfehlungen" identifizieren. Einmal ist es das Mittel der Kontraktion: Es fließen etwa die Thesen 10, 12 und 14 (Pommern, Schlesien) in der Empfehlung 4 zusammen. Das bleibt jedoch ohne Auswirkung auf die Aussage und ist daher trivial. Aufschlussreicher dagegen ist das zweite Instrument, der Wechsel der Erklärungsebene und -perspektive. Als Beleg lassen sich die beiden kurzen Texte von These 11 bzw. Empfehlung 3 heranziehen. Beide Texte stimmen im inhaltlichen Ergebnis überein, aber nicht in der Darlegungsform:

„Die deutschen Herrscher machten keine Versuche, Teile Polens ihrem Reiche anzugliedern" (These), bzw. „Jedenfalls bedeuteten die Lehnshuldigungen polnischer Fürsten gegenüber dem Kaiser nicht die Eingliederung Polens" (Empfehlung).

Hier wird sichtbar, dass Enno Meyers These narrativ angelegt ist und Abläufe skizziert, während die Empfehlung das Sachproblem in einen (modern gesprochen) verfassungsrechtlichen Rahmen einstellt. Die These besitzt die Appellationskraft des Direkten, während die Empfehlung den Legitimationsbedarf gegenüber der Zunft berücksichtigt. Beide Zugänge sind möglich und miteinander verträglich, weil sie im Sachurteil plausibel sind.

Vierter Hinweis: Unterschiede

Wirklich markante Unterschiede zwischen den Thesen und den Empfehlungen erklären sich aus dem bilateralen Arbeitsprozess der Schulbuchkommission. Der

Alleinautor Enno Meyer war von Abstimmungsprozessen nicht geplagt. Aber die Empfehlungen als Ergebnisse bilateraler Kommissionsarbeit müssen es mehrfach hinausschieben, eindeutige Aussagen zu machen, etwa in der Empfehlung 4 (Schlesien und Pommern) und in der Empfehlung 6 zur Rolle des Deutschen Ordens. In beiden Fällen werden widersprüchliche Generalaussagen der beiden nationalen Historiografien einander gegenübergestellt, aber nicht geschlichtet. Das einzige, was die Kommissionsarbeit zur Ordensfrage erreicht, ist die Vereinbarung eines detaillierten Arbeitsplans, der teils chronologisch, teils sachsystematisch organisiert ist. Enno Meyer dagegen steuert mit seiner These 16 zum „Zusammenbruch der Ordensmacht" am Konflikt der Empfehlungen vorbei. Sein narratives Modell kann sich zum Orden äußern, weil es keine Generalaussagen anstrebt, sondern einen Ablauf schildert.

Eine zweite Gruppe von Unterschieden geht auf politische Umstände zurück. Enno Meyer war bei allem historischem Interesse kein *political animal*, und er hat seine Thesen in einer Zeit formuliert, in der das Thema Polen nicht so antagonistisch auf der politischen Tagesordnung stand, wie in den 70er Jahren während der Arbeit an den Empfehlungen.

Schon der Generalduktus zeigt den Unterschied. Während die Thesen sich mit gut ausgeprägtem epochalem Gleichmaß äußern, sind die Empfehlungen außerordentlich gegenwartslastig geraten. Hinter dieser Verdichtung ist die implizite Auffassung zu erkennen, dass Geschichte umso wichtiger sei, je näher sie zur Gegenwart stehe. Aber natürlich ist das keine vertretbare historiografische Aussage, sondern ein politischer Affekt. Und für die Empfehlungen war er nicht folgenlos.

Auch nationalpolitische Probleme artikulierten sich in den Empfehlungen, weil sie durch die bilaterale Verklammerung der deutsch-polnischen Schulbuchkommission scharf gemacht wurden. Anders als Enno Meyer, der zu 1939 in seiner These 43 ausführen konnte, „Deutschland und die Sowjetunion einigten sich in einem Geheimvertrag über eine Teilung Polens", ist deshalb in den Empfehlungen der Hitler-Stalin-Pakt aus politischer Raison völlig ausgespart. Die nicht gerade feinfühlige öffentliche Debatte über die Empfehlungen hat gerade diesen Sachverhalt massiv und glaubwürdig angegriffen.[10] Gewiss, maßgeblich für die Kritiker waren zwar außerwissenschaftliche Erwägungen – vor allem der Wunsch einer deutschen Entlastung durch die sowjetische Komplizenschaft, als ob Hitler den Krieg ohne den Pakt mit Stalin nicht entfesselt hätte.[11] Aber den Hitler-Stalin-Pakt nicht zu erwähnen, war die falsche Entscheidung aus einem ganzen Bündel von wissenschafts-

10 Vgl. Wolfgang Jacobmeyer: Die deutsch-polnischen Schulbuchempfehlungen in der öffentlichen Diskussion der Bundesrepublik Deutschland (Studien zur Internationalen Schulbuchforschung 26). Braunschweig 1979.

11 Vgl. dazu etwa Klaus Hildebrand, Jürgen Schmädeke, Klaus Zernack (Hg.): 1939. An der Schwelle zum Weltkrieg. Die Entfesselung des Zweiten Weltkrieges und das internationale System (Veröffentlichungen der Historischen Kommission zu Berlin 76). Berlin 1990.

fernen Gründen: etwa aus dem selbstgeschaffenen Zwang, nach Veröffentlichung der Empfehlung in einzelnen Partien nun den Schlussstein vorlegen zu müssen, oder aus Rücksicht auf die polnischen Kollegen, aus Harmoniebedürfnis, oder als Folge der Tatsache, dass man das Herder-Institut in Marburg – versehentlich oder absichtlich – nicht beteiligt hatte, also aus insgesamt honorigen Gründen, aber mit den genannten Folgen.

Die Thesen Enno Meyers und ihr Rang, den sie in der deutsch-polnischen Schulbucharbeit einnehmen, sind davon unberührt. Man kann sie noch heute mit inhaltlichem Gewinn und mit Respekt für ihren Verfasser lesen. Dass ich Enno Meyer kennenlernen durfte, hat mein Leben bereichert.

Eike Eckert

Reaktionen aus dem Herder-Institut auf die „47 Thesen" Enno Meyers

Die 47 Thesen *Über die Darstellung der deutsch-polnischen Beziehungen im Geschichtsunterricht* aus dem Jahre 1956 von Enno Meyer werden heute allgemein als Erfolg und Basis für die deutsch-polnischen Schulbuchgespräche, die seit 1972 institutionalisiert sind, angesehen. Ohne Enno Meyer, so formulierte es Wolfgang Jacobmeyer, hätte es keine deutsch-polnischen Schulbuchgespräche gegeben. Jedoch galt auch für Meyer das Sprichwort „Aller Anfang ist schwer", denn seine Bemühungen um eine Verbreitung und Diskussion seiner Thesen waren nicht gleich von Erfolg gekrönt. Im Folgenden sollen nicht nur erste Reaktionen auf seine Initiative, sondern auch ein Blick auf institutionelle Deutungsansprüche der bundesdeutschen Polenforschung geworfen werden, denen sich der „Privatmann" Enno Meyer vor der Veröffentlichung seiner Thesen Mitte der 50er Jahre gegenübersah.

Meyer kontaktierte im Jahr 1953 verschiedene Historiker und Institutionen, um sich mit diesen über seine Thesen zu den deutsch-polnischen Beziehungen auszutauschen. Neben Literaturhinweisen interessierte ihn besonders der Kontakt zu polnischen Historikern, die jedoch nur auf exilpolnischer Seite erreichbar erschienen. Seine Anfragen versah Meyer immer wieder mit dem Hinweis, dass er als „Privatmann" handle und den Austausch mit ebensolchen Personen suche.

Im Jahre 1953 wandte sich Meyer mit der Bitte um Hilfe und Vermittlung auch an Georg Eckert und dessen neubegründetes Internationales Institut für Schulbuchverbesserung.[1] Eckert bezeugte durchaus Interesse an einem deutsch-polnischen Austausch über Schulbücher, sah in den exilpolnischen Historikern jedoch keine Gesprächspartner für ein solches Unterfangen. Zudem verfüge sein Institut noch nicht über entsprechende Schulbücher, weshalb er Meyer an die UNESCO verwies.[2] Vorerst erwartete Meyer von Eckert und seinem Institut keine Hilfe.

Ebenfalls im Jahre 1953 kontaktierte Meyer einen Mitarbeiter des Herder-Instituts, Dipl.-Volkswirt Rudolf Neumann. Das 1950 gegründete Herder-Institut in Marburg galt als das Flaggschiff der Ostforschung, also jenes multidisziplinären Forschungszweiges der deutschen Osteuropaforschung aus der Vorkriegszeit, der durch seine exklusive Sicht auf die Deutschen und ihre Siedlungsgebiete im Osten Europas

1 Vgl. im Folgenden Enno Meyer: Wie ich dazu gekommen bin. Die Vorgeschichte der deutsch-polnischen Schulbuchgespräche 1948–1971. In: Ders.: Das östliche Europa als pädagogisches und wissenschaftliches Anliegen. Dortmund 1988, S. 3–63.

2 Georg Eckert an Enno Meyer vom 7. September 1953, nach Meyer: Wie ich dazu gekommen bin (wie Anm. 1), S. 22.

die slawischen Völker nur als Objekt deutscher Geschichte verstand. Die Ostforschung entwickelte sich dann im Nationalsozialismus zu einer politischen Legitimationswissenschaft deutscher Ansprüche im Osten. Viele Vertreter der Vorkriegszunft fanden sich im Marburger Herder-Forschungsrat wieder, dem der Historiker Hermann Aubin (1885–1969) bis 1959 als erster Präsident vorstand. Neumann empfahl Meyer, sich mit dem polnischen Exilhistoriker Jerzy Marlewski aus London in Verbindung zu setzen, mit dem dieser sich jedoch bereits ausgetauscht hatte. Somit wandte Meyer sich an einen weiteren Mitarbeiter des Herder-Instituts: Herbert Schlenger (1904–1968), der schon 1938 mit Aubin an den ersten Gesprächen über eine „Angleichung der Schulbücher" zwischen deutschen und polnischen Vertretern teilgenommen hatte. Schlenger empfahl Meyer, nicht als Privatmann zu handeln, sondern für sein Vorhaben um offizielle Erlaubnis nachzusuchen. Meyer sollte die Bonner Ministerialbehörden in Kenntnis setzen und um Einverständnis bitten, denn – so Schlenger – „unsere Erfahrungen damals [1937/38, E.E.] veranlassen uns heute zu erhöhter Zurückhaltung".[3] Zudem solle er mit Aubin auch den Vorsitzenden des Herder-Forschungsrates unterrichten. Meyer tat wie ihm geheißen und wandte sich nur zwei Wochen später an Aubin. Er erläuterte ihm sein Anliegen, aufgrund der von ihm entworfenen „Thesen" zu der Behandlung der deutsch-polnischen Beziehungen mit einem interessierten Polen zu diskutieren, „und zwar als Privatmann mit einem Privatmann". Da Meyer „ohne irgendeinen Auftrag handle, könne er nicht viel Schaden anrichten".[4]

1. Der Geograf Herbert Schlenger, Mitglied im Johann Gottfried Herder-Forschungsrat

Aubins Antwort fiel knapp aus, und sein Desinteresse an der Angelegenheit war herauszulesen: er kenne weder einen H. [sic!] Marlewski noch wisse er, was von diesem erwartet werden kann. Zudem frage er sich, „ob die Angelegenheit ernsthaft behandelt werden soll oder ob man nur Stimmen sammeln will?"[5] Es folgte seitens

3 Herbert Schlenger an Enno Meyer vom 25. Januar 1954, Dokumentensammlung im Herder-Institut (DSHI), Bestand 200 Herder-Forschungsrat/Herder-Institut (HFR/HI), 12 Korrespondenz Präsident des Herder-Forschungsrates Hermann Aubin.

4 Enno Meyer an Hermann Aubin vom 6. Februar 1954, DSHI 200 HFR/HI, 12 (wie Anm. 3).

5 Hermann Aubin an Enno Meyer vom 17. Februar 1954, DSHI 200 HFR/HI, 12 (wie Anm. 3).

2. Der Historiker Hermann Aubin, u.a. Präsident des Johann Gottfried Herder-Forschungsrates 1950–1959

Aubin auch keine Ermunterung, ihn über weitere Fortschritte seiner Initiative auf dem Laufenden zu halten. Die Korrespondenz zwischen dem Privatmann Meyer und dem Vorsitzenden des Herder-Forschungsrates fand keine Fortsetzung. Es scheint zudem wenig wahrscheinlich, dass Meyer sich an die ihm empfohlenen Ministerialbehörden wandte, da er weiterhin als Privatmann zu handeln gedachte.

Das Interesse des Herder-Instituts als Speerspitze der bundesdeutschen Ostforschung war zunächst nicht gegeben. Der „Experte" Aubin konnte dem Vorschlag des „Amateurs" Meyer nicht viel abgewinnen, und auch Herbert Schlenger machte mehr als deutlich, dass solche privaten Initiativen auf dem Feld der schwer belasteten deutsch-polnischen Beziehungen nicht nur eine wissenschaftliche, sondern auch eine politische Dimension hatten. Deshalb konnte Schlenger sich kaum vorstellen, dass Meyer ohne die Rückendeckung der politischen Institutionen agieren könne. Für Meyer war die Einflussnahme offizieller Institutionen auf seine Initiative jedoch nicht erwünscht, wusste er doch, dass sie den privaten Charakter seiner Bemühungen unterlaufen könnten.

Der Bitte, sich mit seinen Thesen auseinanderzusetzen, folgte Anfang 1954 mit Herbert Ludat ein später bekannter Polenhistoriker in der Bundesrepublik. Auch von exilpolnischer Seite tauschten sich mit Leon Koczy aus Schottland sowie dem Österreicher Otto Forst de Battaglia zwei bekannte Historiker mit Meyer über seine Thesen aus.

Im Sommer 1954 schloss Meyer seine Thesen vorläufig ab. Das anfängliche Desinteresse an Meyers Initiative hatte sich gewandelt. Im September 1954 erhielt er von Georg Eckert die Anfrage, ob er bereit sei, seine Thesen im vom Braunschweiger Schulbuchinstitut herausgegebenen *Internationalen Jahrbuch für Geschichtsunterricht* zu veröffentlichen. Nach Meyers Zusage wurde vor der Veröffentlichung noch eine Arbeitstagung im Braunschweiger Institut durchgeführt. Hierzu fanden sich am 13. Juni 1955 neben Meyer, Schüddekopf und Eckert auch die Polenhistoriker Herbert Ludat und Werner Conze sowie leitende Mitglieder des Göttinger Arbeitskreises ein.

Meyers Thesen wurden nach der Arbeitstagung kleineren Veränderungen unterzogen. Bevor sie wie geplant im Jahrbuch des Schulbuchinstituts in einer Auflage von 3.000 Exemplaren publiziert werden konnten, wurde im März 1956 über das „Kuratorium Unteilbares Deutschland" eine Sonderpublikation in einer Auflagenhöhe von 2.000 Exemplaren finanziert, die den Vorstellungen des Kuratoriums nach „in den Schulen zur Grundlage des Unterrichts über die deutsch-polnischen Beziehungen" genutzt werden sollte.[6]

Krzysztof Ruchniewicz' Auswertungen zeigen, dass es von 1956 bis 1960 23 Rezensionen zu Meyers Thesen gab – das war mehr Aufmerksamkeit als jede andere Arbeit über die deutsch-polnischen Beziehungen jener Zeit auf sich gezogen hatte.[7] Nach der erstmaligen Veröffentlichung seiner 47 Thesen im März 1956 erhielt Meyer für seine Initiative viel Anerkennung und Lob, jedoch vornehmlich aus Fachkreisen und aus Kreisen derjenigen, die bereits mit der Initiative bekannt waren. Der an der Adam-Mickiewicz-Universität Posen lehrende Mediävist Gerard Labuda zollte ihm seinen Respekt für die Initiative. Er schrieb 1956 im *Przegląd Zachodni*: „Diese Initiative erfordert so schnell wie möglich eine Antwort von unserer Seite, nicht nur in Form einer papiernen Diskussion, sondern auch durch Aufnahme unmittelbarer Kontakte."[8] Es fehlt jedoch an Untersuchungen, die Aufschluss darüber geben, inwieweit die Veröffentlichung der Thesen 1956 auch tatsächlich in den öffentlichen Raum hineinwirkte. Die Initiative sollte mit den Thesen ja gerade den Schulen, Lehrern und den Zuständigen für die Lehrpläne eine praktische Handreichung bieten. Reine Historikergespräche aufgrund seiner Thesen zu initiieren, war nicht Meyers Absicht.

Neben viel Lob gab es auch kritische Stimmen. Als überraschend empfand Meyer die Kritik des in Wien lehrenden Oskar Halecki (1891–1973), der „grundverschiedene" deutsche und polnische Positionen ausmachte. Meyer schloss daraus, „daß [bei der Diskussion der Thesen, E.E.] viel eher mit den Historikern in der Volksrepublik selbst zu rechnen sei."[9]

Tatsächlich lief Meyers Initiative mit der Veröffentlichung der Thesen im März 1956 auf eine Phase liberaler polnischer Wissenschaftspolitik zu, in der zum ersten Mal nach 1945 ein Austausch der Historiker beider Länder möglich schien und welchen diese auch nutzen wollten. Da es zum damaligen Zeitpunkt keine Formen

6 AP-Meldung über die Jahrestagung des „Kuratoriums Unteilbares Deutschland". In: Nordwest-Zeitung Oldenburg vom 14.6.1955, zitiert nach Meyer: Wie ich dazu gekommen bin (wie Anm. 1), S. 29.

7 Krzysztof Ruchniewicz: Zögernde Annäherung. Studien zur Geschichte der deutsch-polnischen Beziehungen im 20. Jahrhundert. Dresden 2005, S. 307.

8 Gerard Labuda: Stare i nowe tendencje w historiografii zachodnioniemieckiej [Alte und neue Tendenzen in der westdeutschen Historiografie]. In: Przegląd Zachodni, 12 (1956), H. 7/8, S. 251, zitiert nach Meyer: Wie ich dazu gekommen bin (wie Anm. 1), S. 36.

9 Meyer: Wie ich dazu gekommen bin (wie Anm. 1), S. 36.

eines institutionalisierten Kontaktes zwischen polnischen und (bundes)deutschen Historikern gab, darf die Mitarbeit an den Thesen – neben privaten Korrespondenzen einzelner Historiker untereinander und wenigen Konferenzbegegnungen – als einzige vorhandene Möglichkeit eines Austausches gesehen werden, die für alle offenstand und dementsprechend genutzt wurde.[10] Der Erfolg und das Interesse an Meyers Initiative waren demzufolge nicht nur seiner „guten Idee", persönlichem Engagement und Versöhnungswillen geschuldet, sondern vor allem auch dem positiven wissenschaftspolitischen Klima zwischen deutschen und polnischen Historikern der Jahre 1956 bis 1958.

Womit Meyer nach der Veröffentlichung nicht unbedingt rechnete, war die Reaktion des Herder-Instituts in Marburg.[11] Ausgestattet mit einer Vielzahl seiner Sonderdrucke verschickte Meyer zehn Exemplare der Thesen kurz nach Erscheinen auch an den Direktor des Herder-Instituts, Erich Keyser (1893–1968). Außer einem knappen Dank folgte zunächst keine Reaktion, bis Keyser sich Anfang August erneut an Meyer wandte und ihm mitteilte, dass er in den Thesen „die Möglichkeit einer fruchtbaren Auseinandersetzung" sehe, die jedoch wohl nur mit Exilpolen geführt werden könnte, weil „für die augenblicklich geltende polnische marxistische Geschichtsauffassung […] eine ganze Anzahl der Thesen kaum annehmbar [sei]." Da es im Herder-Institut „Bedenken gegen manche Formulierungen und Angaben" gäbe, schickte er in der Anlage die Bemerkungen der drei im Hause mit den Thesen Meyers befassten Mitarbeiter, Richard Breyer (1917–1999), Ernst Birke (1908–1980) und Gotthold Rhode, mit. Hier tritt der Deutungsanspruch des Herder-Institutes für die historische Darlegung der deutsch-polnischen Beziehungen klar hervor: Alleine drei Mitarbeiter befassten sich mit der Durchsicht von Meyers Thesen, der zwei Jahre zuvor bei Schlenger und Aubin noch auf deutliches Desinteresse mit seiner Initiative gestoßen war. Nachdem deutlich wurde, dass Meyer weiterhin an der vorgesehenen Veröffentlichung im Jahrbuch festzuhalten gedachte, wurde der Ton von Keyser schärfer und for-

3. Der Historiker Erich Keyser, Direktor des Johann Gottfried Herder-Instituts in Marburg 1951–1959

10 Vgl. zur Annäherung deutscher und polnischer Historiker in diesen Jahren auch: Eike Eckert: Zwischen Ostforschung und Osteuropahistorie. Zur Biographie des Historikers Gotthold Rhode (1916–1990). Osnabrück 2012, S. 249–266.

11 Vgl. dazu im Folgenden das Unterkapitel „Zwist mit dem Herder-Institut über die endgültige Veröffentlichung der Thesen". In: Meyer: Wie ich dazu gekommen bin (wie Anm. 1), S. 37–39.

dernder: Am 5. September 1956 schrieb er Meyer: „Nach Rücksprache mit meinen Mitarbeitern [...] bitte ich Sie, von einer Veröffentlichung in dem Jahrbuch abzusehen. Sie [die Thesen, E.E.] dürften ohne weitere Erläuterungen gerade für Ausländer nicht recht verständlich sein. Wir bedauern, daß ihre Thesen schon gedruckt worden sind und müssen uns vorbehalten, zu diesen nach Erscheinen des Jahrbuchs [...] Stellung zu nehmen." Dies war durchaus als Drohung eines wissenschaftlichen Verrisses der Thesen durch das Herder-Institut aufzufassen, falls deren Bemerkungen unberücksichtigt bleiben sollten. Auch gegenüber dem Herausgeber des Jahrbuchs, Georg Eckert, wurde der Anspruch des Herder-Instituts und somit der bundesdeutschen Ostforschung auf eine Mitsprache bei der ‚korrekten' Formulierung der Thesen deutlich betont. Keyser teilte Eckert in einem Schreiben vom 24. September 1956 mit: „Ich kann [...] nur wiederholen, daß mir und den Bearbeitern der Bemerkungen zu den ‚Thesen' eine Veröffentlichung in der vorliegenden Form nicht erwünscht ist." Die Nichtberücksichtigung in der endgültigen Fassung, so Keyser weiter, sei bedauernswert und ebenso die Nichtbeteiligung an der ersten Fassung.

Die Nichtbeteiligung, die Keyser ins Spiel brachte, bezog sich auf einen Fauxpas des Schulbuchinstituts, das es 1955 versäumt hatte, das Herder-Institut zu der Braunschweiger Arbeitstagung einzuladen. Ein Versehen, das nicht Meyer angelastet werden konnte, das aber sehr wohl für eine grundlegende Verstimmung auf Seiten des Herder-Instituts sorgte. Dies empfanden sie trotz der Tatsache, dass sie durch die Teilnahme von Mitgliedern des Herder-Forschungsrates an der Braunschweiger Tagung gut über Thesen und Ablauf hätten informiert sein sollen.

Meyer hatte dagegen ganz andere Probleme mit dem Vorstoß des Herder-Instituts: Die Bemerkungen der Herder-Mitarbeiter betrafen zum Teil ganz neue Themenbereiche der deutsch-polnischen Beziehungen. Diese Erweiterung seiner Thesen sah Meyer mit deutlichem Unbehagen, da er darauf abzielte, Schulbuchautoren eine Hilfestellung bei der Abfassung ihrer Schulbücher für einen bestimmten Themenbereich zu geben, keinesfalls aber gedachte, „alle Erscheinungen der deutsch-polnischen Beziehungen" einzubeziehen. Es ist erwähnenswert, dass Meyer seine Befürchtung, derartige Gespräche dienten dann nicht mehr der Verbesserung der Schulbücher in den späteren Schulbuchkonferenzen der 70er Jahre, bestätigt sah: „Tatsächlich haben sich dann die 1972 aufgenommenen deutsch-polnischen Schulbuchgespräche so entwickelt, daß in ihnen die Schulbücher und – allgemeiner – die Möglichkeiten der Schule kaum mehr eine Rolle gespielt haben."[12]

Meyer weigerte sich zudem, mit seinen Thesen einen „besonderen ‚deutschen Standpunkt'" zu vertreten. Dies sei, so Meyer, die Tendenz dessen, was man ihm vom Göttinger Arbeitskreis und zum Teil auch vom Herder-Institut aus vorgeschlagen habe. Es bleibt ohne entsprechende Quellen unklar, was die Vertreter der beiden Institutionen Meyer im Detail an Änderungen diesbezüglich vorgeschlagen haben,

12 Meyer: Wie ich dazu gekommen bin (wie Anm. 1), S. 37.

aber es überrascht nicht, dass beide als wissenschaftliche und publizistische Speerspitzen der bundesdeutschen Ostforschung einen „deutschen Standpunkt“ in der Auseinandersetzung mit der polnischen Geschichtsschreibung einforderten.

Georg Eckert lavierte nun zwischen den Aufforderungen des Herder-Instituts, Veränderungen an den zur Publikation vorgesehenen Thesen vorzunehmen, und der ablehnenden Haltung Meyers dazu. Geschickt verwies er Keyser gegenüber auf den privaten Status der Ausarbeitung Meyers, in die er schlechterdings nicht eingreifen könne. Zudem hätten sich führende Osteuropa-Experten wie Werner Markert (1905–1965), Werner Conze und Werner Philipp (1908–1996) positiv zu dem Text geäußert. Er erzielte mit dem Herder-Institut schließlich die Übereinkunft, dass deren Stellungnahme zu den Thesen als eigenständiger Beitrag Rhodes umgearbeitet wurde und so im Jahrbuch abgedruckt werden konnte (erschien 2/1957 als Band V).

Mit dem Abdruck der zusätzlichen Bemerkungen Rhodes schien den Forderungen des Herder-Instituts vorerst Genüge getan. Rhode hatte sich als Bindeglied zwischen den Marburger Ostforschern und Meyer bewährt. Meyer schätzte die Hilfe, die Rhode ihm und dem Schulbuchinstitut durch seine Kontakte zu polnischen Historikern, Übersetzungen polnischer Rezensionen und sein fortgesetztes Interesse an der Weiterentwicklung der Thesen zuteil werden ließ – selbst wenn klar sein musste, dass dies vor allem aus dem Selbstverständnis der Ostforscher heraus geschah, an führender Stelle an der Diskussion der deutsch-polnischen Beziehungsgeschichte und ihrer Interpretation beteiligt zu sein.

4. Der Historiker Gotthold Rhode, u.a. Mitglied der Deutsch-Polnischen Schulbuchkommission

Auch das Schulbuchinstitut war daran interessiert, die Diskussion über die Thesen weiterzuführen und beabsichtigte, im Herbst 1957 eine „deutsch-polnische Historikerbesprechung“ durchzuführen. Grundlage hierfür sollte eine zweite Auflage der Meyerschen Thesen sein, die mit Diskussionsbeiträgen und polnischen Rezensionen erweitert werden sollte. Otto-Ernst Schüddekopf erbat sich von Hermann Aubin ein Vorwort oder einen Beitrag zu dieser Neuauflage,[13] sicher auch, um dem Teilhabewunsch der Marburger Ostforscher an der Diskussion von vornherein gerecht zu werden.

13 Otto-Ernst Schüddekopf an Hermann Aubin vom 24. Juni 1957, DSHI 200 HFR/HI, 12 (wie Anm. 3).

Aubin reagierte darauf ungehalten und warf Schüddekopf erneut das Versäumnis vor, nicht zu den ersten Gesprächen über Meyers Thesen eingeladen worden zu sein. Eine Neuauflage ohne die Bemerkungen des Herder-Instituts zu berücksichtigen, käme für ihn nicht infrage: Er hielt es „dringend für wünschenswert, daß diese Umarbeitung [aufgrund der Rhodeschen Anmerkungen, E.E.] erfolgt, bevor das Gutachten Meyers neuerlich in Druck geht."[14] Kernstück seines Antwortschreibens an Schüddekopf war jedoch eine ähnliche Forderung an das Braunschweiger Institut, wie sie bereits Meyer abverlangt worden war: In einer Aussprache mit den polnischen Historikern sollte ein einheitlicher deutscher Standpunkt eingenommen werden. „Welchen Schaden die Doppelheit oder vielleicht sogar Mehrheit der Standpunkte ausrichten kann, brauche ich gar nicht auszuführen."[15] Damit unterstrichen das Herder-Institut und seine Ostforscher einmal mehr ihren Deutungsanspruch als Experten bei der Auslegung der deutsch-polnischen Beziehungsgeschichte. Letztlich wurde eine mündliche Aussprache zwischen den beteiligten Instituten in Marburg vereinbart, zu der Eckert persönlich anreiste. Von dem Ausgang des dortigen Gesprächs machte Aubin die Abfassung seines Vorwortes für die Neuauflage abhängig. Die Beratungen Eckerts mit Rhode, der mittlerweile für das Schulbuchinstitut zwei Übersetzungen Labudas aus dem Polnischen vorgenommen hatte, verliefen positiv. Einer Neuveröffentlichung mit Vorwort und einer Tagung stand somit nichts mehr im Wege.

Die deutsch-polnischen Historikerkontakte jener Zeit waren jedoch maßgeblich von den gesellschaftlichen Freiräumen abhängig, so dass alle Beteiligten auch die politische ‚Wetterlage' im Blick hatten. Eckert erhielt Informationen, nach denen das polnische Außenministerium an der Fortführung des Meinungswechsels zunächst über Artikel und Gegenartikel interessiert sei.[16] An einer deutsch-polnischen Tagung hätte es jedoch kein Interesse, da, so Eckert, „die Polen dann mit Rücksicht auf die Sowjetunion die Hinzuziehung von Historikern aus der SBZ fordern müßten". Das Herder-Institut und das Schulbuchinstitut waren sich darin einig, „daß wir den Gesprächen nicht allzu viel Gewicht geben sollten und dass es klug ist, die Kontakte zwar zu pflegen, daß man aber doch das ganze etwas dilatorisch behandeln sollte."[17] Auch diese Überlegungen waren es, die dazu führten, dass auf ein prominentes Vorwort von Hermann Aubin für die Neuauflage verzichtet wurde. Doch es war letztlich nicht alleine die Tagungsplanung, die zu einem Problem des beiderseitigen Austausches werden sollte. Das Zeitfenster für den Dialog hatte sich schneller geschlossen als sich die deutsche Seite nach dem verheißungsvollen Beginn

14 Hermann Aubin an Otto-Ernst Schüddekopf vom 9. Juli 1957, DSHI 200 HFR/HI, 12 (wie Anm. 3).

15 Ebenda.

16 Georg Eckert an Hermann Aubin vom 24. März 1958, DSHI 200 HFR/HI, 12 (wie Anm. 3).

17 Ebenda.

und der unerwarteten Beteiligung volkspolnischer Historiker an den Thesen 1956 gewünscht hatte.

Rückblickend konstatierte Meyer bedauernd: „Das aber, was ich für notwendig hielt, aus den ursprünglichen Thesen und den Kritiken eine Synthese zu schaffen, im Idealfall gemeinsam von Deutschen und Polen, kam nicht zustande, denn inzwischen hatten sich die Zeiten geändert."[18]

Die Ursachen für eine restriktivere staatliche Wissenschaftspolitik in Polen waren auf die politischen Rahmenverhältnisse zurückzuführen. Die Abkühlung der Beziehungen zwischen der Bundesrepublik und der Volksrepublik Polen, die beide keine diplomatischen Beziehungen pflegten, begann mit der im Jahre 1958 durch die Bundesrepublik erfolgten Ablehnung des nach dem polnischen Außenministers Adam Rapacki (1909–1970) benannten „Rapacki-Plans", der beide Länder in ein atomwaffenfreies, kollektives Sicherheitssystem in Mitteleuropa einbinden sollte. Die Berlin-Krise und der Bau der Berliner Mauer 1961 sollten sich dann als zusätzliche Belastungen für den deutsch-polnischen Austausch herausstellen. Dies wirkte sich ebenso negativ auf die Initiative der Schulbuchgespräche aus, die zunächst keine Fortsetzung mehr fanden. Dass die Schulbuchgespräche 1972 aufgenommen wurden und an frühere grenzübergreifende Kontakte anknüpften, war zweifellos auch das Verdienst von Enno Meyer und seiner 47 Thesen.

18 Meyer: Wie ich dazu gekommen bin (wie Anm. 1), S. 37.

Stefan Guth

Reaktionen auf Enno Meyers „47 Thesen" in der Volksrepublik Polen und in der DDR

Beredtes Schweigen – mehr war zehn Jahre nach Kriegsende zum Thema Vergangenheitsbewältigung zwischen Westdeutschen und Polen auf beiden Seiten nicht zu vernehmen. Dass 1956 ein weithin unbekannter norddeutscher Gymnasiallehrer der Sprachlosigkeit ein Ende setzte, hatte kaum jemand kommen sehen – ebenso wenig wie den Widerhall, den Enno Meyers knappe Thesensammlung damals in Polen und der DDR auslöste. Getäuscht sah sich schließlich auch, wer erwartet hatte, dass der „Ostblock" mit einer Stimme antworten würde. Ganz im Gegenteil: Die Dissonanzen zwischen polnischen und ostdeutschen Repliken auf Meyer waren nicht zu überhören – diesseits von Oder und Neiße klang es schroff ablehnend, jenseits hingegen verhalten wohlwollend. Der vorliegende Beitrag umreißt, was in den damaligen Repliken angesprochen, aber auch, was verschwiegen wurde, und fragt danach, welches Verständigungspotential sich daraus ergab. Schließlich soll nachgezeichnet werden, weshalb ein Dialog damals trotz der hoffnungsvollen Signale aus Polen nicht zustande kam und was in den folgenden anderthalb Jahrzehnten noch alles geschehen musste, bis schließlich deutsch-polnische Schulbuchgespräche möglich wurden.

Polnische Reaktionen

Eine grundsätzlich positive Erwiderung auf Meyers Thesen verfasste als erster Gerard Labuda im Namen des Posener Westinstituts. Darin signalisierte er Gesprächsbereitschaft, riet aber gleichzeitig dazu, vorerst die Finger vom heißen Eisen der jüngsten Beziehungsgeschichte zu lassen.[1] Das war einigermaßen erstaunlich, denn wenn es einen Gegenstand gab, der dringender als jeder andere der ‚Vergangenheits-

1 Gerard Labuda: Próba nowego ukazania stosunków polsko-niemieckich w nauczaniu szkolnym [Versuch einer neuen Darstellung der deutsch-polnischen Beziehungen im Schulunterricht]. In: Ders. (Hg.): Polsko-niemieckie rozmowy o przeszłości [Polnisch-deutsche Gespräche über die Vergangenheit]. Poznań 1996, S. 403–415. [Erstveröffentlichung im Przegląd Zachodni, 12/11–12 (1956), S. 346–356; deutsche Übersetzung: Gerard Labuda: Ein Versuch, die deutsch-polnischen Beziehungen im Schulunterricht neu darzustellen. In: Internationales Jahrbuch für den Geschichtsunterricht (1956), S. 311–324. Rhode wies Eckert darauf hin, dass die (von ihm verfasste) deutsche Übersetzung weniger polemisch ausgefallen sei als der Originaltext. Gotthold Rhode an Georg Eckert vom 2.6.1958, Bundesarchiv Koblenz [im Weiteren: BAK], N 1445/146.

1. Der Historiker Gerard Labuda, Professor an der Adam-Mickiewicz-Universität in Poznań, Mitglied der Deutsch-Polnischen Schulbuchkommission

bewältigung' bedurft hätte, so doch wohl die nationalsozialistische Besatzungsherrschaft in Polen. Labuda handelte freilich nicht in Eigenregie, sondern in Rücksprache mit dem polnischen Außenministerium, das seinerseits einen heiklen Balanceakt praktizierte: Einerseits hoffte man in Warschau damals auf eine rasche Verbesserung der Beziehungen zur Bundesrepublik, und in diesem Zusammenhang schien ein Geschichtsdialog wünschenswert. Gleichzeitig musste man aber unter allen Umständen Rücksicht auf die Interessen der Sowjetunion nehmen.[2] Meyers Thesen hatten verdeutlicht, dass die westdeutsche Seite sich kaum dazu bereit finden würde, die Kriegsjahre zu diskutieren, ohne dabei auch die zwielichtige Rolle der UdSSR zu thematisieren. Das war ein Risiko, das man in Warschau nicht eingehen wollte. Weitere Rezensionen der Meyerschen Thesen kamen von Kazimierz Piwarski sowie Ewa Maleczyńska und Kazimierz Popiołek.[3] Bei aller kampfeslustigen Rhetorik ließen auch diese drei Rezensenten zahlreiche Anknüpfungspunkte für eine Verständigung erkennen.

In Anbetracht dieser Reaktionen kristallisierte sich rasch heraus, dass sich die von Meyer vorgeschlagene ‚Verhandlungsmasse' in drei Kreise unterteilen ließ, und zwar in Konsensthemen, Dissensthemen und Tabuthemen. Gut die Hälfte der Meyerschen Thesen blieben bei allen polnischen Rezensenten unwidersprochen, konnten also zu den Konsensthemen gezählt werden.[4] Dabei handelte es sich – wenig überraschend – vor allem um Aussagen, die Polen als souveräne Nation und tragendes Mitglied der europäischen Völkerfamilie darstellten und dabei mit den herablassen-

2 Gerard Labuda: Rozmowy podręcznikowe: 1956–1990 [Lehrbuchgespräche: 1956–1990]. In: Ders. (Hg.): Polsko-niemieckie rozmowy (wie Anm. 1) S. 461.

3 Die Rezensionen von Kazimierz Piwarski, Ewa Maleczyńska und Kazimierz Popiołek finden sich in deutscher Übersetzung bei Enno Meyer: Anmerkungen zu drei polnischen Kritiken der Thesen über die Darstellung der deutsch-polnischen Beziehungen im Geschichtsunterricht. In: Internationales Jahrbuch für den Geschichtsunterricht, 6 (1957/1958), S. 347–360.

4 „Zu 20 der 47 Thesen liegen Bemerkungen vor", Meyer: Anmerkungen (wie Anm. 3), S. 350.

den germanozentrischen Geschichtsmythen der deutschen Ostforschung aufräumten. Den Bestand der Dissensthemen offenbarten die zahlreichen Einwände der polnischen Rezensenten zu den übrigen Thesen – 20 an der Zahl. Diese Einwände operierten im Wesentlichen von zwei Standpunkten aus: Erstens – und das mochte manchen westdeutschen Beobachter, der an eine umfassende „Sowjetisierung" des polnischen Geisteslebens glaubte, überraschen – verteidigten sie die Bastionen eines durchaus traditionellen Nationalbewusstseins. Dazu gehörten historiografisch bedenkenswerte Einwände – etwa die Aufforderung, die Selbsterneuerungskräfte der polnischen Republik im ausgehenden 18. Jahrhundert stärker zu betonen und damit die These zu entkräften, Polen habe die damaligen Teilungen durch das Staatsversagen der Adelsrepublik gewissermaßen selbst verschuldet. Andere Anliegen taten hingegen eher geschichtspolitischen Glaubenssätzen als fachwissenschaftlichen Einsichten genüge. So wünschten sich die Rezensenten beispielsweise eine nahezu pauschale Verdammung der Deutschordensritter und eine grundsätzlich negative Wertung der preußischen Polenpolitik. Offenbar schien die Vorstellung einer jahrhundertealten deutsch-polnischen Erbfeindschaft der Warschauer Geschichtspolitik immer noch unverzichtbar. Auf diese außerwissenschaftlichen Beweggründe wies Meyer in seiner Antwort auf die polnischen Kritiker deutlich hin.

Ein zweites Bündel polnischer Kritikpunkte bewegte sich, zumindest vordergründig, auf dem Boden der historisch-materialistischen Geschichtsauffassung. Aus dieser Warte wurde bemängelt, dass Meyers Thesen wirtschaftlichen und sozialen Entwicklungen zu wenig Aufmerksamkeit schenkten – hingewiesen wurde etwa auf die Hanse, die das deutsch-polnische Verhältnis über Jahrhunderte geprägt hatte, in den Thesen aber kaum Erwähnung fand. Meyer nahm diese Kritik bereitwillig entgegen und wurde ihr in späteren Auflagen der Thesen auch mit entsprechenden Änderungen gerecht.[5] Auffallend war allerdings, dass Meyers polnische Kritiker die angeblichen Gesetzmäßigkeiten des Histomat[6] auch dafür in Anspruch nahmen, offenkundig nationalistische und bisweilen plump apologetische Geschichtsdeutungen zu rechtfertigen. So wurde geltend gemacht, die „Aussiedlung" der Deutschen aus den Ostgebieten am Endes des Zweiten Weltkriegs habe letztlich doch nur einen Prozess vollendet, der seit dem 19. Jahrhundert ohnehin auf natürliche und zwanglose Weise vonstatten gegangen sei – nämlich die „Ostflucht" der deutschen Bevölkerung gen Westen. Meyer durchschaute solche Geschichtsklitterungen sehr wohl und wies sie in seiner Replik auf die Rezensenten auch entschieden zurück.[7]

Der Kreis der Tabuthemen war in den polnischen Stellungnahmen nur aus Andeutungen zu erschließen, aber nichtsdestotrotz bedeutsam. Dabei ging es in erster

5 Meyer: Anmerkungen (wie Anm. 3), S. 348f.

6 Histomat – Historischer Materialismus.

7 Meyer: Anmerkungen (wie Anm. 3), S. 348.

Linie um die Rolle der Sowjetunion im Zweiten Weltkrieg und ihre unheilvolle Verstrickung in die Zerschlagung zunächst des polnischen Staates und später des polnischen Widerstandes gegen die Besatzungsmächte. Die Angst, sowjetische Empfindlichkeiten zu berühren, ging bei den polnischen Rezensenten so weit, dass es zunächst keiner von ihnen wagte, den Zweiten Weltkrieg offen zu thematisieren.

Ostdeutsche Reaktionen

Auf schroffe Ablehnung stießen Meyers Thesen bei den Historikern der DDR, nach deren Auffassung ein deutsch-polnischer Geschichtsdialog grundsätzlich nur auf dem Boden der historisch-materialistischen Geschichtsinterpretation – und mithin ausschließlich zwischen der DDR und der Volksrepublik Polen – gedeihen konnte. Dass Meyer die deutsch-polnischen Schulbuchgespräche von 1937/38 als tauglichen Anknüpfungspunkt für einen erneuten Schulbuchdialog in der Gegenwart darstellte, war gewiss unglücklich. Darin aber wie Felix-Heinrich Gentzen (1914–1969) einen Offenbarungseid in der Frage zu erblicken, „mit welchem Polen der Autor eine Verständigung wünscht" – „nämlich mit dem faschistischen Polen Piłsudskis und seinen Epigonen in der heutigen polnischen Emigration", war eine bösartige Unterstellung. Ebenso wie die Behauptung, Meyer bleibe letztlich dem Gedankengut der deutschen Ostforschung verhaftet.[8] Zwar musste auch Gentzen einräumen, dass Meyer sich von deren Glaubenssätzen vor allem im Hinblick auf die Vorgeschichte und das Mittelalter deutlich distanzierte, indem er etwa die These einer ununterbrochenen, jahrtausendealten germanisch-deutschen Siedlungskontinuität im Osten ebenso ins Reich der Spekulation verwies wie die Normannentheorie, der zufolge die mittelalterliche polnische Staatsgründung wikingischen Fürsten zuzuschreiben wäre. Solche Konzessionen im Hinblick auf die graue Vorzeit waren im Urteil Gentzens freilich nicht mehr als wohlfeile Symbolpolitik – denn: „[J]e näher wir der Neuzeit kommen, umso sparsamer wird der Autor mit seinen Zugeständnissen an die polnische Adresse."[9] Meyers Aussagen zur preußischen Beteiligung an der ersten Teilung Polens und zur deutschen Politik im Ersten Weltkrieg unterstellte Gentzen apologetische Absichten. Vor allem aber stieß er sich an Meyers Thesen zur Zeitgeschichte, in denen die Mitverantwortung der UdSSR an der Zerschlagung Polens 1939 konstatiert und festgehalten wurde, Ostberlin habe die Oder-Neiße-Grenze 1950 nur unter sowjetischem Druck akzeptiert.

8 Felix-Heinrich Gentzen: [Rezension zu Meyers Thesen u.d.T.:] Enno Meyer: Über die Darstellung der deutsch-polnischen Beziehungen im Geschichtsunterricht. In: Zeitschrift für Geschichtswissenschaft, 6 (1957), S. 1309–1319, hier S. 1312.

9 Gentzen: Rezension zu Meyers Thesen (wie Anm. 8).

Die Parallelaktion

Nebst diesen *expliziten* Reaktionen aus dem „Ostblock" gab es eine wichtige *implizite* Reaktion: Die Gründung einer ostdeutsch-polnischen Historikerkommission. Es war gewiss kein Zufall, dass diese just zu jenem Zeitpunkt erfolgte, als Enno Meyer seine Schulbuch-Thesen vorlegte.[10] Und noch weniger konnte es Zufall sein, dass sich eine der ersten Sitzungen der ostdeutsch-polnischen Kommission im November 1956 mit der Angleichung der Schulbücher befasste.[11] Wenn man der offiziellen Rhetorik Glauben schenkte, hätte es solcher Gespräche freilich gar nicht bedurft. Labuda etwa machte in seiner Stellungnahme zu Meyers Thesen geltend, den „immer lebhafteren" Kontakten zu den ostdeutschen Historikerkollegen sei es zu danken, „dass aus unseren Lehrbüchern praktisch alle emotionellen und herabsetzenden Beurteilungen des deutschen Volkes als Ganzes verschwunden sind".[12]

Hinter verschlossenen Türen klang es freilich ganz anders. Nicht nur gerieten sich Ostdeutsche und Polen in der Beurteilung von Meyers Thesen gründlich in die Haare. (In der Frage, ob mit den bundesdeutschen Kollegen eine Verständigung möglich sei, riskierte Labuda eine scharfe Auseinandersetzung mit seinem ostdeutschen Kollegen Gerhard Schilfert [1917–2001], die mit Labudas Ausschluss aus der Kommission endete.[13]) Schwerer wog, dass auch zwischen den beiden sozialistischen Bruderstaaten kein Konsens zur deutsch-polnischen Vergangenheit zu erzielen war. Diese ernüchternde Erkenntnis konnten auch die gewundenen Formulierungen im Schlussprotokoll der Sitzung nicht verhehlen: „Die Aussprache über die Lehrbucharbeiten in der DDR und in der Volksrepublik Polen ergab völlige Übereinstimmung in dem wichtigen Punkt, eine Unifizierung der Auffassungen abzulehnen. Nicht immer war das, was für das deutsche Volk fortschrittlich war, ebenso fortschrittlich für das polnische Volk".[14]

Man konnte sich also lediglich darauf einigen, dass man uneins war. Das lag daran, dass beide Seiten die verordnete ‚internationalistische' Sichtweise der Beziehungsgeschichte sofort wieder mit versteckten nationalen Agenden befrachteten: So verstiegen sich die polnischen Historiker zu allerlei argumentativen Verrenkungen,

10 Zu den Reaktionen auf seine Thesen: Enno Meyer: Deutsch-polnische Schulbuchgespräche. Ein Zwischenbericht zu den gegenwärtigen deutsch-polnischen Schulbuchkonferenzen der beiderseitigen Unesco-Kommission. In: Geschichte in Wissenschaft und Unterricht, 24 (1973), S. 35–43, hier S. 37.

11 Zur Historikerkommission der DDR und der Volksrepublik Polen ausführlich Stefan Guth: Geschichte als Politik. Der deutsch-polnische Historikerdialog im 20. Jahrhundert (Ordnungssysteme 45). München 2015, S. 307–352.

12 Labuda: Versuch (wie Anm. 1), S. 313.

13 Labuda: Rozmowy podręcznikowe (wie Anm. 2), S. 462.

14 Ergänzungsbericht zum Schlussprotokoll der 1. Tagung der deutsch-polnischen Historikerkommission, 5.11.1956, Archiv der Berlin-Brandenburgischen Akademie der Wissenschaften, Zentralinstitut für Geschichte, Bl. 555.

um nachzuweisen, dass im polnischen Falle soziale und nationale Emanzipationsbestrebungen in aller Regel zusammengefallen seien. Auf der anderen Seite verspielten die ostdeutschen Historiker Vertrauen, indem sie die klassenbasierte Geschichtsschreibung dazu nutzten, sich aus der deutschen Verantwortung für den Nationalsozialismus zu stehlen. In ostdeutschen Darstellungen erschienen der deutsche und der polnische Staat der späten 30er Jahre als gleichermaßen ‚faschistisch', und der deutsche Überfall auf Polen wurde darin zur letztlich zwangsläufigen Episode im Zuge der gegenseitigen Selbstzerfleischung der imperialistischen Mächte umgedeutet. Der verordnete nationale Agnostizismus erwies den deutsch-polnischen Gesprächen also offensichtlich einen Bärendienst. Im Umkehrschluss darf man folgern, dass Meyers Initiative gewiss nicht daran scheiterte, dass sie auf eine Annäherung an die historisch-materialistische Rhetorik verzichtete.

Warum kam es 1956 nicht zu Schulbuchgesprächen?

Woran lag es dann, dass 1956 keine Schulbuchgespräche zustande kamen? Dafür sind vor allem drei Gründe – oder Ursachenbündel – namhaft zu machen: politische, historiografische und moralische.

Im Kontext des Kalten Krieges stellten Schulbuchgespräche ein zutiefst politisches Unterfangen dar, und die Politik war in den späten 50er Jahren dazu letztlich noch nicht bereit. Das lag an der Hallstein-Doktrin ebenso wie an der Berlin-Krise von 1958 und dem Bau der Berliner Mauer 1961. Fast 20 Jahre nach Meyers Thesen traf Hans-Adolf Jacobsen (1925–2016) den Kern des Problems, als er 1975 über die deutsch-polnischen Schulbuchgespräche urteilte: „[H]ier handelt es sich eben auch um ein Stück historischer Diplomatie oder diplomatischer Historie. Wie man es nimmt."[15] Bekanntlich kamen die Schulbuchgespräche schließlich erst nach dem Warschauer Vertrag von 1970 in Gang. Am besten erschließt sich der *modus operandi* der Schulbuchkommission von den Anfängen im Jahr 1972 bis zum Abschluss der Thesenarbeit 1976, wenn man sie als KSZE der Historiker versteht – zumal ihre Arbeit mit dem Helsinki-Prozess zeitlich weitgehend zusammenfiel und von den Regierungen in Bonn und Warschau auch explizit damit in Verbindung gebracht wurde.[16] In der Schulbuchkommission ebenso wie im Rahmen der KSZE war die Gesprächsbereitschaft der Volksdemokratien nur dadurch zu erkaufen, dass die machtpolitischen Interessen der Parteizentralen in Moskau und Warschau berücksichtigt wurden. De facto erkannte die westliche Seite in Helsinki Moskaus

15 Hans-Adolf Jacobsen: Bilanz der 8. Deutsch-Polnischen Schulbuchkonferenz. In: Das Parlament, 10.5.1975, S. 14–17.

16 Zur Schulbuchkommission Guth: Geschichte als Politik (wie Anm. 11), S. 373–454, sowie Thomas Strobel: Transnationale Wissenschafts- und Verhandlungskultur: Die gemeinsame Deutsch-Polnische Schulbuchkommission 1972–1990. Göttingen 2015.

Vorherrschaft über Ostmitteleuropa an, ebenso wie Polens Westgrenze, und in der Schulbuchkommission verzichteten die bundesdeutschen Historiker weitgehend darauf, an den fragwürdigen Grundfesten der volkspolnischen Gründungsmythen zu rütteln – insbesondere im Hinblick auf die Rolle der Sowjetunion und die angebliche ‚Repolonisierung' der neuen Westgebiete.

Im Gegenzug ließ sich Moskau in Helsinki auf Gespräche über Menschenrechte ein, die später systemsprengende Wirkung entfalten sollten. Und in der Schulbuchkommission setzte letztlich bereits die (anfänglich eher formale) Bereitschaft Warschaus zum Geschichtsdialog mit der bundesdeutschen Seite die Unhinterfragbarkeit des offiziellen volkspolnischen Geschichtsnarrativs außer Kraft und öffnete damit den Weg zu seiner Revision, den polnische und deutsche Historiker in den folgenden Jahren vorsichtig, aber zielstrebig beschritten. An derartige Konzessionen gegenüber den Warschauer Kommunisten war in der Bundesrepublik 1956 noch nicht zu denken, und am wenigsten zog wohl der geradlinige Enno Meyer solch taktische Winkelzüge in Betracht. Aber ohne diese entspannungspolitische Einbettung fehlte der von Meyer angestoßenen Verständigungsinitiative in den späten 50er Jahren letztlich der Kontext, in dem sie sich hätte entfalten können.

Die Annahme, dass 1956 lediglich politische Umstände eine Verständigung unmöglich machten, wäre allerdings zu kurz gegriffen. Vielmehr waren Ende der 50er Jahre auch die Historiker der beiden Länder noch kaum zu einer umfassenden Verständigung bereit. Labuda brachte das 20 Jahre später auf den Punkt, wenn er im Rückblick auf Enno Meyers Schulbuchthesen bemerkte: „[D]amals waren nicht die Fakten strittig, sondern die Interpretationen".[17] Demnach kam Meyers Initiative zu einem Zeitpunkt, an dem deutsche und polnische Historiker in der historiografischen Kleinarbeit zwar einen wachsenden Fundus konsensfähiger Fakten wahrnahmen, auf der übergeordneten Ebene umfassender Deutungszusammenhänge aber weiterhin der Eindruck gravierender Meinungsverschiedenheiten vorherrschte. Man muss sich vergegenwärtigen, dass bahnbrechende Werke, die den Blick der deutschen Historiografie auf Polen grundlegend veränderten, allesamt erst nach Meyers Thesen erschienen. Dazu zählten die schonungslose Darstellung der NS-Besatzung in Polen aus der Feder von Hans Roos (1919–1984) im Jahr 1959 ebenso wie Martin Broszats (1926–1989) Arbeiten über die nationalsozialistische und, in längerer Perspektive, die deutsche Polenpolitik, die Thesen von Fritz Fischer (1908–1999) und Imanuel Geiß (1931–2012) zu den Kontinuitätslinien deutscher Expansionspolitik gegenüber Polen im Ersten und Zweiten Weltkrieg oder Schlesingers Thesen zur mittelalterlichen deutschen Ostbewegung.[18]

17 Forum: Schulbücher in der Bundesrepublik Deutschland und in Polen. Auslüften der Vorurteile und Klischees. In: Polityka vom 25.10.1975 [Arbeitsübersetzung], BAK B 336/288.

18 Hans Roos: Polen in der Besatzungszeit. In: Werner Markert (Hg.): Osteuropa-Handbuch Polen. Köln, Graz 1959, S. 167–193; Martin Broszat: Nationalsozialistische Polenpolitik 1939–1945. Stuttgart 1961; Martin Broszat: Zweihundert Jahre deutsche Polenpolitik. München 1963; Fritz

1961 zog Martin Broszat aus seiner Auseinandersetzung mit der deutschen Besatzungsherrschaft im Zweiten Weltkrieg den Schluss, dass die nationalsozialistische Polenpolitik deutsche Ansprüche auf den Osten dauerhaft „verwirtschaftet“ habe.[19] Es wirft ein Schlaglicht auf den stillen, aber tiefgreifenden Gesinnungswandel jener Jahre, dass Broszats Urteil kaum noch Widerspruch hervorrief, während ähnliche Urteile von ausländischen Historikern fünf Jahre zuvor noch heftige Empörung ausgelöst hatten.[20] Es waren ganz maßgeblich diese Wandlungen in der deutschen Historiografie, die in der Folge auch die polnischen Historiker allmählich zu einer weniger polarisierenden Sicht auf Deutschland und die deutsch-polnischen Beziehungen finden ließen.

2. Der Historiker Martin Broszat, Direktor des Instituts für Zeitgeschichte in München 1972–1989

Kehren wir vor diesem Hintergrund zu Meyers Thesen zurück, so stellen wir fest, dass sie zweifellos Kinder ihrer Zeit waren und auch nichts anderes sein konnten – ging es Meyer doch darum, zwischen den damals in Deutschland und Polen tonangebenden Deutungen und Auffassungen zu vermitteln. So fällt auf, dass Meyer dem Schicksal Polens im Zweiten Weltkrieg 28 Zeilen widmete, um unmittelbar darauf der Oder-Neiße-Grenze und der Vertreibung der Deutschen 32 Zeilen einzuräumen.[21] Daraus konnte der unglückliche Eindruck entstehen, dass Meyer sich die damals in Vertriebenenkreisen gängige Praxis zu eigen machte, polnisches Besatzungsleid gegen deutsches Vertreibungsleid aufzurechnen – ein Eindruck, der

---

Fischer: Griff nach der Weltmacht. Die Kriegszielpolitik des kaiserlichen Deutschland 1914/18. Düsseldorf 1961; Imanuel Geis: Der polnische Grenzstreifen 1914–1918. Ein Beitrag zur deutschen Kriegszielpolitik im Ersten Weltkrieg. Lübeck, Hamburg 1960; Walter Schlesinger: Die geschichtliche Stellung der mittelalterlichen deutschen Ostbewegung. In: Historische Zeitschrift, 183/3 (1957), S. 517–542.

19 Broszat: Nationalsozialistische Polenpolitik (wie Anm. 18), S. 192.

20 Sinnbildlich dafür stand die deutsche Rezeption von Elizabeth Wiskemann: Germany‘s Eastern neighbours: Problems relating to the Oder-Neisse Line and the Czech frontier regions. London u.a. 1956.

21 Enno Meyer: Über die Darstellung der deutsch-polnischen Beziehungen im Geschichtsunterricht. In: Zeitschrift für Geschichtswissenschaft, 5 (1956), S. 225–243, hier S. 241–243.

noch durch die hoch gegriffene Zahl von zwei Millionen deutscher Todesopfer der Vertreibungen verstärkt wurde, die Meyer weitgehend unbesehen vom „Göttinger Arbeitskreis" übernommen hatte.[22]

Allerdings kann nicht übersehen werden, dass sich zunächst auch die polnische Seite – gehemmt durch Rücksichten auf sowjetische Empfindlichkeiten – der jüngsten Vergangenheit nur sehr zögerlich näherte. Es war bezeichnend, dass mit Labuda ein Mittelalterhistoriker vorgeschickt wurde, um auf Meyer zu replizieren, und dass dieser dann auch kaum auf die Zeitgeschichte einging.[23] So gesehen standen einer raschen Verständigung an der Wende von den 50er zu den 60er Jahren nicht nur blockpolitische Hindernisse im Wege. Vielmehr darf die Behauptung gewagt werden, dass auch das Konsenspotential der Wissenschaftler damals noch nicht für eine umfassende Verständigung ausreichte, da national verengte Sichtweisen zu diesem Zeitpunkt noch allzu prominent waren. Erst die allmähliche Differenzierung und Horizonterweiterung der Deutungsansätze in beiden Nationalhistoriografien näherte im Verlauf der 60er Jahre auch die größeren Deutungszusammenhänge einander an.

Drittens und letztens stand 1956 auch die moralische Verarbeitung der jüngsten Beziehungsgeschichte noch aus. Als deren Ausdruck kann man den kirchlichen Dialog verstehen, der sich bekanntlich erst ein Jahrzehnt später, zwischen 1965 und 1968, entspann. In seinem Verlauf machten beide Seiten die Versöhnung in der Gegenwart von einer Verständigung über die gemeinsame Vergangenheit abhängig.[24] Der Prozess gipfelte in den vielzitierten Worten der polnischen Bischöfe: „Wir vergeben und bitten um Vergebung." Die Polnische Vereinigte Arbeiterpartei torpedierte diese Entwicklung zwar nach Kräften – konnte es aus Sicht der Parteiorthodoxie doch keinesfalls angehen, dass eine deutsch-polnische Aussöhnung ausgerechnet auf christlicher Grundlage erfolgte. Dennoch sah sich die Partei durch die kirchliche Versöhnung unter Zugzwang gesetzt und zeigte sich in der Folge bestrebt, die Normalisierung ihrer Beziehungen zur Bundesrepublik voranzutreiben.

22 Zu den Opferzahlen die Berechnungen von Overmans, etwa in: Rüdiger Overmans: Kriegsverluste im Kontext von Reparationsinteressen. In: Historie 1 (2008), S. 93–102.

23 „Über die neueste Zeit möchte ich hier nicht so eingehend sprechen. Im gegenwärtigen Stadium der Diskussion sollte man lieber einige allgemeine Grundsätze formulieren, die es möglich machen sollten, die einzelnen Streitfragen positiv zu entscheiden." Labuda: Versuch (wie Anm. 1), S. 312.

24 Den Austausch initiierte im Herbst 1965 eine Denkschrift der Evangelischen Kirche Deutschlands zu den deutsch-polnischen Beziehungen und zur Vertriebenenfrage. Evangelische Kirche in Deutschland (Hg.): Die Lage der Vertriebenen und das Verhältnis des deutschen Volkes zu seinen östlichen Nachbarn. Eine evangelische Denkschrift. Hannover 1965. Im November 1965 folgte ein Brief der polnischen Bischöfe an ihre deutschen Amtsbrüder mit dem denkwürdigen Schlüsselsatz „Wir vergeben und bitten um Vergebung." Die Antwort der deutschen Bischöfe fiel zunächst verhalten aus; klare Verständigungsbereitschaft signalisierte erst 1968 das Memorandum des katholischen bundesdeutschen Bensberger Kreises. Basil Kerski, Thomas Kycia, Robert Żurek: „Wir vergeben und bitten um Vergebung". Der Briefwechsel der polnischen und deutschen Bischöfe von 1965 und seine Wirkung. Osnabrück 2006.

Zu Beginn der 70er Jahre konnte die Schulbuchkommission die Früchte all dieser – politischen, historiografischen und moralischen – Annäherungsprozesse ernten. Müssen wir über Enno Meyer – in Umkehr von Gorbatschows berühmtem Diktum – also urteilen: Wer zu früh kommt, den bestraft das Leben? Man kann es auch anders sehen: Meyer und seine Thesen standen eben nicht am Ende, sondern am Beginn eines langwierigen Verständigungsprozesses. Es ist sein unbestreitbares Verdienst, diesen Prozess – scheinbar unüberwindbaren Hindernissen zum Trotz – mit viel Energie angestoßen und mit großer Hartnäckigkeit verfolgt zu haben.

Thomas Strobel

Die Bedeutung Enno Meyers für die Gemeinsame Deutsch-Polnische Schulbuchkommission

„Zwar hat Meyer in den Arbeitsgruppen seine Vorstellungen zu Einzelfragen sehr überzeugend vertreten, im Plenum im Allgemeinen aber nur dann das Wort ergriffen, wenn er seine fundierten Schulbuch-Analysen vortrug, die wegen ihrer Gründlichkeit von den polnischen Kollegen durchaus geschätzt, wegen ihrer illusionslosen Schlussfolgerungen aber häufig angegriffen wurden."[1]

Diese Einschätzung Jörg K. Hoenschs (1935–2001), 1972–2001 Professor für osteuropäische Geschichte an der Universität des Saarlands, enthält wichtige Aspekte dessen, worin Enno Meyers Bedeutung für die Gemeinsame Deutsch-Polnische Schulbuchkommission bestand.

Die folgenden Überlegungen sollen sich besonders auf zwei Fragenkomplexe konzentrieren. Erstens: Welche Rolle spielten Enno Meyers Thesen von 1956 im Kontext der Schulbuchkommission? Zweitens: Welche inhaltlichen Akzente setzte Enno Meyer in der Kommission und welche Position nahm er in ihrem Binnengefüge ein?

Die Gemeinsame Deutsch-Polnische Schulbuchkommission wurde 1972 unter der Schirmherrschaft der UNESCO-Kommissionen Polens und der Bundesrepublik Deutschland gegründet und setzte sich zur Aufgabe, die Geschichts- und Geografiebücher beider Länder von sachlichen Fehlern und politisch-ideologischem Ballast zu befreien.[2] Gleichzeitig war den beteiligten Akteuren an einer Vertiefung des Dialoges zwischen den Fachwissenschaftlern beider Länder gelegen. Das Schulbuch bot dabei einen guten Ausgangspunkt, denn angesichts seiner Prägung durch die beiden konträren politischen Systeme war es von großer gesellschafts- wie geschichtspolitischer Bedeutung. Dies verlangte von den Wissenschaftlern Gespür für die Reichweite und Machbarkeit von Veränderungen und ließ sie gleichsam zu Akteuren nicht nur im begrenzten wissenschaftlichen, sondern auch im weiteren politischen und öffentlichen Raum werden.

---

1 Jörg K. Hoensch: Antworten auf die Fragen von Herrn Krzysztof Ruchniewicz. Wrocław o.D., S. 4. Krzysztof Ruchniewicz (Wrocław) stellte dem Autor Aussagen von Kommissionsmitgliedern zur Verfügung, die er im Zuge seiner Magisterarbeit 1990 durch Fragebögen erhoben hatte. Vgl. Krzysztof Ruchniewicz: Enno Meyer a Polska i Polacy (1939–1990). Z badań nad początkami Wspólnej Komisji Podręcznikowej PRL – RFN (Prace Historyczne 7) [Enno Meyer und Polen (1939–1990). Aus den Forschungen zu den Anfängen der Gemeinsamen Schulbuchkommission der Volksrepublik Polen und der Bundesrepublik Deutschland]. Wrocław 1994.

2 Vgl. ausführlich: Thomas Strobel: Transnationale Wissenschafts- und Verhandlungskultur: Die Gemeinsame Deutsch-Polnische Schulbuchkommission 1972–1990 (Studien des Georg-Eckert-Instituts zur internationalen Bildungsmedienforschung 139). Göttingen 2015.

Die Nachwirkungen der 47 Thesen von 1956

Weder die Gründung der Schulbuchkommission 1972 noch ihre Verstetigung waren allerdings selbstverständlich: Bereits Mitte der 50er Jahre hatte es Ansätze eines Schulbuchdialogs zwischen Historikern aus der Bundesrepublik Deutschland und der Volksrepublik Polen gegeben, der auf Enno Meyer zurückging und in den mit Gotthold Rhode, Georg Eckert und Gerard Labuda wichtige Teilnehmer der mehr als fünfzehn Jahre später ihre Arbeit aufnehmenden Deutsch-Polnischen Schulbuchkommission eingebunden waren. Enno Meyers 47 Thesen „Über die Darstellung der deutsch-polnischen Beziehungen im Geschichtsunterricht"[3] waren insbesondere aus zwei Gründen sehr bemerkenswert: zum einen wegen des Hintergrunds der historischen Belastungen und der fast brachliegenden Historikerkontakte zwischen der Bundesrepublik Deutschland und Polen und zum anderen aufgrund der Tatsache, dass Enno Meyer – sieht man von den Kontakten zum Internationalen Schulbuchinstitut Braunschweig, das die Thesen herausgab, ab – weder über einen institutionellen Rückhalt noch über eine starke Position im universitären Milieu verfügte.[4] Das Internationale Schulbuchinstitut legte wegen der großen Nachfrage eine zweite und 1960 eine dritte Auflage von Enno Meyers Thesen auf, der mit deren Neubearbeitung befasst war und noch im Sommer 1960 die Kommentare von deutschen Historikern einarbeitete.[5] Dass es damals nicht zu einer Institutionalisierung des Schulbuchdialogs kam, lag vor allem an den ungünstigen politischen Rahmenbedingungen des Kalten Krieges und der sich erneut verhärtenden Situation nach dem „Polnischen Frühling im Oktober"[6] 1956.

Enno Meyer hatte 1960 noch mehrfach dem Internationalen Schulbuchinstitut gegenüber auf eine Publikation seiner überarbeiteten Thesen und auf ein Treffen interessierter deutscher und polnischer Historiker gedrungen. Georg Eckerts Assistent Otto-Ernst Schüddekopf antwortete ihm im Mai 1960: „Es wird für längere Zeit einfach daran scheitern, dass die Polen nicht kommen können, wenn wir nicht gleichzeitig Historiker der DDR einladen, was wiederum für uns unmöglich ist. Es dürfte also vorläufig bei der schriftlichen Diskussion bleiben, so sehr wir das bedauern."[7] Und in der Tat: Die nächsten sichtbaren Aktivitäten fanden erst im November 1970 statt, als Enno Meyer an der von der Evangelischen Akademie Berlin und ihrem Leiter Günter Berndt organisierten Tagung „Deutschland im pol-

3 Enno Meyer: Über die Darstellung der deutsch-polnischen Beziehungen im Geschichtsunterricht. Braunschweig 1956, Vorabdruck aus dem Internationalen Jahrbuch für Geschichtsunterricht, endgültige Veröffentlichung, 5 (1956), S. 225–243.

4 Vgl. die Beiträge von Eike Eckert und Stefan Guth in diesem Band.

5 Es handelte sich um die Kommentare von Herbert Ludat, Werner Markert, Martin Broszat und Walter Kuhn. Meyer an Georg Eckert vom 9.10.1960, Dokumente von Krzysztof Ruchniewicz.

6 Włodzimierz Borodziej: Geschichte Polens im 20. Jahrhundert. München 2010, S. 301.

7 Otto-Ernst Schüddekopf an Enno Meyer vom 4.5.1960, Dokumente von Krzysztof Ruchniewicz.

nischen Schulbuch“ teilnahm. Diese war die Fortsetzung einer von Evangelischer Akademie und Posener West-Institut eingerichteten Seminarreihe zu deutsch-polnischen Schulbuchfragen, die sich bislang vor allem mit deutschen Geschichtsbüchern beschäftigt hatte und nunmehr Enno Meyer die Analyse der polnischen Geschichtsbücher übertrug. Mit der polemischen Kritik an der bundesdeutschen, eine Annäherung an Polen konterkarierenden Schulbuchrealität und den „Ostkunde“-Empfehlungen der Kultusministerkonferenz von 1956[8], die sich in der von den Organisatoren im Nachgang verfassten Erklärung und in dem kurz darauf publizierten Buch *Polen. Ein Schauermärchen* wiederfand,[9] war Meyer nicht glücklich.[10] Es war allerdings in seinem Interesse, dass im Folgenden die öffentliche Debatte in der Bundesrepublik um den Veränderungsbedarf von Schulbüchern einsetzte und die Bemühungen – angebahnt von der westdeutschen und der polnischen UNESCO-Kommission und unterstützt von den Außenministerien beider Länder – um die Einberufung westdeutsch-polnischer Schulbuchgespräche Fahrt aufnahmen. Kurz vor Weihnachten 1971 fand in Braunschweig auf Einladung Georg Eckerts eine vorbereitende Sitzung der deutschen Seite statt, während der Enno Meyer und der West-Berliner Geograf Wilhelm Wöhlke über die Ausgestaltung polnischer Schulbücher sprachen. Enno Meyer gehörte in dieser Phase allerdings nicht zu den die Geschicke zuvorderst bestimmenden Akteuren, sondern hatte eher eine begleitende und beratende Rolle.

Der Beginn offizieller, von den Regierungen beider Länder gebilligter und in den Rahmen der UNESCO eingebetteter westdeutsch-polnischer Schulbuchgespräche im Februar 1972 fiel schließlich in die Zeit der bundesdeutschen Debatte um die Ratifizierung des Warschauer Vertrages, der die Oder-Neiße-Grenze faktisch anerkannte. Die Schulbuchkommission konzentrierte sich auf Themen der Beziehungsgeschichte und bearbeitete sensible Fragen nur mit größter Vorsicht. Sichtbar wurde dies in ihrer wichtigsten Publikation, den *Empfehlungen für Schulbücher der Geschichte und Geographie in der Bundesrepublik Deutschland und in der Volksrepublik*

8 In diesen hatte die Kultusministerkonferenz 1956 zwar die Notwendigkeit anerkannt, die Beschäftigung mit den Sprachen und Kulturen des östlichen Europa zu intensivieren, in die Kritik aber geriet, dass dabei die Erinnerung an die Geschichte Ostdeutschlands weiter lebendig gehalten werden sollte. Plenum der Ständigen Konferenz der Kultusminister der Länder in der Bundesrepublik Deutschland vom 13./14.12.1956, Empfehlungen zur „Ostkunde“, abgedruckt etwa in: Günter Berndt, Reinhard Strecker (Hg.): Polen – ein Schauermärchen oder Gehirnwäsche für Generationen. Geschichtsschreibung und Schulbücher/Beiträge zum Polenbild der Deutschen. Reinbek bei Hamburg 1971, S. 96–99.

9 Erklärung zur Tagung der Evangelischen Akademie vom 13.–15.11.1970 „Deutschland im polnischen Schulbuch“. In: Berndt, Strecker (Hg.): Polen – ein Schauermärchen (wie Anm. 8), S. 108f.

10 Enno Meyer: Wie ich dazu gekommen bin. Die Vorgeschichte der deutsch-polnischen Schulbuchgespräche 1948–1971 (Studien zur internationalen Schulbuchforschung 56). Braunschweig 1988, S. 60.

1. Władysław Markiewicz und Georg Eckert, die beiden Vorsitzenden der Deutsch-Polnischen Schulbuchkommission 1972 (v.l.)

Polen, die 1976/1977 in beiden Ländern veröffentlicht wurden.[11] Es handelte sich dabei um einen über mehrere Jahre hinweg erarbeiteten gemeinsamen Text über die neuralgischen Punkte der gesamten deutsch-polnischen Beziehungsgeschichte, der 26 Empfehlungen zur Geschichte und sieben zur Geografie enthielt. Beachtlich ist das Dokument deswegen, weil es – von einigen Auslassungen (geheimes Zusatzprotokoll des Hitler-Stalin-Paktes oder Katyń) und wenigen Formelkompromissen

11 Die Empfehlungen wurden 1976 fertiggestellt, in Polen 1976, in der Bundesrepublik 1977 veröffentlicht: Gemeinsame Deutsch-Polnische Schulbuch-Kommission (Hg.): Empfehlungen für Schulbücher der Geschichte und Geographie in der Bundesrepublik Deutschland und in der Volksrepublik Polen (Schriftenreihe des Georg-Eckert-Instituts für internationale Schulbuchforschung 22). Braunschweig 1977; Zalecenia Komisji UNESCO Polskiej Rzeczypospolitej Ludowej i Republiki Federalnej Niemiec do spraw podręczników szkolnych w zakresie historii i geografii [Empfehlungen der UNESCO-Kommission der Polnischen Volksrepublik und der Bundesrepublik Deutschland für Schulbücher zu Geschichte und Geografie]. Warszawa 1976. Die Dokumentation der Empfehlungen in der Zeitschrift des Georg-Eckert-Instituts für internationale Schulbuchforschung trägt zwar die Jahreszahl 1976, erschien aber 1977: Empfehlungen für Schulbücher der Geschichte und Geographie in der Bundesrepublik Deutschland und in der Volksrepublik Polen. In: Internationales Jahrbuch für Geschichts- und Geographieunterricht 17 (1976), S. 158–184.

(Deutscher Orden, Zwischenkriegszeit, Vertreibung) abgesehen – kein „Protokoll der Unterschiede" darstellt, sondern deutsche und polnische Narrative zusammenführte.

Die Hintergründe der Entscheidung, die Erarbeitung von Empfehlungen von Beginn an ins Zentrum der gemeinsamen Arbeit der Schulbuchkommission, die in den ersten Jahren noch „Schulbuchkonferenz" hieß, zu stellen, lassen sich nicht gänzlich aufhellen, Bezüge zu den deutsch-französischen Schulbuchgesprächen lassen sich nicht direkt belegen. Die Erfahrung, dass es mit Frankreich gelungen war, zu gemeinsamen Thesen zu kommen und dass es dabei sinnvoll gewesen war, chronologisch vorzugehen und die schwierigen Passagen in der gemeinsamen Beziehungsgeschichte an das Ende der Beratungen zu stellen, dürfte aber handlungsleitend für den Schulbuchdialog mit Polen gewesen sein. Dass Enno Meyers 47 Thesen von 1956 den Anspruch gehabt hatten, als Empfehlungen für Schulbuchautoren wirken zu wollen, wird von den Beteiligten der Schulbuchgespräche in der Rückschau als stilbildend gesehen.[12] So veröffentlichte die Schulbuchkonferenz bereits im Februar 1972 14 Empfehlungen für die Zeit vom Altertum bis zum Zweiten Weltkrieg, die sie im April 1972 in drei Arbeitsgruppen vertiefte und auf 17 Empfehlungen ausbaute. Bis 1976 arbeitete die Schulbuchkommission an ihren Gesamt-Empfehlungen, bei deren Diskussion sich die Themen ‚Deutscher Orden', ‚Vertreibung der Deutschen' und allen voran Fragen der Zeitgeschichte im Kontext der „Deutschen Frage" als die schwierigsten herausstellten.[13]

Inhaltliche Akzente Enno Meyers und seine Position im Gefüge der Schulbuchkommission

Auf der III. Deutsch-Polnischen Schulbuchkonferenz 1973 in Braunschweig übernahm Enno Meyer die Analyse der „Darstellung der Deutschen in polnischen Schulbüchern". Er kritisierte deutlich, wie entsprechende Tonbandmitschnitte zeigen, das dort zu findende negative Preußenbild, die Darstellung der Bundesrepublik als militaristisch und revisionistisch und die Abwesenheit der Juden in der polnischen Geschichtsschreibung.[14] Es war der deutsche Vorsitzende Georg Eckert, der durch

12 Ernst Hinrichs: „Ich habe keine sichere Aussage dazu, wieweit Enno Meyers Thesen für die spätere Arbeit der Kommission grundlegend waren, doch habe ich keinen Zweifel daran, dass zumindest auf deutscher Seite alle Kommissionsmitglieder den Inhalt dieser Thesen bei der gemeinsamen Arbeit mit den Polen ständig im Kopf hatten." Antworten auf die „Fragen über die Tätigkeit der deutsch-polnischen Schulbuchkommission mit besonderer Berücksichtigung der Mitarbeit von Dr. Enno Meyer", Dokumente von Krzysztof Ruchniewicz, S. 4.

13 Vgl. ausführlich: Strobel: Transnationale Wissenschafts- und Verhandlungskultur (wie Anm. 2), S. 267–292.

14 Enno Meyer: III. Deutsch-Polnische Schulbuchkonferenz, 1.–5.4.1973 in Braunschweig, Transkript des Autors, S. 83–96.

2. Enno Meyer mit einem Referat auf der Tagung der Deutsch-Polnischen Schulbuchkommission in Poznań 1978

diplomatisches Geschick im Kommissionskontext vergleichsweise direkte Kritik abschwächte und in sanftere Bahnen lenkte. Enno Meyer blieb aber viele Jahre hinweg bei den Zusammenkünften der Kommission zuständig für diesen Schulbuch-Part. Klaus Zernack fasste dies folgendermaßen zusammen: „Im Grunde haben wir es ja doch verstanden, diese didaktisch-schulbuchkundlichen Aufgaben, die ja in den fachlichen Konferenzen der Quantität nach nur eine Randerscheinung darstellen, immer in sicherer Hand zu lassen, meist hat Zbigniew Kulak auf der polnischen Seite die deutschen Schulbücher beurteilt, Meyer die polnischen. Diese Überkreuzanlage war auch immer ein Prinzip von Anfang an. Und ist ja auch erstaunlich, dass man das hat durchsetzen können. Aber an diese zentrale Aufgabe, das Berichtsreferat für die jeweilige Konferenz, da haben wir die jungen Leute nicht rangelassen, das haben wir in sicherer Hand gewusst."[15]

Während angesichts der unbefriedigenden Quellenlage Enno Meyers Beiträge an den Aushandlungsprozessen um die Empfehlungen in den Jahren 1972 bis 1976 nicht im Detail beschrieben werden können und auf die eingangs zitierte Einschätzung Jörg K. Hoenschs verwiesen werden muss, war es nachweislich Enno Meyer, der ab 1977 über mehrere Jahre hinweg Gutachten zu der Entwicklung der polnischen Schulbücher vorlegte, sei es zu den Schulbuchkonferenzen oder als interne Berichte für das Georg-Eckert-Institut und das Auswärtige Amt.[16] Er konstatierte vielfach, das Ergebnis sei „mager", „mündlich angekündigte Verbesserungen der Geschichtslehrbücher [seien] im allgemeinen nicht verwirklicht worden" und trat damit der Lesart der politischen Akteure in Polen entgegen, in Polen sei die Umsetzung der Empfehlungen bereits erfolgt.[17]

15 Interview des Autors mit Klaus Zernack vom 8.7.2003.

16 Vgl. etwa das Gutachten von Enno Meyer: Wie weit entsprechen die im Schuljahr 1976/77 in Polen benutzten Geschichtslehrbücher ihrem Inhalt und ihrem Geist nach bereits den „Empfehlungen für Schulbücher der Geschichte und Geographie in der Bundesrepublik Deutschland und in der Volksrepublik Polen"?, Oktober 1977, Politisches Archiv des Auswärtigen Amts (PA AA), B 93, Bd. 873.

17 Enno Meyer an Barbara Holik (Auswärtiges Amt, Ref. 620) vom 1.10.1979, S. 1, PA AA, B 93, Bd. 875.

Im Oktober 1981 schrieb Enno Meyer an den Direktor des Georg-Eckert-Instituts, Karl-Ernst Jeismann (1925–2012), über ein neu erschienenes polnisches Geschichtsbuch: „Ich bin entsetzt. Das nach bald zehn Jahren Schulbuchgespräche! Rückfall in finsteren chauvinistischen Nationalismus: Selbstbeweihräucherung der Polen, die Deutschen seit 1000 Jahren Mörder, Räuber und Tyrannen, die Russen Freunde und Helfer. Auf dem Bild ein prügelnder preußischer Volksschullehrer, die Ähnlichkeit mit Bismarck ist sicher nicht zufällig."[18] Im Übrigen belegen auch polnische Studien, dass das Feindbild der militaristischen und revisionistischen Bundesrepublik in den polnischen Schulbüchern der 70er Jahre zwar abgemildert, aber erst gegen Ende der 80er Jahre wirklich überwunden wurde.[19] Meyer legte also zu recht den Finger in die Wunde, und seine Kritik verfehlte seine Wirkung zumindest punktuell nicht: Auf seine Monita hin wurde das Schulbuch *Historia* von Gustav Markowski aus dem Verkehr gezogen.[20] Und als der neue polnische Vorsitzende der Schulbuchkommission, Antoni Czubiński (1928–2003), 1985 auf einer Tagung in Loccum die polnischen Geschichtsbücher lobte, die deutschen hingegen scharf anging, widersprach Enno Meyer ihm öffentlich.[21]

Damit ist auch schon ein weiterer Bereich angesprochen, in dem er Akzente setzte: Bei der Vermittlung der Ziele der Schulbuchkommission in eine breite, gerade auch nichtwissenschaftliche Öffentlichkeit war er als einer der wenigen deutschen Teilnehmer des Polnischen mächtig und jemand, der nicht nur die Schulbuch-, sondern auch die Schulpraxis kannte, der eher zum konservativen Flügel gezählt wurde und der – ähnlich wie Gotthold Rhode – auch Kritiker der Schulbuchkommission aus dem Vertriebenenmilieu zu überzeugen wusste. So war es kein Zufall, dass gerade Enno Meyer sich im Mai 1983 in einem Brief an Bundeskanzler Helmut Kohl wandte. Darin informierte er ihn über die Attacken gegen den polnischen Vorsitzenden der Schulbuchkommission, Władysław Markiewicz, der ein Jahr später aus innerpolnischen politischen Gründen seines Amtes enthoben wurde, und forderte Kohl auf, die neue christlich-liberale Bundesregierung solle stärker als bis dato Farbe für eine Fortsetzung der deutsch-polnischen Schulbuchgespräche bekennen.[22] Enno Meyer galt in der Kommission zwar als konservativ, aber nicht als politisiert – was Gotthold Rhode 1977 als entscheidenden Vorteil ausmachte; er empfahl Meyer ge-

18 Enno Meyer an Karl-Ernst Jeismann vom 19.10.1981, Bundesarchiv, N 1445/150.

19 Ewa Nasalska: Polsko-niemieckie dyskursy edukacyjne: lata 1949–1999 [Polnisch-deutsche Bildungsdiskurse 1949–1999] (Brostiana 8). Warszawa 2004, S. 291ff.

20 Siegfried Bachmann (Georg-Eckert-Institut für internationale Schulbuchforschung) an Frau Holik (Auswärtiges Amt, Ref. 620) vom 9.3.1978, S. 2, PA AA, B 93, Bd. 872.

21 Vgl. Vermerk von Wolfgang Jacobmeyer für Ernst Hinrichs über eine Konferenz in der Akademie Loccum, September 1985, Archiv des Georg-Eckert-Instituts für internationale Schulbuchforschung, Bd. 412.

22 Dr. Enno Meyer an Bundeskanzler Dr. Helmut Kohl vom 3.5.1983, Betr.: Deutsch-Polnische UNESCO-Schulbuchkommission, S. 2, PA AA, B 93, Bd. 1262.

genüber Hanna-Renate Laurien, der rheinland-pfälzischen Kultusministerin, für die neu zu besetzende Leitung des Georg-Eckert-Instituts.[23] Es kann nur spekuliert werden, ob es die fehlende akademische Verortung Meyers oder andere Gründe waren, die dem entgegenstanden.

Enno Meyer kamen in der Schulbuchkommission, um die wichtigsten Ergebnisse zusammenzufassen, Anerkennung und Wertschätzung zu. Die Begriffe „lebende Legende“[24] (Borodziej) oder „wahrhafter Freund Polens“[25] (Łuczak) kennzeichnen exemplarisch diese positiven Aspekte. Enno Meyer wurde geschätzt für seine Beharrlichkeit und Gründlichkeit,[26] seine Vermittlungsleistungen im Rahmen der Schulbuchkommission und in der Öffentlichkeit wie auch für sein Eintreten für die Legitimität unterschiedlicher Standpunkte und Sichtweisen in historischen Fragen. Festzustellen sind aber auch eine gewisse Unterschätzung und, zumindest punktuell und in der Rückschau, Abwertung. Charakterisierungen wie „passiv“, „eher seltene Wortmeldungen“ oder „Denkmal der deutschen Seite“[27] (Wojciechowski) deuten wie auch andere Äußerungen aus Krzysztof Ruchniewicz’ Abfrage unter Kommissionsmitgliedern zu Enno Meyer von 1990 darauf hin, dass die Fachwissenschaftler in der Schulbuchkommission in hohem Maße auch auf Fragen von Prestige und universitärem Habitus bedacht waren. Insofern ist es diskutabel, ob es seinem Alter geschuldet war oder nicht vielmehr der Tatsache, dass er Schulpraktiker war, nicht aber Universitätsprofessor, dass Enno Meyer ab 1977 in der Schulbuchkommission nicht dem Präsidium, also dem engeren Kreis, angehörte. Bis Mitte der 80er Jahre nahm er an den Konferenzen der Kommission teil, die Häufigkeit seiner Vorträge nahm jedoch stetig ab.

„Man sollte doch bei Schulbuch-Gesprächen von Schulbüchern sprechen und nicht irgendwelche wissenschaftlichen Forschungsergebnisse vortragen“[28] – das war eines der Credos Enno Meyers. Als einer der wenigen in der Kommission stand er glaubhaft und konsequent für ihre möglichst enge Anbindung an die Schulpraxis ein. Dass sich die Schulbuchkommission dies selbst erneut ins Stammbuch schreibt und seit 2008 das Moment der Empfehlungen hinter sich lässt und ein gemeinsames deutsch-polnisches Geschichtsbuch mitkonzipiert und erarbeitet, bestätigt Enno Meyer in seinen Annahmen.

23 Vgl. Gotthold Rhode an Enno Meyer vom 31.8.1977, Bundesarchiv, N 1445/146.

24 Interview des Autors mit Włodzimierz Borodziej vom 16.11.2007.

25 Czesław Łuczak an Krzysztof Ruchniewicz vom 27.11.1990, S. 2, Dokumente von Krzysztof Ruchniewicz.

26 Czesław Łuczak sprach von „preußischer Gründlichkeit im positivsten Sinn des Wortes“, siehe Anm. 25.

27 Marian Wojciechowski an Krzysztof Ruchniewicz vom 15.11.1990, S. 3.

28 Enno Meyer an Karl-Ernst Jeismann vom 19.10.1981, BArch N 1445/150.

Jüdische Geschichte und Ostkundeunterricht

Dieter Goertz

Enno Meyers Beitrag zur Aufarbeitung der jüdischen Geschichte – Erinnerungen

Die Geschichte der Oldenburger Juden ist eine Lebensaufgabe für Enno Meyer gewesen. Dabei war ihm besonders wichtig, dass die Judenverfolgung während der nationalsozialistischen Zeitepoche aufgearbeitet wurde – über Jahrzehnte hinweg, was ihm sowohl als Verfasser mehrerer Bücher und wissenschaftlicher Arbeiten zu dieser Thematik und durch sein praktisches Engagement gelungen ist.

Während meiner Jahre an der Hindenburgschule 1953 bis 1961 ist der Begriff ‚Jude' im Unterricht nie gefallen. Auch das Thema ‚Nationalsozialismus' blieb außen vor. In unserer Klasse wechselten häufig die Geschichtslehrer. Mit Enno Meyer hatte ich in meiner Schulzeit keine persönlichen Erfahrungen. Erst durch Anne Franks Tagebuch erfuhr ich etwas zum Thema ‚Juden'. Das Schuljahr 1958/59 verbrachte ich als Austauschschüler in Marshfield, Wisconsin/USA, und lernte unter meinen Mitschülern jüdische Jungen und Mädchen kennen, deren Eltern bzw. Großeltern den Nationalsozialisten entkommen konnten. Von diesen Familien wurde ich oft eingeladen und erfuhr so etwas von ihrem Schicksal. Aber es gab auch andere jüdische Familien, die schockiert waren, wenn ich ihnen als „german boy" vorgestellt wurde. Sie blickten dann zur Seite und begannen zu weinen, was ich nicht verstehen konnte. Mein amerikanischer Gastvater L.C. Schweitzer mit deutschen Vorfahren erklärte mir aufgrund meiner Nachfragen die historischen Zusammenhänge und die Verzweiflung der mir gegenüber stehenden Menschen. Er – ein studierter Jurist, Captain in der Army und Professor für englische/amerikanische Literatur – hatte am Nürnberger Prozess teilgenommen und war, weil er die deutsche Sprache beherrschte, sogar Pflichtverteidiger für einige der deutschen Angeklagten gewesen. So erfuhr ich als Teenager manches, was erst Jahre, mitunter Jahrzehnte später wissenschaftlich aufgearbeitet wurde.

Nach der Rückkehr aus den USA durchlief ich die Oberstufe an der Hindenburgschule. Das Thema ‚Juden' blieb im Unterricht unserer Klasse außen vor und ist auch während meiner Abwesenheit nach Aussagen meiner Klassenkameraden nicht behandelt worden. Jedoch erfuhr ich von Mitschülern aus der Parallelklasse, dass ihr Klassenlehrer, Herr Dr. Enno Meyer, den Komplex NS-Zeit einschließlich der Verfolgung und Vernichtung von Juden wie auch den Zweiten Weltkrieg im Allgemeinen sehr ausführlich behandelt hat.

Nach dem Abitur 1961 durchlief ich ein sechssemestriges Studium in den Fächern Englisch und Geschichte an den Universitäten Göttingen und Marburg. 1964 entschied ich mich, Mittelschullehrer zu werden. Ein Vorbereitungspraktikum brachte mich an die Mittelschule nach Weener in Ostfriesland, und hier griff ich in einer 10. (Abgangs-)Klasse das Thema ‚Juden' auf. Nach kurzer Zeit spürte ich auf Seiten der Schüler ein sehr großes Interesse und ermunterte sie dazu, ihre Eltern und Großeltern einfach zu befragen, z.B. zum Miteinander mit Juden, deren Feste, Sitten, Gewohnheiten, Berufe oder Geschäftsbeziehungen. Die Resonanz war enorm: Offenherzig und erinnerungswillig zeigte sich in erster Linie die ältere Generation, während die Eltern selbst (meistens etwas älter als ich) zurückhaltender waren. In Gesprächen mit ihnen bei Hausbesuchen erkannte ich, dass ihre Situation mein eigenes Leben widerspiegelte: Die Kriegskindergeneration war nicht informiert genug, während die Großelternschaft damals (20 Jahre nach Kriegsende) endlich Bereitschaft zeigte, offen über den Krieg, die NS-Zeit sowie über erlebtes oder gehörtes Unrecht und über Grausamkeiten zu sprechen.

Mit dem Abschluss des Studiums begann meine Unterrichtserfahrung 1965 an der Mittelschule in Esens, Ostfriesland. Hier unterrichtete ich neben Englisch und Geschichte auch andere Fächer, wie z.B. Deutsch, Erdkunde und Sport. Im Geschichtsunterricht sammelte ich ähnliche Erfahrungen wie in Weener. Ich öffnete das Thema ‚Juden' im Unterricht und durch Führungen zum jüdischen Friedhof, aber auch im privaten Umfeld und im Kollegenkreis. Daraufhin erhielt ich viele Rückmeldungen aus ganz unterschiedlichen Motiven, sodass dadurch Grundsteine für die Aufarbeitung der jüdischen Geschichte in der Stadt Esens gelegt wurden, die mein Nachfolger im Unterricht, Gerd Rokahr, mit seinem Buch über die frühere jüdische Gemeinde vor Ort vertiefte. Heute bietet das August-Gottschalk-Haus als Museum und Gedenkstätte in Esens museumspädagogische Angebote für Gruppen und Schulklassen bis hin zu einer virtuellen Stadtführung durch das ehemalige jüdische Esens. Nur wenige Kilometer weiter kann man in Dornum die einzig erhaltene Synagoge Ostfrieslands besuchen.

Die Jahre 1971 bis 1979 verbrachte ich durch Vermittlung des Bundesverwaltungsamts als Auslandslehrer an der Pestalozzi-Schule in Buenos Aires, Argentinien. Erst nach meinem Dienstantritt wurde mir dort erklärt, dass die Schülerschaft zu 96 Prozent aus jüdischen Familien stamme. Ich unterrichtete jetzt hauptsächlich Deutsch und Geschichte – auch in der Oberstufe (11. und 12. Klasse). Bei der Aufarbeitung der Geschichte des 20. Jahrhunderts spürte ich sofort, dass die jüdischen Jugendlichen (wenn auch meist mit deutschen Wurzeln) mir als Vermittler der Geschichte dieses Zeitabschnitts gegenüber Vorbehalte hatten. Erst als ich ihnen mitteilte, dass mein Vater im Krieg gefallen sei, wurde im Unterricht alles anders. Jetzt öffneten sie sich und berichteten von dem, was sie von ihren Eltern und Großeltern erfahren hatten, was dazu führte, dass meine Frau (Jg.1946) und ich bei mehreren jüdischen Familien als erstes deutsches Paar nach der Shoah wieder eingeladen wurden und wir von Einzelschicksalen erfuhren, die uns tief beeindruckten (jedoch uns nicht belasteten, denn immer wieder kam der Satz: „Ihr könnt nichts dafür").

Der Schulleiter, Dr. Günter Ballin, ein in Berlin ausgebildeter Philologe teilte mir eines Tages mit, dass er auch Rabbiner sei und den früheren Oldenburger Landesrabbiner Leo Trepp (1913–2010) kenne, von dem ich bis dato nichts wusste, da ich ihn erst Jahre später in Oldenburg kennenlernen sollte. Bei Zusammenkünften in unserem Haus in Buenos Aires erfuhr ich viele interessante Details vom jüdischen Alltag seiner früheren Gemeinde und vom Leben der Juden in Argentinien. Der Kontakt zu mehreren Familien wurde immer enger, und so wurden Freundschaften geschlossen, die zum Teil noch heute über die Alumni bestehen, die aber nicht mehr alle in Südamerika, sondern in verschiedenen Ländern der Welt leben.

Mein Vertrag wurde durch das Bundesverwaltungsamt zweimal verlängert. Als mir die dritte Verlängerung angeboten wurde, herrschte nach Juan Peróns Tod die Militärdiktatur, sodass wir uns nach acht Jahren in Argentinien zur Rückkehr nach Deutschland entschieden. Ich wurde nach Oldenburg versetzt, wo wir uns als junge Familie mit zwei Kindern ein gemütliches Domizil für Jahre (1979–1989) aufbauten. Meine Dienststelle war die Realschule Am Flötenteich, wo bald auch ein Gymnasium eingerichtet wurde. Durch ein Ergänzungsstudium an der Universität Oldenburg erhielt ich jetzt die Möglichkeit, auch am Gymnasium zu unterrichten.

Im Lauf des Jahres 1979 erfuhr ich aus Berichten der *Nordwest-Zeitung* von der „Gesellschaft für Christlich-Jüdische Zusammenarbeit" und ihrem Vorsitzenden Dr. Enno Meyer. Beim Erinnerungsgang 1979 kam ich mit ihm ins Gespräch, und wir vereinbarten ein Treffen, das zu einem intensiven Austausch unserer Aktivitäten führte. Dr. Meyer schenkte mir den Band 70 des Oldenburger Jahrbuchs. Bei der Lektüre wurde mit klar, worum sich Enno Meyer schon seit Jahren kümmerte. In seinem Beitrag *Die im Jahre 1933 in der Stadt Oldenburg i. O. ansässigen jüdischen Familien* arbeitete er Herkunft, berufliche Gliederung und späteres Schicksal der Mitglieder in der ehemaligen jüdischen Gemeinde auf.[1]

Der Artikel sollte dem Andenken der Toten dienen und zugleich ein Beitrag zur jüdischen Sozial- und Familiengeschichte sein. Der ursprünglich 50 Seiten umfassende Bericht von Enno Meyer ist aufgrund einer Idee und den Recherchen von Jörg Paulsen vom Werkstattfilm Oldenburg 2001 zu einem 212 Seiten umfassenden Erinnerungsbuch erweitert worden. Es ist ein Verzeichnis der von der nationalsozialistischen Judenverfolgung betroffenen Einwohner der Stadt Oldenburg 1933 bis 1945 – mit allen Details zum Leben, zur Familie, zum Beruf usw. Bei der Lektüre stieß ich z.B. auf den Namen Ballin und informierte meinen früheren Schulleiter gleichen Namens in Buenos Aires – ein Kontakt, der bis zu seinem Tode 1984 hielt. Andere Namen deckten sich mit denen von Familien, die ich in Buenos Aires und zuvor in den USA kennengelernt hatte. Also führte ich auch hier, in einigen Fällen jahrelang, intensive briefliche Kontakte, von denen ich Enno Meyer berichtete. Daraufhin bat er mich, Mitglied in der „Gesellschaft für Christlich-Jüdische Zusammenarbeit" zu werden. In den Sitzungen zur Vorbereitung des jährlich stattfindenden Erinnerungsganges lernte ich Meyer näher kennen und spürte seinen Drang

1 Enno Meyer: Die im Jahre 1933 in der Stadt Oldenburg i.O. ansässigen jüdischen Familien. Herkunft, berufliche Gliederung, späteres Schicksal. In: Oldenburger Jahrbuch, 70 (1971), S. 31–78.

1. Die ausgebrannte Oldenburger Synagoge am 10. November 1938

nach weiterer Aufklärung des früheren Zusammenlebens von nichtjüdischen Einwohnern Oldenburgs und ihren jüdischen Mitbürgern.

Von Carl Gustav Friedrichsen, dem Geschäftsführer der „Gesellschaft für Christlich-Jüdische Zusammenarbeit", und durch Recherchen erfuhr ich, dass Enno Meyer sich bereits seit den 50er Jahren dafür engagiert hatte, dass an der Peterstraße auf dem Gelände der früheren Synagoge 1967 ein Denkmal für die ermordeten Juden errichtet worden war. Sein frühes Engagement für einen Gedenkstein stieß bei den Oldenburger Stadtvätern auf Desinteresse bzw. Unverständnis. Im September 1957 hatte die Stadt Oldenburg einen Gedenkstein für den Verlust der deutschen Ostgebiete und symbolisch für die Stadt Leobschütz (Głubczyce)[2] auf dem Nachbargrundstück der einstigen Synagoge errichtet. Enno Meyer wandte sich daraufhin an den Oberstadtdirektor Johannes Eilers[3] mit folgender Kritik: „Als Bürger der Stadt Oldenburg, der sich noch an vergangene Jahrzehnte erinnert, finde ich, dass der Platz unglücklich gewählt ist. Der Stein, der an ein Unrecht mahnen soll, das Deutschen zugefügt worden ist, steht dort, wo Deutsche Juden schwerstes Unrecht zugefügt haben. Daran erinnert aber kein Gedenkstein. Wäre es nicht richtig, wenn die Stadt Oldenburg an der Stelle der verbrannten Synagoge einen Gedenkstein errichtete, der an das von Oldenburgern den Juden zugefügte Unrecht erinnert?"[4]

2 Oldenburg hatte die symbolische Patenschaft für Leobschütz übernommen, um auf diese Weise an Flucht und Vertreibung von Deutschen am Ende und nach dem Zweiten Weltkrieg zu erinnern. Leobschütz (Głubczyce) liegt in der polnischen Wojewodschaft Oppeln (Opole) unweit der Grenze zu Tschechien.

3 Johannes (Jan) Eilers, Diplom-Volkswirt, NSDAP-Mitglied 1933 bis 1939, Mitglied der FDP, 1967 Übertritt zur CDU. 1950 bis 1963 war er Oberstadtdirektor in Oldenburg, 1963 bis 1965 niedersächsischer Finanzminister. Von 1957 bis 1961 und von 1972 bis 1976 gehörte er dem Deutschen Bundestag an.

4 Stadtarchiv Oldenburg, Best. 262-1, Nr. 0-246b, Bl. 485. Dr. Enno Meyer an Oberstadtdirektor Eilers, 27.9.1957.

Die Antwort fiel jedoch uneinsichtig aus. Eilers mochte der „Auffassung [Meyers] nicht folgen". Die Vertreibung und das „Unrecht an den Juden" seien vielmehr „gleichermaßen beklagenswert". Das Anliegen der „Schaffung eines Gedenksteins auf dem Platz der Synagoge" solle Meyer allerdings „in der Bevölkerung unserer Stadt nachdrücklich vertreten", einem daraus resultierenden „aus der Bevölkerung unterstützten Wunsche würde die Stadt gewiß gerne ihre Unterstützung geben". Ein eigener städtischer Impuls für einen öffentlichen Gedenkort zur Erinnerung an die jüdischen Opfer kam den lokalpolitisch Verantwortlichen damals nicht in den Sinn.[5]

Anders als die vielen Flüchtlinge und Vertriebenen hatten die wenigen überlebenden oder zurückgekehrten Juden in den 50er Jahren keine Lobby in der Stadt. Die 1945 wieder ins Leben gerufene „Jüdische Kultusvereinigung Oldenburg e.V." war zu klein, um ihre Stimme zu erheben. Deren bloße Existenz musste die einheimischen Oldenburger auf unangenehme Weise an ihre Passivität, wenn nicht gar ihre Zustimmung bei der Diskriminierung und Deportation der jüdischen Mitbewohner erinnern.

1962 gründete sich die „Gesellschaft für Christlich-Jüdische Zusammenarbeit Oldenburg", in der Enno Meyer noch im selben Jahr Mitglied und später deren langjähriger Vorsitzender wurde.[6] Seit dem Frühjahr 1965 bemühte er sich nun zusammen mit der „Gesellschaft für Christlich-Jüdische Zusammenarbeit" um die Errichtung eines Gedenksteins nahe der einstigen Synagoge in der Oldenburger Peterstraße. Die Initiatoren richteten ihr Anliegen nunmehr an Heinz Rathert, Eilers' Nachfolger als Oberstadtdirektor. Er war gegenüber dieser Gedenkinitiative aufgeschlossen, anders als einige einflussreiche Abgeordnete im Oldenburger Stadtrat auf Seiten der CDU und der FDP.[7] Sie fürchteten Hakenkreuzschmierereien, aber wohl noch mehr die öffentliche Thematisierung der in den Konzentrationslagern umgekommenen Juden und die unrühmliche Rolle der Oldenburger, welche der NSDAP im Land Oldenburg bereits 1932 an die Macht verholfen hatten. Carl Gustav Friedrichsen versicherte daraufhin, dass man „nur an die durch Brandstiftung zerstörte Synagoge erinnern möchte".[8] Zum psychologischen Durchbruch trug erheblich das versöhnende Auftreten Leo Trepps bei, der im Sommer 1965 offiziell von der Stadt Oldenburg empfangen wurde.[9] Nach zweijährigen Verhandlungen und Planungen

---

5 Stadtarchiv Oldenburg (wie Anm. 4), Bl. 484, Oberstadtdirektor Eilers an Dr. Enno Meyer, 9.10.1957.

6 Autobiografie von Enno Meyer, 1992 handschriftlich verfasst (Hinweis von B. Olschowsky), S. 41.

7 Heinz Rathert zeigte sich auch bei anderer Gelegenheit willens, mit der NS-Vergangenheit zu brechen. Er versetzte einen Mitarbeiter der Stadtverwaltung, dessen Umgang mit Ausländern ihn an Freislers „Volksgerichtshof" erinnerte; vgl. „Du mußt zurück". In: Der Spiegel, 8.5.1967.

8 Stadtarchiv Oldenburg, N 17, Best. 379/3, Brief von Carl Gustav Friedrichsen an Oberbürgermeister Hans Fleischer vom 3.7.1965.

9 *Nordwest-Zeitung* vom 5.8.1965, Versöhnungszeichen des Judentums. Landesrabbiner Dr. Trepp

2. Rede von Enno Meyer zur Einweihung des Oldenburger Synagogengedenksteines und die Zuhörer am 24. September 1967

konnte am 24. September 1967 im Beisein von Oberbürgermeister Hans Fleischer (1906–1984)[10] der Gedenkstein bei einer feierlichen Veranstaltung eingeweiht werden. Er trägt die von Leo Trepp angeregte Inschrift „Haben wir nicht alle einen Vater? Hat nicht ein Gott uns geschaffen? Warum verachten wir denn einer den andern?"[11]

Bemerkenswert ist, dass sich Enno Meyer bereits Anfang der 60er Jahre mit „Juden und Judenfeinden in der christlichen Welt" befasst und dabei die historischen Wurzeln des Antisemitismus knapp und konzise darlegt hatte. Jahre bevor die NS- und Holocaustforschung im angelsächsischen Raum und in der Bundesrepublik zum historiografischen Standard avancierte, gelang es ihm, „zum Verständnis für das besondere Schicksal und die besondere historische Rolle der Juden beizutragen, aber auch dafür, wie die Judenfeindschaft hat entstehen können."[12]

Sein Augenmerk galt jedoch primär dem jüdischen Leben in und um Oldenburg – und dies sowohl in der Theorie als auch in der Praxis. Ihm war es maßgeblich zu verdanken, dass der jüdische Friedhof Oldenburgs wieder zugänglich gemacht

überbrachte sein neues Buch über die Oldenburger Juden.

10 Hans Fleischer wurde 1945 aus Königsberg in Ostpreußen vertrieben. Er hatte einen Betrieb für Rohrleitungsbau und sanitäre Anlagen in Oldenburg. Als SPD-Mitglied war er von 1956 bis 1961 und 1964 bis 1981 Oberbürgermeister.

11 Die Passage stammt aus „Maleachi (2,10)". Maleachi bezeichnet einen biblischen Propheten und das ihm zugeschriebene Buch des hebräischen Tanach (der normativen Bibeltexte des Judentums).

12 Enno Meyer: Juden und Judenfeinde in der Christlichen Welt. Köln 1962, S. 9.

wurde und Besichtigungen etwa durch Schulklassen begannen – und nicht zuletzt, dass der Briefkontakt mit ehemaligen jüdischen Bürgern aus dem Oldenburger Land und der Stadt Oldenburg hergestellt werden konnte. Carl Gustav Friedrichsen hatte seitens der „Gesellschaft für Christlich-Jüdische Zusammenarbeit" bereits in den 70er Jahren einige Treffen ehemaliger Oldenburger Juden in Israel organisiert.[13]

Enno Meyer setzte seine unermüdliche Arbeit fort: 1973 erschien in der Festschrift des Alten Gymnasiums (Realgymnasiums) zum 400-jährigen Bestehen ein Aufsatz mit dem Titel *Wo sind sie geblieben? Die jüdischen Schüler des Gymnasiums und des Realgymnasiums* (das heutige Alte Gymnasium) *1879 bis 1938*. Darin entdeckte ich Namen von Schülern, deren Kinder ich in Buenos Aires unterrichtet hatte. Das veranlasste Enno Meyer dazu, mich zu bitten, ihn verstärkt bei seiner Herzensangelegenheit zu unterstützen, die ehemaligen Oldenburger Juden zu einer Art Wiederbegegnung in ihre frühere Heimat einzuladen. Ich kam dieser Bitte in Zusammenarbeit mit Werner Vahlenkamp gerne nach, der als Ausländer- und Integrationsbeauftragter die Stadt Oldenburg vertrat und auch zum Vorstand der „Gesellschaft für Christlich-Jüdische Zusammenarbeit" gehörte.

3. Enno Meyer und Leo Trepp vor dem Synagogengedenkstein 1985

Zur Erinnerung an die Zerstörung der Synagoge und jüdischen Gemeinde vor 40 Jahren und an die Opfer der Oldenburger Judenschaft während der NS-Herrschaft veranstaltete die Stadt Oldenburg gemeinsam mit der „Gesellschaft für Christlich-Jüdische Zusammenarbeit" am 9. November 1978 eine öffentliche Gedenkfeier in der Cäcilienschule, auf der Enno Meyer über die „Reichskristallnacht" in Oldenburg sprach. Dabei erwähnte er das Schicksal des letzten Oldenburger Landesrabbiners Leo Trepp und dessen Frau Miriam, einer ehemaligen Schülerin der Cäcilienschule. Trepp wurde im November 1938 in das KZ Sachsenhausen deportiert. Infolge eines Einspruchs des damaligen britischen Chiefrabbiners Joseph Hertz wurde er entlassen und emigrierte über England in die USA, wo er als Rabbiner in verschiedenen Gemeinden tätig war. Nach einem weiteren Studium lehrte er ab 1951 als Professor für Religionsphilosophie am Napa Valley College in Kalifornien. Ab den 60er Jahren kam er zu Be-

13 Unter anderem in Bnei Zion in Israel.

suchen und später auch zu Lehrtätigkeiten in die Bundesrepublik und in die Stadt seines ersten beruflichen Wirkens, nach Oldenburg, zurück.[14]

Am Ende seines Vortrages äußerte Enno Meyer eine prophetische Warnung, die uns heute – über 40 Jahre nachdem sie ausgesprochen worden war – realpolitisch eingeholt hat: „Die Verbrechen von 1938 sollten uns eine Mahnung sein, niemals wieder einer Partei zur Macht zu verhelfen, deren Ideologie den Rassen-, Klassen-, Fremden-, Religions- oder Völkerhass propagiert und damit die Menschenverachtung".[15]

4. Enno Meyer pflanzte 1965 in Israel einen Baum zu Ehren der christlich-jüdischen Zusammenarbeit

Oberbürgermeister Hans Fleischer fand bei diesem Anlass und mit Blick auf die belastende Oldenburger NS-Geschichte angemessene Worte: „Eine Generation nach dem Zusammenbruch des Dritten Reiches wissen wir Älteren, daß wir dieses fürchterliche Kapitel unserer Geschichte und unseres Lebens nicht bewältigen können. Aber wir wissen inzwischen auch, daß es nicht möglich ist, dieses Kapitel unserer Geschichte und unseres Lebens zu verdrängen, wie wir es bisher allerdings weitgehend versucht haben. Der jüngeren Generation sind wir Antworten, Haltungen und Konsequenzen schuldig und den wenigen überlebenden Juden auch, aber nicht nur ihnen."[16]

In jahrzehntelanger akribischer Suche hatten Enno Meyer und die „Gesellschaft für Christlich-Jüdische Zusammenarbeit" die Adressen der ehemaligen Oldenburger Juden im Ausland ausfindig gemacht. Dazu fuhr Meyer bereits 1965 nach Israel und nahm unter anderem Kontakt mit dem „Jüdischen Natio-

14 Leo Trepp: Erlebnisberichte eines Landesrabbiners. In: Die Geschichte der Oldenburger Juden und ihre Vernichtung, hg. von der Stadt Oldenburg, Kulturdezernat. Oldenburg 1988, S. 82–88.

15 Enno Meyer: Die Reichskristallnacht in Oldenburg. In: Reden anläßlich der Gedenkfeier zum 40. Jahrestag der Zerstörung von Synagoge und jüdischer Gemeinde in Oldenburg, 9./10. November 1938/1978. Oldenburg 1979, S. 9–22, hier S. 22.

16 Hans Fleischer: Die Verantwortung einer Stadt für alle ihre Bürger 1938/1978. In: Reden (wie Anm. 15), S. 23–28, hier S. 23.

nalfond" auf. Es folgten Recherchereisen in die USA, Suchanzeigen in jüdischen Zeitungen und unzählige Briefe. Am 8. Mai 1985, dem 40. Jahrestag der Befreiung vom Nationalsozialismus, kamen über 70 eingeladene Gäste, die zwei Generationen repräsentierten, zum Wiedersehenstreffen der früheren jüdischen Mitbürger. Es folgte ein einwöchiger Aufenthalt, bei dem sie auch andere Orte jüdischer Kultur in Ostfriesland und im Oldenburger Land besuchten.[17] Unter den Gästen waren mehrere Personen, die ich aus Buenos Aires bereits kannte, dort aber nicht erfahren hatte, dass sie Oldenburger waren. Darunter war Willi Grünebaum, den ich auf einem Elternabend an der Pestalozzischule als Guillermo Grünebaum kennengelernt hatte. Seine Tochter Vivian war Schülerin der 12. Klasse, die ich 1971 in Geschichte unterrichtet hatte. Jetzt stellte sich heraus, dass Willi als Jugendlicher sogar die gleiche Schule wie ich besucht hatte, die frühere Oberrealschule (das heutige Herbartgymnasium).

5. Leo Trepp im Gebet mit jüdischen Oldenburgern vor dem Synagogengedenkstein aus Anlass des Wiedersehenstreffens im Mai 1985

Dieses ganz persönliche Beispiel belegt die Bedeutung unseres Treffens. Für alle Teilnehmer gab es sowohl intensive Gespräche, die von Erinnerung und Aufarbeitung geprägt waren, Besuche an historischen Stätten (jüdische Friedhöfe, KZ Esterwegen u.a.m.) und auch entspannenden Kaffeeklatsch mit den betagten Gästen. Der rege Gedankenaustausch über mehrere Tage hinweg führte zu vielen engen Freundschaften, die jahrelang angehalten haben, und somit wurde das Treffen für viele von uns zu einer regelrechten ‚Sternstunde'.[18]

1985 gab Enno Meyer ein weiteres für unsere Region wichtiges Buch heraus, in dem er die *Geschichte der Delmenhorster Juden: 1695–1945* aufgearbeitet hat.[19] Ein Jahr später erschien die von ihm zusammengestellte Quellenpublikation *Menschen*

17 Wiedersehen mit der Heimat: Dokumentation über den Besuch der früheren jüdischen Bürger der Stadt Oldenburg, 8. bis 15. Mai 1985, hg. von der Gesellschaft für Christlich-Jüdische Zusammenarbeit Oldenburg, Redaktion: Werner Vahlenkamp. Oldenburg 1985.

18 Wiedersehen mit der Heimat (wie Anm. 17), S. 47–81.

19 Enno Meyer: Geschichte der Delmenhorster Juden: 1695–1945. Oldenburg 1985.

zwischen Weser und Ems 1933–1945. Wie sie lebten, was sie erlebten.[20] Darin finden sich zahlreiche Dokumente und Bilder, die den Geschichtslehrern einen neuen Zugang zu Themen dieses Zeitabschnitts ermöglichten. Im Auftrag der „Gesellschaft für Christlich-Jüdische Zusammenarbeit" gab Enno Meyer 1988 ein weiteres Buch heraus, das *Die Synagogen des Oldenburger Landes*[21] vorstellte. Aus Anlass einer Ausstellung im Stadtmuseum Oldenburg vom 9. November bis 11. Dezember 1988 veröffentlichte das Museum das Werk *Die Geschichte der Oldenburger Juden und ihre Vernichtung.*[22] Auch in dieser Publikation war Enno Meyer mit vier Beiträgen vertreten, die neue Fakten und Sichtweisen zur jüdischen Geschichte in Oldenburg präsentierten.

Aufgrund der vielen Zusammentreffen in den Jahren 1979 bis 1988 anlässlich der jährlich stattfindenden Erinnerungsgänge in Oldenburg am 10. November gab es auch private Gespräche zwischen Enno Meyer und mir. Als er nach dem Wiedersehenstreffen mit den früheren Oldenburger Juden im Jahre 1985 erfuhr, dass ich ein Ergänzungsstudium begonnen hatte, ermutigte mich Meyer dazu, ein Buch über die Geschichte der Oldenburger Juden und des jüdischen Lebens 1930 bis 1938 zu schreiben. Er begründete den Vorschlag mit dem Erfahrungsschatz, den ich durch den Aufenthalt als Austauschschüler in den USA und besonders durch viele Begegnungen mit jüdischen Bürgern während meiner dienstlichen Verpflichtung in Argentinien gesammelt hätte. Ich griff die Anregung auf, schrieb an alle Teilnehmer des Wiedersehenstreffens Briefe mit der Bitte, einen Fragebogen zum jüdischen Leben in Oldenburg vor ihrer Auswanderung bzw. Vertreibung auszufüllen. Die Resonanz war ohne Ausnahme so ergiebig, dass ich mit der Arbeit beginnen konnte. Das Ergebnis ist 1988 unter dem Titel *Juden in Oldenburg 1930–1938: Struktur, Integration und Verfolgung* erschienen.[23]

1989 wurde ich vom Bundesverwaltungsamt erneut in den Auslandsschuldienst, diesmal nach Santiago de Chile, vermittelt. Nach meiner Rückkehr nahm ich den Kontakt zu Enno Meyer wieder auf. Wir trafen uns oft – mehrfach auch mit Leo Trepp und mit Mitgliedern der neuen Jüdischen Gemeinde in Oldenburg sowie privat regelmäßig mit der Jüdin Charlotte Seligmann, geb. de Beer, die im hohen Alter nach Oldenburg zurückkehrte, um nach ihrem Tod auf dem jüdischen Friedhof in Osternburg neben ihren Eltern und Verwandten begraben werden zu können.

20 Enno Meyer: Menschen zwischen Weser und Ems 1933–1945. Wie sie lebten, was sie erlebten. Oldenburg 1986.

21 Enno Meyer: Die Synagogen des Oldenburger Landes. Oldenburg 1988.

22 Die Geschichte der Oldenburger Juden und ihre Vernichtung, hg. von der Stadt Oldenburg (Veröffentlichungen des Stadtmuseums Oldenburg 4). Oldenburg 1988.

23 Dieter Goertz: Juden in Oldenburg 1930–1938: Struktur, Integration und Verfolgung. Oldenburg 1988 (2. Aufl. 1995).

6. „Bäume im Jerusalemer Friedenswald" sollen die Namen der Organisatoren der deutsch-jüdischen Begegnung 1985 in Oldenburg tragen. Joe de Haas (dritter v. r.), Sprecher der jüdischen Gruppe, drückte auf diese Weise folgenden Personen den Dank der Gäste aus: Margret Bischoff, Carl Gustav Friedrichsen, Margarete Collins, Enno Meyer, Dieter Goertz und Werner Vahlenkamp (v.l.)

Enno Meyer verstarb 1996 und wurde in einer Feierstunde von seiner Familie und vielen Oldenburger Bürgern aus Nah und Fern verabschiedet. Seine lebenslang andauernde Spurensuche legte Grundsteine zur Erforschung und Darstellung der Vielseitigkeit des jüdischen Lebens und der jüdischen Geschichte in Oldenburg.

Enno Meyers Hinterlassenschaft wirkt wie ein Bauwerk, das nach seiner Zerstörung wieder erneuert werden konnte. Er legte ein breites Fundament und errichtete stabile Wände. Andere bauten Türen und Fenster und stellten Möbel hinein, die heute neuen Bewohnern zur Verfügung stehen.

Burkhard Olschowsky

Ostkundeunterricht – Hintergründe und Praxis an der Hindenburgschule

Die sogenannte Ostkunde war in den 50er und 60er Jahren ein zentrales Bildungsanliegen in den Ländern der Bundesrepublik, das die politische Bildung an den Schulen prägte.[1] Sie umfasste Lehrinhalte über den „deutschen Osten" bzw. Ostmitteleuropa, welche die Geschichte der ehemaligen deutschen Ostgebiete vermitteln, Bezüge zur Heimat wachhalten und eine inhaltliche Auseinandersetzung mit dem Kommunismus fördern sollten. Ostkunde wurde dabei als Unterrichtsprinzip verstanden – sie wurde in bestehende Fächer wie Deutsch, Geschichte, Erdkunde, Kunst, Religion und in das Anfang der 60er Jahre entstandene Fach Gemeinschaftskunde integriert. Ein eigenständiges Unterrichtsfach Ostkunde hat es nicht gegeben.[2]

Konzeption

Nach einer intensiven Debatte über den Umgang mit dem Verlust der deutschen Ostprovinzen, die Oder-Neiße-Grenze und die Verheerungen der nationalsozialistischen Lebensraumpolitik im „Osten" verabschiedete die Konferenz der Kultusminister Ende 1956 Empfehlungen für den Ostkundeunterricht. Die Empfehlungen waren eine Gratwanderung zwischen dem politischen Anspruch auf Wiedervereinigung und der Realität deutscher Zweistaatlichkeit sowie der nach 1945 erfolgten Bevölkerungsverschiebungen in den ehemaligen deutschen Ostprovinzen und Siedlungsgebieten im östlichen Europa. Selbstkritische Überlegungen fanden sich letztlich kaum in den Empfehlungen, es überwogen die deutschtumzentrierten Ansätze in der Beschäftigung mit „dem Osten".[3]

Mit Unterstützung des Bundesministeriums für Vertriebene, Flüchtlinge und Kriegsgeschädigte (BMVt) und den jeweiligen Landesministerien beeinflussten die Vertriebenenverbände die Empfehlungen der Kultusministerien sowie die inhaltliche Ausgestaltung des Ostkundeunterrichts in den einzelnen Bundesländern.[4]

---

1 Ich danke Britta Weichers für die Hinweise und Anregungen zum Thema Ostkundeunterricht.

2 Rolf Meinhardt: „Deutsche Ostkunde". Ein Beitrag zur Pädagogik des Kalten Krieges 1945–1968. Oldenburg (Old.) 1978, S. 127.

3 Corinnna Unger: Ostforschung in Westdeutschland. Die Erforschung des europäischen Ostens und die Deutsche Forschungsgemeinschaft, 1945–1975. Stuttgart 2007, S. 108.

4 Britta Weichers: Der deutsche Osten in der Schule. Institutionalisierung und Konzeption der Ostkunde in der Bundesrepublik in den 1950er und 1960er Jahren. Frankfurt/Main u.a. 2013, S. 81ff.

In der optimistischen Diktion der Empfehlungen sollten mit dem Ostkundeunterricht dreierlei Ziele erreicht werden: Der Wille zur Wiedervereinigung sollte wachgehalten und die Kenntnis der früheren Ostgebiete gefördert werden. Weiter sollte ein „inneres Verhältnis zu den Vertreibungsgebieten“ und damit zur Heimat eines Teils der Deutschen entwickelt und dadurch ein gesamtdeutsches Geschichtsbewusstsein verinnerlicht werden. Nicht zuletzt sollten die vermittelten Kenntnisse über Osteuropa dazu dienen, eine „fruchtbare Auseinandersetzung“ mit dem kommunistischen System führen zu können.[5]

Bei der Umsetzung der ostkundlichen Empfehlungen im westdeutschen Schulunterricht ergaben sich mehrere Probleme. In der Praxis wurde der Ostkundeunterricht zu einer Gratwanderung zwischen Revisionismus und Verständigungspolitik. Mit dem Wertewandel und der mehrheitlichen Anerkennung der Oder-Neiße-Grenze ab 1966 wurde die Ostkunde zunehmend als Ausdruck revisionistischer Vertriebeneninteressen oder als Angelegenheit einer Sekte Ewiggestriger wahrgenommen, auch wenn dies dem Selbstverständnis vieler Vertriebener widersprach.[6]

Ostkundeunterricht an Oldenburger Schulen

Dass ostkundliche Lehrinhalte in den Unterricht eingebunden werden sollten, war für viele Schulen in Oldenburg durchaus naheliegend, schließlich kamen etliche Lehrer und ein Drittel der Oldenburger Schüler aus den ehemaligen deutschen Ostgebieten. Ostkundeunterricht wurde idealtypisch als Chance angesehen, die Kinder von Flüchtlingen und Vertriebenen in die Klassengemeinschaft zu integrieren und die einheimischen Schüler über deren geografische Herkunft aufzuklären. In der schulischen Praxis – nicht im Empfinden des Einzelnen – spielte die Herkunft kaum noch eine Rolle. Anders sah es in der Freizeit außerhalb der Schule aus, denn natürlich wussten die Schüler, ob jemand ein ‚Hiesiger‘ oder ‚Zugezogener‘ war. Oldenburg hatte nach 1945 mit ca. 43.000 Flüchtlingen und Vertriebenen überproportional viele Menschen aufgenommen, die zumeist in anderen Siedlungen und Stadtteilen als die Einheimischen wohnten, was die Schüler angesichts ihrer abweichenden Schulwege genau registrierten. Dennoch spricht einiges dafür, dass die Integration auch deshalb gelang, weil die territoriale Herkunft für Jugendliche – anders als im Milieu der Erwachsenen – zunehmend keine Rolle mehr spielte.[7]

5 Zitiert nach Unger: Ostforschung in Westdeutschland (wie Anm. 3), S. 108.

6 Weichers: Der deutsche Osten in der Schule (wie Anm. 4), S. 76; Unger: Ostforschung in Westdeutschland (wie Anm. 3), S. 103.

7 Gespräch mit Prof. Volker Ronge aus Niederschlesien und dem Oldenburger Wolf-Dieter Bönecke am 23./24.6.2017. Sie gingen in eine Klasse und machten 1962 Abitur an der Hindenburgschule in Oldenburg; Andreas von Seggern: „da haben sie gedacht, wir sind alle ‚Polacken‘“. Zur Aufnahme und Integration von Vertriebenen und Flüchtlingen in der Stadt Oldenburg. In: Hans-Ulrich

„Um das Gedächtnis an die ehemaligen deutschen Ostgebiete wachzuhalten, schmückten die Schulen zudem Klassenräume oder Flure mit Bildern, Wappen und Gebrauchs- oder Kunstgegenständen aus dem Osten. Die Hindenburgschule beispielsweise benannte vier Klassenräume nach den ostdeutschen Provinzen Schlesien, Ostpreußen, Sachsen und Pommern und ließ die Räume von den Schülern entsprechend ausgestalten."[8] Zudem richtete die Schule eine laufende Ausstellung mit wechselnden Themen zum „deutschen Osten" ein. Gezeigt wurden Landschaftsbilder aus Ostpreußen, Ostpommern und Schlesien sowie Fotografien bedeutender Bauwerke dieser Regionen.

Als Höhepunkt der ostkundlichen Arbeit an Oldenburger Schulen galten die sogenannten Ostdeutschen Wochen, die von vielen Schulen jährlich durchgeführt wurden. Sie waren mit Vorträgen, Liedern, Tanz- und Theateraufführungen, Filmen und öffentlichen Ausstellungen, die zum Teil von den Schülern selbst konzipiert worden waren, ausgestaltet. Sie sollten die Schüler emotional ansprechen und ihr Interesse für den „deutschen Osten" und Ostmitteleuropa wecken.[9]

Die Gymnasien der Stadt Oldenburg beteiligten sich, soweit es sich feststellen lässt, in den 50er und frühen 60er Jahren noch regelmäßig an der Durchführung Ostdeutscher Wochen. Sie nutzten die Woche zur schwerpunktmäßigen Behandlung ostkundlicher Themen im Unterricht, präsentierten die Arbeitsergebnisse der Schüler im Rahmen einer Ausstellung und führten ostdeutsche Feierstunden durch. Verstärkt nutzten die Gymnasien auch Schüler- und Lehrervorträge sowie Vorträge von auswärtigen Referenten, um den Schülern das „ostdeutsche Kulturgut" und die Bedeutung der ehemaligen deutschen Ostgebiete näherzubringen.[10]

In der Hindenburgschule fand vom 9. bis 14. Januar 1956 eine „Woche des Gedenkens für die deutschen Ostgebiete", unter anderem mit einem Lichtbildervortrag über „Kunstdenkmäler des Ostens", statt. In einem Beitrag der Märzausgabe der Schulzeitung *Allmende* forderte der Biologielehrer und gebürtige Ostpreuße Erich Giesbrecht dazu auf, nicht mehr von „Flüchtlingen", sondern von „Heimatvertriebenen" zu sprechen, denn ab Herbst 1944 habe es „keine freie Flucht", sondern eine erzwungene Vertreibung gegeben.[11]

Auffällig an dieser Ausgabe der *Allmende* ist, dass hier Schüler der älteren Jahrgänge zu Wort kamen und Erinnerungen und Anekdoten ihrer frühen Kindheit aus dem

Minke, Joachim Kuropka, Horst Milde (Hg.): „Fern vom Paradies, aber voller Hoffnung". Vertriebene werden neue Bürger im Oldenburger Land. Oldenburg 2009, S 119–128, hier S. 121f., 127f.

8 Weichers: Der deutsche Osten in der Schule (wie Anm. 4), S. 265f.

9 Weichers: Der deutsche Osten in der Schule (wie Anm. 4), S. 269–286.

10 Weichers: Der deutsche Osten in der Schule (wie Anm. 4), S. 283f.

11 Dr. Erich Giesbrecht: Woran wir denken wollen. In: Allmende, 1 (1956), S. 7; vgl. Claas Neumann: Medien, Praktiken und Akteure der öffentlichen Erinnerungskultur. Oldenburgs Gedenken an Flucht und Vertreibung im Zuge der 1950er Jahre (Oldenburger Schriften zur Geschichtswissenschaft 13). Oldenburg 2013, S. 123f.

ALLMENDE
DIE PAUSE

Schulzeitung der Schüler und ehemaligen Schüler der Hindenburgschule und der Städt. Oberrealschule Oldenburg

Oldenburg, im März 1956

Zeichnung: Klaus Aggen (ehem. Schüler)

1. Das Cover der Schulzeitung Allmende mit „mittel- und ostdeutschen Landschaften“ vom März 1956

„Osten“ wiedergaben. So Ullrich Newiger, der bis Ende 1947 in Königsberg lebte und von dem Basar erzählte, auf dem man Hausrat und anderes verkaufen musste, um als Deutscher Lebensmittel erwerben zu können, und nur so zu überleben vermochte. Nicht ohne Stolz schilderte dieser Schüler, wie schnell die verbliebenen Deutschen das Feilschen mit den Russen erlernt hatten und zum eigenen Vorteil auch zu nutzen wussten.[12] In späteren Ausgaben der *Allmende* finden sich zwar noch kurze Hinweise darauf, dass die Ostdeutschen Wochen mit den jeweiligen Referaten stattfanden, doch längere Artikel blieben aus. Erlebnisberichte konnte es ab den späten 50er Jahren nicht mehr geben, weil die in den frühen 40er Jahren geborenen Schüler keine eigenen Erinnerungen an ihre Herkunftsregion mehr hatten.

Die Schüler der Hindenburgschule mit ostdeutscher Herkunft legten offenbar kein größeres Interesse am Ostkundeunterricht an den Tag als ihre einheimischen Kameraden[13] wie auch die geografische Herkunft unter den Schülern kaum Gegenstand für alltägliche Gespräche bot. Dennoch war eine Segmentierung unter der Schülerschaft erkennbar, die auf den materiellen Unterschieden zwischen Neuankömmlingen und Einheimischen beruhte.[14]

Enno Meyers Ostkundeunterricht

Für den Ostkundeunterricht gab es 1956 seitens der Kultusministerkonferenz allgemeine Empfehlungen. Um den Lehrern konkretere Anregungen zu geben, führte der Verwaltungsbezirk Oldenburg mehrere Arbeitstagungen für Lehrer durch. Das Konzept hatte jedoch das Manko, dass Kultur und Geschichte ostmitteleuropäischer Regionen und deutscher Siedlungsgebiete ausschließlich retrospektiv, nämlich bis 1945, vermittelt wurden. Diese deutschzentrierte Einseitigkeit bei impliziter Geringschätzung des slawischen Anteils an der Geschichte und Kultur Ostmitteleuropas machte den Ostkundeunterricht unglaubwürdig und unattraktiv für die politisch zunehmend bewussteren Schüler. Mit wachsender zeitlicher Distanz gerieten die ‚ostdeutschen Leistungen‘ zu einem rein historischen Konstrukt, das nur wenig mit der Gegenwart und der Wahrnehmung der Schüler gemein hatte.[15] So mangelte es an einer Darstellung der Nachkriegsgeschichte jener Länder hinter dem „Eisernen Vorhang“, darunter der Entstalinisierung, die vor allem Polen erfasste,

12 Ullrich Newiger: Der Basar in Königsberg 1946–47. In: Allmende, 1 (1956), S. 7f.

13 Dies wurde dem Autor in mehreren Interviews mit Schülern und Lehrern der Hindenburgschule bestätigt.

14 Bezüglich der Fremdheitserfahrungen von Schülern, die aus Flüchtlingselternhäusern kamen, der Beitrag von Uwe Hoffmann und Burkhard Olschowsky in diesem Band.

15 Weichers: Der deutsche Osten in der Schule (wie Anm. 4), S. 256ff.; Richard Kieser: Ostkunde in den Lehrmitteln. In: Ostkunde im Bildungswesen, Referate der 20. Barsinghausener Gespräche. Leer 1964, S. 32–41.

politische und kulturelle Freiräume ermöglichte und zehntausenden Deutschen als Spätaussiedler die Ausreise in den Westen ebnete.

Enno Meyer, der bereits als Schüler Interesse an den Deutschen im östlichen Europa gezeigt hatte und dieses Thema im Studium vertiefte, war aufgrund seiner Fächer Geschichte, Geografie und Deutsch in besonderer Weise prädestiniert, die allgemeine und ostdeutsche Geschichte und Kultur „Zwischeneuropas" – so die gleichnamige geografische Bezeichnung in einem seiner Lehrbücher – zu vermitteln. Er tat dies sowohl im Rahmen der Ostdeutschen Wochen als auch im regulären Unterricht und als Autor von Lehrmaterialien auch für das noch junge Fach Gemeinschaftskunde. Dabei interpretierte Enno Meyer die in den ministeriellen Rahmenrichtlinien genannte Formulierung „Deutschland und seine östlichen Nachbarn" weitaus offener, da er zu recht befürchtete, dass Ostmitteleuropa auf diese Weise nicht umfassend, sondern allein unter dem Gesichtspunkt seiner Beziehungen zu Deutschland betrachtet würde.[16]

Auffällig war sein authentisches Engagement für den Ostkundeunterricht, da er diesen nicht als Darstellung „ostdeutscher" Leistungen, geschweige denn als Legitimation für das apostrophierte „Recht auf Heimat" verstand, sondern in der möglichst umfassenden Information über Ethnien und Kulturen, aber auch politische Zusammenhänge des östlichen Europa, wobei auch der (ost)deutsche Anteil seine Entsprechung und Würdigung finden sollte.

Mit seinen Sprach- und Landeskenntnissen konnte Enno Meyer – anders als die meisten seiner Kollegen – diesem Anspruch gerecht werden. Sein Engagement beschränkte sich nicht auf den Unterricht, er unternahm wann immer möglich Klassenfahrten und Exkursionen hinter den „Eisernen Vorhang". Sein Wissen und seine Erfahrungen gab Meyer in Vorträgen über methodische Zugänge und Inhalte des Ostkundeunterrichts auf Lehrerfortbildungskursen weiter. Im November 1964 kamen in Dreibergen am Zwischenahner Meer Lehrer verschiedener Schulen, Studenten der Pädagogischen Hochschule Oldenburg und fünf Vertreter des „Bundes der Vertriebenen" zur Tagung „Ostkundliche und gesamtdeutsche Fragen" zusammen. Enno Meyer plädierte in seinem Eröffnungsvortrag dafür, sich bietende ostkundliche Bezüge als Unterrichtsprinzip aufzugreifen, wobei er auf die Länder Polen, Tschechoslowakei und Ungarn Bezug nahm. Ferner wies er darauf hin, dass die „Objektivität möglichst zu wahren" sei. Die *Nordwest-Zeitung* fasste Meyers Ausführungen zusammen: „Ein überholter Jargon wie ‚Kulturträger' oder ‚polnische Wirtschaft' ist ebenso schädlich wie der ‚Schuld-Komplex' als negative nationale Eitelkeit. Anhand instruktiver Beispiele aus dem Bereich der Kirchengeschichte, Kunst, Musik und Literatur der drei so verschiedenen ostmitteleuropäischen Nach-

16 Enno Meyer: Das europäische Nationalstaatensystem – Völker und Staaten Zwischeneuropas, Neue Gemeinschaftskunde für Gymnasien. Hannover u.a. 1966.

barländer zeigte er [Meyer] eine Fülle von Möglichkeiten und Anregungen auf."[17] Mehr noch, Enno Meyer gab einen Überblick über die Stellung der Ostkunde im Unterricht in den letzten zehn Jahren und konstatierte, „die Einbeziehung ostkundlicher Fragen in den Unterricht und die Auseinandersetzung mit ihnen gehört heute eindeutig zu den Berufspflichten des Lehrers schlechthin".[18]

Meyers Plädoyer zugunsten des Ostkundeunterrichts entsprach seiner Überzeugung und seinen Erfahrungen von der Bedeutung der ostmitteleuropäischen Kultur und Geschichte, ohne die ein wesentlicher Teil der deutschen Geschichte nicht erklärt werden könne. Seine mahnenden Worte bezüglich der Objektivität richtete er vor allem an jene, die die „ostdeutschen Leistungen" isoliert betrachteten und überhöhten, aber auch an jene, die ihre Skepsis gegenüber dem Ostkundeunterricht mit der deutschen Kriegsschuld zu begründen suchten.

Ostkunde versus Osteuropastudien

In seiner Beschäftigung mit der Geschichte Ostmitteleuropas und den deutsch-polnischen Beziehungen hatte Meyer keine Berührungsängste gegenüber westdeutschen Historikern, die einem Revisionismus in Geschichte und Politik gegenüber den Grenzen der Zweiten Polnischen Republik und der 1945 gezogenen Oder-Neiße-Grenze das Wort redeten. So beteiligte er sich mit zwei wissenschaftlich ausgewogenen Beiträgen über „Polen im preußischen Staat von 1815 bis 1914" sowie „Polen zwischen Hitler und Stalin" an dem von Helmuth Fechner herausgegebenen Band *Deutschland und Polen*.[19] Fechner war im „Dritten Reich" als promovierter Studienassessor für Geschichte in Berlin und überzeugter Nationalsozialist Autor von Schulbüchern und Schriften über Erziehungsfragen.[20] 1935 verfasste er mit Wilhelm Rose das Lehrer-Handbuch *Von deutschem Blut und deutschem Geist* über Fragen der Rasse und des Volkes und berief sich dabei überschwänglich auf Hitlers *Mein Kampf*: „Meisterhaft und geradezu hellseherisch stellt der Führer den arischen Menschen dar, bevor die Wissenschaft auf dem Plane erschien."[21]

17 Zitatstellen aus der *Nordwest-Zeitung* (Ammerländer Nachrichten), Ostkunde: Pflicht – nicht Hobby, 2.12.1964.

18 Zitatstellen aus der *Nordwest-Zeitung* (Ammerländer Nachrichten), Ostkunde: Pflicht – nicht Hobby, 2.12.1964.

19 Helmuth Fechner (Hg.): Deutschland und Polen 1772–1945 (Ostdeutsche Beiträge aus dem Göttinger Arbeitskreis XXVII). Würzburg 1964.

20 Helmuth Fechner: Geschichte des deutschen Volkes von 1648 bis 1871, Band 4 von Geschichtliches Unterrichtswerk für höhere Schulen. München 1939; Helmuth Fechner, Wilhelm Rose: Von deutschem Blut und deutschem Geist (Der nationalpolitische Unterricht 8). Frankfurt/Main 1935.

21 Fechner, Rose: Von deutschem Blut (wie Anm. 20), S. 1; Fechner befasste sich auch mit dem „Auslandsdeutschtum". Helmuth Fechner, Wilhelm Rose: Aus deutschen Landen und von deutschen Menschen (Der nationalpolitische Unterricht 7). Frankfurt/Main 1935.

Die Entnazifizierung hatte Fechner mit Glück und Geschick überstanden, seine Gesinnung hatte er jedoch über die Jahrzehnte nur wenig angepasst (bzw. anpassen müssen). Charakteristisch war seine deutschnationale Haltung, die sich u.a. daran zeigte, wie er gegen die 1965 veröffentlichte Ostdenkschrift der Evangelischen Kirche in Deutschland und die Anerkennung der Oder-Neiße-Grenze polemisierte.[22] Zu Enno Meyer nahm er Kontakt auf, nachdem er in den 50er und 60er Jahren im niedersächsischen Schuldienst und Beamtenbund Karriere gemacht hatte und die Funktion des „Fachberaters für die Pflege des ostdeutschen Kulturgutes" in Niedersachsen ausfüllte.[23]

Fechner war regelmäßiger Teilnehmer der Barsinghausener Gespräche, die von 1958 bis 1967 in dem gleichnamigen Ort westlich von Hannover stattfanden und vom Niedersächsischen Ministerium für Vertriebene finanziert wurden. Ziel der Gespräche war der Austausch von Arbeitsergebnissen zum politischen Geschehen in beiden deutschen Staaten und im östlichen Europa. Bemerkenswert war der generationsübergreifende Austausch, der in Offenheit und unabhängig vom gesellschaftlichen Rang oder der politischen Position geführt wurde. Eingeladen wurden westdeutsche Teilnehmer und ausländische Gäste, so unter anderen zum 9. Barsinghausener Gespräch im September 1960 die polnischen Exil-Publizisten Stefan Tadeusz Norwid und Aleksander Bregman.[24]

Norwid stellte fest, dass das Leugnen der Oder-Neiße-Grenze vor allem der Sowjetunion nütze, als Schutz- und Garantiemacht in Polen aufzutreten. Er befürchtete, dass sich das vereinigte, reiche Westeuropa von den osteuropäischen Völkern abwende, was ein verhängnisvoller politischer Fehler wäre.[25] Bregman, ein in London ansässiger polnischer Journalist, bemerkte mit Blick auf Polen und die Deutschen in Ost und West vorausschauend: „Es kann sich das eine Volk nur dann der Freiheit in vollem Umfang erfreuen, wenn auch das andere Volk frei ist. Es wird kein wiedervereinigtes Deutschland geben, solange es kein freies Polen gibt, und es wird kein freies Polen geben, solange Deutschland nicht vereint ist. Aus dieser grundsätzlichen Erkenntnis sollten beide Völker die Schlußfolgerung ziehen."[26]

Im Februar 1965 fand das 22. Barsinghausener Gespräch statt, u.a. mit einem Referat von Martin Broszat[27] über den deutschen Nationalstaat bis 1945. Als Dis-

22 Voller Titel: Die Lage der Vertriebenen und das Verhältnis des deutschen Volkes zu seinen östlichen Nachbarn; Helmuth Fechner: Vorverzicht, Völkerrecht und Versöhnung. Aspekte der Ostkunde unter Berücksichtigung der Denkschrift der EKiD. Wolfenbüttel 1966.

23 Rolf Hensel: Stufen zum Schafott. Der Berliner Stadtschulrat und Oberbürgermeister von Görlitz Hans Meinshausen. Berlin 2012, S. 285.

24 Die Barsinghausener Gespräche (8–10). Leer 1962, S. 117–130.

25 Tadeusz Norwid: Gegenwart und Zukunft der mittel- und osteuropäischen Völker aus polnischer Sicht. In: Die Barsinghausener Gespräche (wie Anm. 24), S. 117–124, hier S. 123.

26 Aleksander Bregman: Haltung und Argumente der Polen zur Wiedervereinigung Deutschlands. In: Die Barsinghausener Gespräche (wie Anm. 24), S. 125–130, hier S. 130.

27 Martin Broszat war 1965 wissenschaftlicher Mitarbeiter im Institut für Zeitgeschichte in Mün-

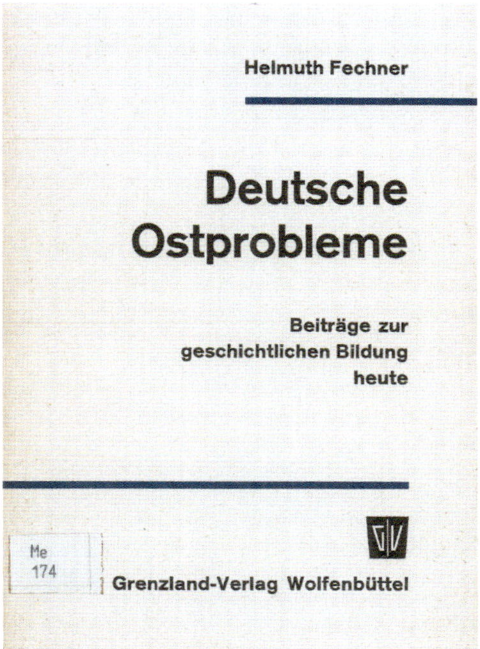

2. Helmuth Fechners versöhnungskritische Broschüre über „Deutsche Ostprobleme“

3. Martin Broszats wegweisendes Buch über die „Nationalsozialistische Polenpolitik 1939–1945“

kutanten waren neben anderen Hans Roos[28] und der polnische Historiker Marian Wojciechowski (1927–2006)[29] eingeladen. Helmuth Fechner nahm in der Folge Anstoß daran, dass Martin Broszat die Gewaltpolitik des Nationalsozialismus in einen Zusammenhang mit der preußisch-deutschen Polenpolitik und der propagier-

chen, das er 1972 bis 1989 als Direktor leitete. Sein Forschungsinteresse galt in der frühen Bundesrepublik bereits der deutschen Besatzungsherrschaft in Polen. Maßstäbe setzte er später mit einer umfassenden Strukturgeschichte des Nationalsozialismus. Martin Broszat: Nationalsozialistische Polenpolitik 1939–1945. Stuttgart 1961; Ders.: Der Staat Hitlers: Grundlegung und Entwicklung seiner inneren Verfassung. München 1969.

28 Von 1962 bis 1967 lehrte Hans Roos als ordentlicher Professor für Osteuropäische Geschichte an der Universität Göttingen. Er setzte neue Akzente in der westdeutschen Osteuropaforschung zu Polen, indem nationalsozialistische Verbrechen deutlich benannt wurden. Hans Roos: Polen in der Besatzungszeit. In: Werner Markert (Hg.): Osteuropa-Handbuch Polen. Köln u.a. 1959, S. 167–193.

29 1965 war Marian Wojciechowski Oberassistent an der Universität Toruń. In den 70er und 80er Jahren war er stellv. polnischer Vorsitzender in der Deutsch-Polnischen Schulbuchkommission. Seine Habilitationsschrift hat den Titel: Stosunki polsko-niemieckie 1933–1938 [Die deutsch-polnischen Beziehungen 1933–1938]. Poznań 1965.

ten exklusiven „Volksgemeinschaft" setzte. Er warf ihm im Duktus einer ausgeprägt borussischen Geschichtsschreibung vor, „unsachliche, geschichtliche Fakten verbiegende Ansichten über das deutsch-polnische Verhältnis" zu verbreiten.[30]

Vollends die Contenance verlor Fechner bei den Ausführungen von Marian Wojciechowski, der sich vorhalten lassen musste, „ein in die Wolle gefärbter Kommunist" zu sein, der dem „erstaunten, geduldigen und ziemlich wehrlosen Publikum seine Auffassungen vom deutsch-polnischen Verhältnis seit 1871 mit dem aufgewärmten historischen Unsinn aus der Propagandaküche des polnischen Nationalismus vor und nach 1918" dargeboten habe. Die Ausführungen „unseres polnischen Freundes", so der Versammlungsleiter, seien nicht nur „unsachlich, sondern ganz einfach unverschämt" gewesen.[31]

Die Kooperation zwischen Helmuth Fechner und Enno Meyer mutet erstaunlich an, gemessen an dem Prinzip der deutsch-polnischen Ausgewogenheit, das Meyer beim Abfassen seiner 47 Thesen leitete. Es ging Meyer bei der Zusammenarbeit mit Fechner wohl um die Sache, nämlich die Veröffentlichung eines populärwissenschaftlichen Buches über die deutsch-polnische Beziehungsgeschichte. Die damalige Einbindung des niedersächsischen Fachberaters für das ostdeutsche Kulturgut war ihm offenkundig wichtiger als dessen Belehrung. So gesehen bedurfte es auch der Einbindung von anderen, ausgeprägt konservativen, deutschzentrierten Positionen, wie sie Fechner prononciert vertrat.

Erfahrungen mit der Ostkunde an der Hindenburgschule

Uwe Hoffmann, der Enno Meyer als Klassenlehrer in der Oberstufe hatte und 1961 das Abitur an der Hindenburgschule ablegte, erinnerte sich detailliert an eine charakteristische Begebenheit: „Es gab in der Hindenburgschule wie auch an anderen Schulen Landkarten mit den ehemaligen deutschen Ostgebieten, in denen die Städte, Flüsse und Gebirge zwar eingezeichnet, aber nicht mit Namen versehen worden waren. An einer derartigen Karte wurden wir abgefragt. Als der Zeigestock auf den Ort zeigte, der mit Breslau hätte beantwortet werden müssen, schwieg der an der Karte stehende Mitschüler. Enno Meyer nahm ihm die Antwort ab: ‚BRESLAU!' Darauf folgte der spontane Kommentar unseres Mitschülers. ‚Ach so – bei den Wasserpolacken'. Schweigen. Wie darauf reagieren? Nie habe ich Enno Meyer so mit sich selbst ringend gesehen. Wütend sein oder Verständnis zeigen? ‚Dieses Wort möchte ich nie wieder hören!', sagte Enno Meyer unmissverständlich. An diesen für

30 Helmuth Fechner: Polnisch-deutsche Beziehungen. Widerlegung polnischer Geschichtsthesen. In: Helmuth Fechner (Hg.): Deutsche Ostprobleme. Beiträge zur geschichtlichen Bildung heute. Wolfenbüttel 1996. S. 26–38, hier S. 26.

31 Fechner: Polnisch-deutsche Beziehungen (wie Anm. 30), S. 26f.

seine Verhältnisse emotionalen Ausbruch schloss sich ein grandioser Abriss der Geschichte Polens an. Wir wurden in die juristischen ,Geheimnisse' des Sejm – als eines der ältesten Parlamente der Welt – eingeweiht. Wir erfuhren von den Teilungen und den Vereinnahmungen durch Österreicher, Preußen und Russen. Wir erfuhren aber auch, dass die Religion – das Bekenntnis der Mehrheit der Bevölkerung zum Katholizismus – ein Bindeglied über die Zeiten gegen Fremdbestimmung gewesen ist."[32]

Welche Sprengkraft die Frage der Oder-Neiße-Grenze besaß, wurde anlässlich der „Ostdeutschen Tage" im Dezember 1963 an der Hindenburgschule deutlich. Auf Anregung Enno Meyers hielt Jan-Gerd Beinke, ein Schüler der 12. Klasse ein Referat über die „Geschichte der ostdeutschen Gebiete und die Entstehung der Oder-Neiße-Linie".[33] Dabei sprach er sich für die Anerkennung der Oder-Neiße-Grenze als politischen Preis aus, um in Verhandlungen mit der Sowjetunion Fortschritte für eine deutsche Wiedervereinigung zu erreichen. Damit rief er einen Eklat im Direktorat der Hindenburgschule hervor. Nicht nur, dass ihm eine schlechtere Note in Gemeinschaftskunde drohte, Schuldirektor Erich Debes wollte deshalb im Frühsommer 1965 auch Beinkes Abitur-Gesamtnote herabsetzen. Enno Meyers Gerechtigkeitsempfinden und Sachverstand war hier doppelt herausgefordert. Er setzte sich mit seinem hohen Ansehen im Lehrerkollegium für Jan-Gerd Beinke ein und konnte so Sanktionen gegen seinen Schüler abwenden.[34]

Jan-Gerd Beinkes Äußerungen waren ein Anzeichen dafür, dass die Schüler langsam mündiger wurden und politisch selbständiger dachten. Ein konservativer Ostkundeunterricht, der die Wiedergewinnung der Ostgebiete als Option offenhielt, wurde von den Schülern als zunehmend unrealistisch angesehen, was sich häufig in Desinteresse äußerte, aber auch Widerspruch hervorrufen konnte. Es nimmt daher nicht Wunder, dass die EKD-Ostdenkschrift und damit die Anerkennung der Oder-Neiße-Grenze wie auch Optionen der deutschen Wiedervereinigung in der „Ostwoche" des Jahres 1965 ausgiebig erörtert wurden und der Ostkundeunterricht an der Hindenburgschule damit durchaus an Aktualität und politischer Relevanz gewinnen konnte, auch wenn er nur noch wenig mit jener „ostdeutschen Kultur- und Geschichtspflege" ein Jahrzehnt zuvor gemein hatte.[35]

Die Ostwochen mussten sich Ende der 60er Jahre immer mehr den politischen Realitäten in den Ländern Ostmitteleuropas stellen. Im Januar 1969 wurde die Tschechoslowakei in den Ostkundlichen Tagen der Hindenburgschule behandelt. In der *Allmende* schrieb darüber der damalige Schüler und zugleich Redaktionsmitglied, Joachim Tautz: „An die Stelle der Vermittlung des Bewusstseins, dass die Ostgebiete wieder ,heim ins Reich' müssten, war eine zumeist sachliche Darstellung der Verhält-

32 Schriftliche Information von Uwe Hoffmann vom 20.9.2015.

33 Schulchronik vom Dezember 1963. In: Allmende, 1 (1964), S. 1.

34 Gespräch mit Jan-Gerd Beinke vom 2.10.2015. Jan-Gerd Beinke studierte nach seinem Abitur 1965 an der Hindenburgschule Theologie und war als Pastor tätig.

35 Klaus Kläner: Ostwoche – einmal anders. In: Allmende, 1 (1966).

nisse in den sozialistischen Ländern getreten. Davon zeugte auch der Vortrag von Enno Meyer über die Geschichte der Tschechoslowakei, der nicht von antikommunistischen Ressentiments gefärbt war".[36] Was Tautz jedoch fehlte, war ein Vortrag über die politischen und ökonomischen Hintergründe, die zum „Prager Frühling" führten. Immerhin wurde zum Abschluss der Ostwoche über die „ČSSR-Krise" mit Vertretern der Lehrer- und Schülerschaft, der Bundeswehr und des Deutschen Gewerkschaftsbundes diskutiert.[37] Im Zuge der kulturellen Veränderung von 1968 war eine Politisierung auch in der Hindenburgschule spürbar, die dazu verleitete, Meinungen in ‚links' und ‚rechts' zu kategorisieren, was eine vorurteilsfreie Analyse der Ereignisse in der Tschechoslowakei durchaus erschwerte. Nunmehr wurde nicht mehr nur die Anerkennung der Oder-Neiße-Grenze, sondern auch der DDR offen diskutiert.

Es kam innerhalb eines Jahrzehnts zu einer Bewusstseinsveränderung in der westdeutschen Gesellschaft, von der Schüler wie Lehrer erfasst wurden. Die Empörung über den Verlust der Ostgebiete, die Erfahrung des Einmarschs der Roten Armee und die Fortschreibung tradierter antislawischer bzw. antikommunistischer Vorurteile galten als unzeitgemäß. In der Konsequenz veränderten sich die Themen und Formen des Ostkundeunterrichts signifikant, ehe er als vermeintliches Relikt des Kalten Krieges im Zuge der Politik von „Wandel durch Annäherung" und der Aufnahme diplomatischer Beziehungen mit der DDR und den ostmitteleuropäischen Staaten obsolet wurde.[38]

36 Joachim Tautz: Ostwoche. In: Allmende, 1 (1969).

37 Tautz: Ostwoche (wie Anm. 36).

38 Meinhardt: „Deutsche Ostkunde" (wie Anm. 2), S. 290–297; vgl. Dr. Ludwig Kunst: Ostkundliche Tage. In: Elternbrief, Hindenburgschule Oldenburg. 1968, S. 28f.; Günter Berndt: Konsequenzen. In: Günter Berndt, Reinhard Strecker (Hg.): Polen – ein Schauermärchen oder Gehirnwäsche für Generationen. Reinbek 1971, S. 92–95.

An der Hindenburgschule

Burkhard Olschowsky

Enno Meyer in der Erinnerung von Kollegen

Der nachfolgende Beitrag basiert insbesondere auf Recherchen in Publikationen der Hindenburgschule zwischen den 50er und 70er Jahren und auf Interviews mit Enno Meyers ehemaligen Lehrerkollegen Werner Broll, Dr. Hans-Jürgen Lorenz, Rolf Pottebaum und Matthias Schachtschneider.

Die Stadt Oldenburg und der Unterricht an der Hindenburgschule

Die niedersächsische Stadt Oldenburg blieb im Zweiten Weltkrieg weitgehend unzerstört. Durch die Aufnahme von etwa 43.000 Flüchtlingen und Vertriebenen aus den ehemals ostdeutschen Provinzen des Reiches nach Kriegsende überschritt Oldenburg die Zahl von 100.000 Einwohnern und wuchs zur Großstadt heran. Die Hindenburgschule war bis Herbst 1946 Sitz der kanadischen Besatzungsmacht in Oldenburg. Kurz darauf wurde der nördliche Teil der Schule für ein Flüchtlingsdurchgangslager beschlagnahmt, hinzu kam ein Mangel an Brennstoff und Mobiliar, so dass in den unmittelbaren Nachkriegsjahren nur ein Not-Unterricht angeboten werden konnte. Die räumliche Situation blieb auch in den Folgejahren angespannt, was nicht zuletzt auf die gestiegenen Schülerzahlen infolge des abrupten Bevölkerungszuwachses zurückzuführen war.[1]

Im Jahre 1954 kam Enno Meyer aus Wilhelmshaven an die Hindenburgschule in Oldenburg, wo er die Fächer Geschichte, Deutsch und Geografie unterrichtete. Zu diesem Zeitpunkt bestand das Lehrerkollegium aus etlichen älteren Kollegen, die bereits zu Anfang der Weimarer Republik unterrichtet hatten, wenigen Lehrern aus der Generation der Kriegsteilnehmer und einigen der sogenannten Flakhelfergeneration. Enno Meyer gehörte biografisch zur mittleren Lehrergeneration, die während des Zweiten Weltkrieges zur Wehrmacht eingezogen worden war. Das, was er an der Ostfront erlebt und erfahren hatte, insbesondere die rassistische Politik des nationalsozialistischen Deutschland gegenüber Polen und Juden, hatte ihn nachdenklich gemacht und sein politisches Denken nach 1945 beeinflusst, ohne dass er damit in die allgemeine Öffentlichkeit drängte.[2] Auch in der Schule erwähnte er seine Kriegserlebnisse als wichtigen Impuls für seine Beschäftigung mit Polen

1 Hans-Jürgen Lorenz: Von der Höheren Bürgerschule zum Herbartgymnasium: Der Kampf der Bürger einer mittleren nicht-preußischen Landeshauptstadt für ein realistisches Bildungsinstitut und dessen Entwicklung in den Widersprüchen und Krisen der Zeit. Oldenburg 2000,S. 364f.

2 Gespräch mit Werner Broll vom 5.9.2016.

1. Die Hindenburgschule in den 50er Jahren

nicht. Indirekt beeinflussten jene Erlebnisse sein pädagogisches Wirken aber enorm. Er suchte für sich nach Lehrmaterialien über die jüngste Geschichte Polens, nahm Kontakt zu polnischen Historikern im Lande und im Exil auf, um seinen Schülern ein kritisches Bewusstsein über den Nationalsozialismus und ein ausgewogenes Bild der deutsch-polnischen Beziehungsgeschichte vermitteln zu können, was in den 50er Jahren der Bundesrepublik ungewöhnlich genug war.

Das Gros seiner Kollegen an der Hindenburgschule wusste zu dem Zeitpunkt kaum etwas über sein spezifisches Engagement. Enno Meyer hatte als Lehrer der mittleren Generation – was nicht selbstverständlich war – einen guten Kontakt zu den Junglehrern Rolf Pottebaum, Hans-Jürgen Lorenz und Werner Broll, zumal diese wie Enno Meyer die Fächer Literatur bzw. Geschichte unterrichteten. Auch zeigte er sich grundsätzlich aufgeschlossen für Neues, freilich ohne es nach Sondierung auch gleich zu übernehmen. Dies wäre seinen kulturell konservativen Haltungen zuwidergelaufen.

Rolf Pottebaum, den Enno Meyer zwischen 1954 und 1956 als Referendar fachlich betreut hatte, berichtete er früh von seinem Engagement und schenkte diesem ein Exemplar seiner 1956 erschienenen *47 Thesen über die deutsch-polnischen Beziehungen*. Auch Hans-Jürgen Lorenz erfuhr durch die gemeinsame Arbeit in der

Lehrerbücherei der Hindenburgschule früh von seinem Engagement. Enno Meyer hatte bereits angefangen, die Lehrerbücherei zu modernisieren. Bei deren notwendigem Umbau bat er Hans-Jürgen Lorenz um Unterstützung, um sich mehr dem Austausch mit den polnischen Historikern widmen zu können. Auf diese Weise erfuhr Hans-Jürgen Lorenz Genaueres über Meyers Interesse für das östliche Nachbarland.[3] Werner Broll, seinem jüngeren Kollegen im Fach Geschichte, berichtete Enno Meyer hingegen im privaten Gespräch über seine Arbeit am Deutschen Ausland-Institut in Stuttgart im Zeitraum von September 1939 bis März 1940.[4]

Enno Meyer war eine Persönlichkeit, die an der Hindenburgschule durch seine Freundlichkeit gegenüber Kollegen wie Schülern, seinen aufklärerischen Impetus, aber auch durch eine gewisse Distanziertheit beschrieben werden kann. Sein Unterricht war informationsreich und präzise, konnte aber auch Vorlesungscharakter haben und über die Köpfe der Schüler hinweggehen. Man spürte sein ausgeprägtes wissenschaftliches Interesse vor allem für historische Fragen und Zusammenhänge, eine „didaktische Reduktion" hätte nach Auffassung von Rolf Pottebaum seinem Unterricht allerdings das eine oder andere Mal gut getan. Im Fach Deutsch stützte er sich eher auf literaturhistorische Herangehensweisen und Erklärungen, hingegen weniger auf Werkinterpretationen. [5]

Im Kollegium

Enno Meyer wurde im Lehrerkollegium aufgrund seiner Freundlichkeit, Hilfsbereitschaft, seiner Sachlichkeit und der hohen Kompetenz in den von ihm vertretenen Fächern geschätzt. Diese Wertschätzung begegnete ihm sowohl seitens der älteren als auch seitens der jüngeren Kollegen, wohl auch, weil ihm Bescheidenheit zu eigen war und er nicht unbedingt aus dem Lehrerkollegium hervorstechen mochte. Ausdruck dieser ihm zuteil werdenden Wertschätzung war unter anderem seine mehrfache Wahl in den Personalrat der Hindenburgschule. Sein Kollege in den Jahren 1962–1966, Matthias Schachtschneider, schätzte Enno Meyer als vornehm-zurückhaltenden wie vorurteilsfreien Kollegen, der mit seiner Auffassung zu Polen nicht so recht an die Hindenburgschule passte, da sie als konservativ galt, was sich unter anderem am lange schwelenden Streit um die Umbenennung der Schule ablesen lassen mag.[6]

Um den eklatanten und von Enno Meyer beklagten Mangel an adäquatem Unterrichtsmaterial für die Zeitgeschichte im Allgemeinen und den Nationalsozialismus

---

3 Gespräch mit Dr. Hans-Jürgen Lorenz vom 10.8.2015.
4 Gespräch mit Werner Broll vom 5.9.2016.
5 Gespräch mit Rolf Pottebaum vom 20.7.2016.
6 Gespräch mit Matthias Schachtschneider vom 8.7.2016.

2. Im Schulunterricht 1957

im Besonderen zu begegnen, nutzte er verschiedene Studien und Bücher u.a. von polnischen Autoren. Werner Broll, der 1958 an die Hindenburgschule kam und das Interesse Meyers am Unterricht über die NS-Zeit teilte, stützte sich dabei insbesondere auf die Beiträge der *Vierteljahreshefte für Zeitgeschichte*, die vom Institut für Zeitgeschichte in München herausgegeben wurden. Dieses dezidierte Interesse von Enno Meyer und Werner Broll rief unterschiedliche Reaktionen hervor: Bei den Schülern – zumal wenn sie historisch interessiert waren – wurde dieser Unterricht in der Regel mit Aufmerksamkeit honoriert. Andere Schüler konfrontierten die Lehrer mit sehr direkten Fragen zum Nationalsozialismus, wobei sie um 1960 offenbar die Fragen ihrer Eltern stellten. Werner Broll erlebte ferner, dass sich der Vater eines Schülers mit der Bitte an ihn wandte, im Unterricht mehr Milde und Nachsicht für die NS-Generation zu zeigen.

Werner Broll animierte Enno Meyer 1970 zum Eintritt in die CDU. Nach kurzer Mitgliedschaft trat dieser jedoch wieder aus der CDU aus. Die ablehnende Position der Christdemokraten gegenüber den von der Brandt-Scheel-Regierung ausgehandelten Ostverträgen missfiel ihm und bewog ihn vermutlich zu diesem Schritt.[7]

7 Gespräch mit Werner Broll vom 5.9.2016.

Der Streit um den Namen der Hindenburgschule

Die Debatte um die Umbenennung der Hindenburgschule wurde seit 1957 zwischen Lehrern und zwischen Schülern und Lehrern geführt. 1968 nahm diese Debatte an Intensität zu. Stein des Anstoßes war der Name des zweiten Reichspräsidenten der Weimarer Republik, Paul von Hindenburg. Im Laufe des Jahres 1968 nahm die Debatte Formen eines Streits nicht nur zwischen Schülern und Lehrern an.

3. Cover der Schülerzeitung Allmende, 1968

Im Dezember 1968 kam es in der Schülerzeitung *Allmende*, die seit jenem Jahr unabhängig von der Schulleitung herausgegeben wurde, zu einem Austausch der unterschiedlichen Positionen.[8] Der Chefredakteur der *Allmende* und Schüler Wilfried Huismann wies darauf hin: „Ein Problem, und die Umbenennung der Hindenburgschule ist ein Problem (sonst wäre sie nie zur Sprache gekommen) muss diskutiert werden. Die Diskussion im Keime zu ersticken, wäre sträflich, weil dadurch die Spannungen nur erhöht würden. Eine Diskussion könnte vieles klären. Aus diesem Grunde erscheint auch die *Allmende* (im Dezember 1968, B.O.) unter dem Leitthema ‚Umbenennung'. Sie erscheint trotz des heftigen Widerstandes einer Gruppe der Ehemaligen. […] Wir würden unserer sachlich-redaktionellen Funktion nicht mehr gerecht werden, wenn wir die Zeitung nicht als Diskussionsbasis für ein brennendes Problem bereitstellten, was unter anderem die Vorenthaltung von Informations- und damit Diskussionsmaterial hieße. An dieser Stelle muss auch die Bemerkung fallen, dass der größere Teil der Lehrer- und wohl auch der Schülerschaft <u>für</u> eine Umbenennung eintritt."[9]

Die *Allmende*-Redaktion schlug Bertolt Brecht als neuen Namensgeber der Schule vor und begründete dies wie folgt: „Ein Künstler, ein Moralist, der der deutschen

8 Manfred Rohlffs: Hindenburg in der Diskussion – Versuch einer Wegweisung. In: Allmende, 4 (1968), S. 12.

9 Wilfried Huismann (Die Redaktion): Thema Umbenennung. In: Allmende, 1968, 4 (1968), S. 1.

Dichtung wieder weltweiten Ruhm verschaffte, der aber, und das ist das deprimierende, in diesem Teil seines Vaterlandes niemals die angemessene Würdigung fand."[10] Auch wenn die Redaktion der Schülerzeitung mit dem Namen Bertolt Brecht nicht durchdringen konnte, so war die Namensdebatte vollends entfacht, und die Namen zweier Oldenburger waren im Gespräch: der Pädagoge Johann Friedrich Herbart (1776–1841) und der Philosoph Karl Jaspers (1883–1969). Aber auch Theodor Heuss (1884–1963), Otto Hahn (1879–1968) wurden als mögliche Namensgeber genannt. Zugleich sprachen sich einige Lehrer, die das Fach Geschichte unterrichteten, für die Beibehaltung des Namens Hindenburgschule aus.

Heinrich Wöhrmann, Lehrer für Deutsch, Geschichte und Englisch, mahnte im Vorfeld, die Umbenennung nicht zum Thema der Schülerzeitung zu machen. Als sich dies nicht abwenden ließ, plädierte er vehement in der *Allmende*, den Namen Hindenburgschule zu belassen: „Als Deutscher empfinde ich es beschämend, dass gerade in den vergangenen Novembertagen, wo man sich in Paris, Bozen und anderswo mit vaterländischem Stolz und innerer Genugtuung der Zeit vor 50 Jahren erinnert, Lehrer- und Schülerschaft in ernsthaftem Meinungsstreit darüber diskutieren, ob der oberste Feldherr des 1. Weltkrieges, der die deutschen Heere vor 50 Jahren sicher in die Heimat zurückführte, bis zum Juli 1919 zu Oberbefehl behielt, Friedrich Ebert bei der Errichtung der Deutschen Weimarer Republik im Kampf gegen radikale Strömungen 1918 und 1919 wesentlich unterstützte und damals die Polen daran hinderte, deutsches Grenzland widerrechtlich an sich zu reißen, noch würdig ist, unserer Schule seinen Namen zu geben."[11]

In derselben Ausgabe von *Allmende* meldete sich der Geschichts- und Deutschlehrer Manfred Rohlffs, der zugleich die Schülerredaktion der Zeitung beriet, zu Wort. Indem er die kritische wissenschaftliche Literatur über Hindenburg zitierte, sprach er sich für eine Entmythologisierung des „großen Deutschen" aus und kritisierte, dass er die Behauptung, das deutsche Heer sei nicht auf dem Schlachtfelde geschlagen, sondern „von hinten erdolcht worden", öffentlich vertrat und damit eine folgenreiche Verfälschung der Tatsachen sanktionierte. Schließlich zeigte sich Rohlffs skeptisch, ob die Schule Hindenburgs Name weiterhin tragen sollte.[12]

Als dritter Lehrer schrieb Enno Meyer in der *Allmende* zu diesem Thema und ging auf den neuralgischen Punkt in der Biografie des damaligen Reichspräsidenten ein: die Berufung Hitlers zum Reichskanzler durch Hindenburg. Er meinte: „Aber hätte ein anderer an seiner Stelle 1933 anders handeln können? Wahrscheinlich ist es nicht. Hindenburg folgte dem Ruf, der Res Publica zu dienen, auf die Gefahr hin,

10 Huismann: Thema Umbenennung (wie Anm. 9).

11 Heinrich Wöhrmann: Umbenennung. In: Allmende, 4 (1968), S. 10.

12 Manfred Rohlffs: Hindenburg in der Diskussion – Versuch einer Wegweisung. In: Allmende, 4 (1968), S. 18.

diffamiert zu werden, sich zu irren und dem Verdikt der Nachwelt anheimzufallen. Das alles ist geschehen. Dennoch verdient seine Haltung unsere Achtung, denn nicht viele Menschen gibt es, die bereit sind, sich in Zeiten der Not selbstlos, mit ungewissem Erfolg für das Gemeinwohl einzusetzen."[13]

Bemerkenswert ist, dass sich Enno Meyer für die Beibehaltung des Namenspatrons Paul von Hindenburg aussprach und dafür dessen vermeintliche Tugenden „Redlichkeit, Treue und Vertrauen" anführte. Hier sprach wohl weniger der Historiker als vielmehr der Zeitzeuge Enno Meyer, der als politisch interessierter Abiturient 1933 die Machtübernahme erlebt und verfolgt hatte. Dennoch erstaunt Meyers Urteil über 30 Jahre danach, zumal bekannt war, dass Hindenburg und Ludendorff 1918 um den verlorenen Krieg wussten, die Verantwortung dafür aber bei dem auszuhandelnden Waffenstillstandsabkommen mit dem französischen Marschall Ferdinand Foch (1851–1929) nicht übernehmen mochten. Vielmehr schoben sie diese Verantwortung Männern wie Matthias Erzberger (1875–1921) zu. Er musste diese als „Novemberverbrecher" mit seinem Leben bezahlen, als er im August 1921 Opfer eines Attentats wurde.

Hindenburg lieferte Deutschland im Januar 1933 einem Politiker aus, vor dessen Diktaturgelüsten er im Sommer und Herbst 1932 noch gewarnt hatte. Er hatte weder Kraft noch Überzeugung, sich gegen seine Berater zu stellen, als diese sich aus Opportunismus für eine „Krisenlösung" mit Hitler einsetzten, mit verheerenden Folgen. Hindenburg, der zum Objekt seines eigenen Mythos geworden war, ließ die Machtergreifung geschehen und machte sich auf diese Weise mitschuldig an einer weltgeschichtlichen Katastrophe.[14]

1969 sprach sich eine Mehrheit der Gesamtschulkonferenz für den Namen „Otto-Hahn-Gymnasium" aus und setzte einen Ausschuss von acht Lehrern unter dem Vorsitz von Enno Meyer ein, um die Namensänderung inhaltlich und organisatorisch zu begleiten.[15] Der Schul- und Verwaltungsausschuss der Stadt Oldenburg jedoch lehnte diesen Antrag auf Umbenennung ab. Es sollte noch bis ins Jahr 1988 dauern, bis die Schule auf Grund einer Entscheidung des Stadtrates in „Herbartgymnasium" umbenannt wurde.[16]

---

13 Enno Meyer: Hindenburgschule? In: Allmende, 4 (1968), S. 19.

14 Heinrich August Winkler: Hindenburg, ein deutsches Verhängnis. In: Ders.: Auf ewig in Hitlers Schatten? Anmerkungen zur deutschen Geschichte. München 2007, S. 91f.; Wolfram Pyta: Hindenburg. Herrschaft zwischen Hohenzollern und Hitler. Berlin 2007, S. 758ff.

15 Ausschuss für Vorbereitung einer Namensänderung der Hindenburgschule, Schlussprotokoll. In: Allmende, April, 1 (1969), Ausschussmitglieder waren: Dr. Walter Baum, Günther Hagens, Dr. Enno Meyer, Rolf Pottebaum, Manfred Rohlffs, Joachim Tiemann und Dr. Heinrich Wöhrmann.

16 Hans-Jürgen Lorenz: Von der Höheren Bürgerschule zum Herbartgymnasium: Der Kampf der Bürger einer mittleren nicht-preußischen Landeshauptstadt für ein realistisches Bildungsinstitut und dessen Entwicklung in den Widersprüchen und Krisen der Zeit. Oldenburg 2000, S. 377.

Der forschende Lehrer

Nachdem 1972 nach Aufnahme diplomatischer Beziehungen zwischen der Bundesrepublik und Polen die Deutsch-Polnische Schulbuchkommission gegründet wurde, als deren *spiritus rector* Enno Meyer zu recht gilt, stellte sich schnell heraus, dass dieser der einzige Lehrer unter lauter Universitätsprofessoren war. Er erwähnte dies gelegentlich und nicht ohne Stolz, aber auch mit einem Anflug des Bedauerns, dass ihm nach 1945 eine universitäre Laufbahn verwehrt geblieben war.[17] Bei genauerem Hinsehen ermöglichte ihm der Lehrerberuf – frei von institutionellen Zwängen oder akademischem Neid – jene Unabhängigkeit, um seine Schulbuchthesen verfassen zu können; wobei er durch jahrelange Praxis wusste, woran es inhaltlich im Geschichtsunterricht mangelte.

Bemerkenswert bleibt das breite, über die polnische Geschichte hinausreichende Engagement, das er neben seinen Lehrerpflichten bewältigte. Um das Einkommen für seine sechsköpfige Familie aufzubessern und seiner ältesten Tochter Elisabeth das Studium zu ermöglichen, unterrichtete Enno Meyer ab 1968 auch am Oldenburger

4. Einige Titel von Enno Meyers publizierten Werken

17 Gespräch mit Rolf Pottebaum vom 20.7.2016.

Abendgymnasium. Die Situation entspannte sich etwas durch das 1971 eingeführte Bafög, das insbesondere seinen jüngeren Kindern, Martin, Borchard und Friederike, zugute kam. Erst im letzten Jahrzehnt seines Berufslebens stiegen die Bezüge für Gymnasiallehrer spürbar.

Dass ein aktiver Gymnasiallehrer wissenschaftlich tätig war und seine Forschungen publizierte, gehörte im 19. Jahrhundert und zum Teil noch in der *Weimarer Republik* durchaus zur Normalität des Wissenschafts- und des Schullebens. Insbesondere waren Lehrer an Gymnasien oft eher geneigt – und manchmal auch besser geeignet –, Wissenschaft populär zu machen und große Übersichten zu schreiben. Erinnert sei etwa an Bruno Gebhardt und sein 1891/92 erstmals erschienenes *Handbuch der Deutschen Geschichte*, das bis heute fortgeführt wird und zum unentbehrlichen Material für jeden Studierenden der Geschichte geworden ist.[18]

Dass sich Enno Meyer nach 1945 neben dem Schulunterricht der wissenschaftlichen Tätigkeit verschrieben hatte, gehört zu den großen Ausnahmen seiner Zeit, vor allem da seine Publikationen nicht Problemen der Erziehung oder des Unterrichts galten, sondern die deutsche, polnische, deutsch-jüdische und deutsch-armenische Geschichte zum Gegenstand hatten.[19] Mit Mut, Entschlossenheit und Einfühlungsvermögen hat Enno Meyer komplexe Sachverhalte in wohl recherchierte und zugleich knappe Darstellungen gegossen. Neben seinen wichtigen Impulsen für den Dialog zwischen (west)deutschen und polnischen Historikern ist es auch diese Leistung, die bleibt und der wir noch heute mit Respekt begegnen.

---

18 Vorwort von Gotthold Rhode. In: Enno Meyer: Das östliche Europa als pädagogisches und wissenschaftliches Anliegen. Dortmund 1988, S. VII.

19 Siehe das Publikationsverzeichnis von Enno Meyer in diesem Band.

Uwe Hoffmann und Burkhard Olschowsky*

Die Hindenburgschule – Erinnerungen von Schülern

Nach dem Zweiten Weltkrieg war Enno Meyer in den oldenburgischen Schuldienst eingetreten und unterrichtete seit 1947 an der Vereinigten Oberschule für Jungen in Wilhelmshaven Deutsch und Erdkunde. Den Geschichtsunterricht hatte die Britische Militärregierung bis 1949 nicht erlaubt. 1954 wechselte Enno Meyer nach Oldenburg, wo er bis 1979 an der Hindenburgschule unterrichtete. Auch wenn er neben seiner schulischen Arbeit mehrere Bücher verfasste und sich insbesondere für den deutsch-polnischen Schulbuchaustausch engagierte, tat er auch dies als überzeugter Lehrer, wohl wissend, dass verschiedene Schülergenerationen jeweils andere Erwartungen an die Bildung stellten. Das Berufsleben eines Lehrers brachte die Erfahrung mit sich, dass das Selbstverständnis und die politischen Erfahrungen der Schüler zu Beginn und gegen Ende seiner Berufstätigkeit angesichts der veränderten Lebenswelt erheblich voneinander abwichen.[1]

Im Folgenden soll ein kurzer Einblick in die schulische Situation der Nachkriegsjahrzehnte in Bezug auf den Wertewandel und der verschiedenen Schülergenerationen gegeben werden, ehe auf die Erinnerungen einzelner Schüler der Hindenburgschule an Enno Meyers Lehrertätigkeit eingegangen wird.

Schule und Wertewandel

Die lebensweltlichen Veränderungen der Bundesrepublik, welche mit den Schlagworten ‚Emanzipation', ‚Partizipation', ‚Transparenz' umrissen sind, werden auch häufig mit der Chiffre „1968" assoziiert.[2] Sie waren in eine längere Transformationsphase eingebettet, die Ende der 50er Jahre begann und 1973/74 endete. Nur bei einem breiten Blick auf die Phänomene des Wertewandels, der Kultur und der Zivilisation

* Der folgende Beitrag fußt auf den Erinnerungen des Zeitzeugen Uwe Hoffmann und den Recherchen und Interviews des Herausgebers dieses Bandes, Burkhard Olschowsky. Uwe Hoffmann machte 1961 Abitur an der Hindenburgschule, studierte später Jura und war Enno Meyer Zeit seines Lebens freundschaftlich verbunden. Die vom Herausgeber geführten Interviews und Zeitzeugengespräche folgten in der Regel standardisierten Fragen zu den generationellen und politischen Erfahrungen im Unterricht sowie generell dem Lehrer-Schüler-Verhältnis.

1 Vgl. Gabriele Metzler: Am Ende aller Krisen? Politisches Denken und Handeln in der Bundesrepublik der sechziger Jahre. In: Historische Zeitschrift, 275 (2002), S. 57–103, hier S. 103.

2 Norbert Frei: 1968. Jugendrevolte und globaler Protest. Bonn 2008, S. 227f.

wird dies verständlich. Dieser Prozess hatte seine ökonomischen Voraussetzungen in der sich schrittweise durchsetzenden Konsumgesellschaft. Sie schuf durch Wohlstand und zunehmende Freizeit Freiräume für individuelle Entfaltung, in denen sich Gegenkulturen in Mehrheitskulturen verwandeln konnten. Die 60er Jahre standen zum einen für eine Abkehr von konservativen Askesekonzepten, die das Leben auf Entsagung und Pflichterfüllung fokussierten, und beförderten die Hinwendung zu hedonistischen Lebensstilen der Freizeit und Muße.[3] Zum anderen standen sie für eine Abkehr vom „Konsensjournalismus" der 50er Jahre hin zur medialen „Zeitkritik" der 60er Jahre. In der frühen Phase der Bundesrepublik waren die Redaktionen der Zeitschriften, Fernseh- und Radioprogramme tendenziell auf die einvernehmliche Zusammenarbeit mit den politischen Autoritäten orientiert. In den 60er Jahren setzte eine kritische Berichterstattung über die Regierung ein und damit eine offene Austragung von Konflikten und eine offensive Werbung für Pluralismus.[4]

Auch an der Oldenburger Hindenburgschule bekam man die Bildungsexpansion der 60er Jahren zu spüren, mit dem Anstieg der Gymnasiastenzahlen ging ein Mentalitätswandel einher. Die weiterführende Bildung wurde nunmehr für breite Bevölkerungskreise möglich und auch erstrebenswert. An die Stelle eines einzigen, in seiner sozialen Basis sehr eingeschränkten Bildungsideals trat sukzessive ein Pluralismus von Vorstellungen, wie er der sozial breiteren Rekrutierung der Schülerschaft entsprach.[5]

Die Generation, die Ende der 50er und Anfang der 60er Jahre das Abitur ablegte, stellte die politischen und sozialen Gegebenheiten in der Regel nicht infrage. Im Zentrum ihres politischen Interesses standen anders als bei späteren Schülergenerationen die gesamtdeutsche Situation und der Mauerbau im August 1961, wodurch die deutsche Teilung manifest geworden war. Dies zeigte sich auch in der Rubrik „Ostspiegel" der Jahre 1961 bis 1964 in der Schulzeitung der Hindenburgschule *Allmende*.[6]

---

3 Christina von Hodenberg, Detlef Siegfried: Reform und Revolte. 1968 und die langen sechziger Jahre in der Geschichte der Bundesrepublik. In: Dies. (Hg.): Wo „1968" liegt. Reform und Revolte in der Geschichte der Bundesrepublik. Göttingen 2006, S. 7–14; Axel Schildt: Materieller Wohlstand – pragmatische Politik – kulturelle Umbrüche. Die 60er Jahre in der Bundesrepublik. In: Axel Schildt, Detlef Siegfried, Karl Christian Lammers (Hg.): Dynamische Zeiten. Die 60er Jahre in den beiden deutschen Gesellschaften. Hamburg 2000, S. 21–53, hier S. 24–36.

4 Christina von Hodenberg: Der Kampf um die Rdaktionen. „1968" und der Wandel der westdeutschen Massenmedien. In: Siegfried, Hodenberg (Hg.): Wo „1968" liegt (wie Anm. 3), S. 139–163.

5 Heiner Meulemann: Bildungsexpansion und Wandel der Bildungsvorstellungen zwischen 1958 und 1979: Eine Kohortenanalyse. In: Zeitschrift für Soziologie, Vol. 11, 3 (1982), S. 227–253, hier S. 228, 251.

6 Gedanken zum 17. Juni; Uwe Eickhoff: Ein wirkungsvolles Bild. Beide Artikel in: Allmende, Juli, 5 (1956); Im ‚anderen' Deutschland. Unsere Klasse 13m (Oberprima) besuchte die Sowjetzone. In: Allmende, Jg. 6, 3 (1957); Jürgen Schmidt: Unterm Brandenburger Tor; Erhard Deegener: Erlebnisse jenseits der „Grenze". Beide in: Allmende, Jg. 8, 4 (1959); Heyo Prahm: Fünfgeteiltes Deutschland. In: Allmende, Jg. 9, 3 (1960).

In ihrem Verhalten folgten die Gymnasiasten zumeist den bürgerlichen Konventionen. Ihre politischen Ansichten waren zumeist konservativ geprägt, wodurch Konflikte mit den Eltern selten grundsätzliche Formen annahmen. Ab Ende der 60er Jahre änderte sich dies allmählich. Die Schüler höherer Klassen, besonders, wenn sie ein Universitätsstudium anstrebten, legten andere Sichtweisen an den Tag, sie begannen bestehende gesellschaftliche Strukturen kritisch zu hinterfragen. Sofern die Elterngeneration diesen Einstellungswandel nicht nachvollziehen konnte und folglich nicht teilte, folgte daraus nicht selten eine Kluft zwischen Jugendlichen und Eltern, vor allem bei den besser Gebildeten.[7] Parteipolitisch schlug sich diese Entwicklung Anfang der 70er Jahre in einer deutlichen Präferenz für die SPD unter Willy Brandt und die FDP unter Walter Scheel nieder.[8]

Diese Entwicklung fand auch ihren Niederschlag in den Artikeln der *Allmende*, umso mehr, als sie sich ab 1968 von einer Schulzeitung zu einer reinen Schülerzeitung wandelte. Fortan spielten Fragen der Bildung, Gerechtigkeit und „Dritten Welt" eine wichtige Rolle neben pointierten Darstellungen politischer Sachverhalte und kritischen Kommentaren zu schulischen Fragen und zu einzelnen Lehrern.

Unterschiedliche Herkunft

Oldenburg hatte nach 1945 etwa 43.000 Flüchtlinge und Vertriebene aufgenommen, was sich auf den Alltag in den städtischen Schulen Oldenburgs, so auch auf die Hindenburgschule, auswirkte, wo in den 50er Jahren etwa ein Drittel der Schüler noch jenseits von Oder und Neiße geboren worden war oder einen familiären DDR-Hintergrund hatte.[9] Einer von ihnen, der Niederschlesier Volker Ronge, der 1962 das Abitur an der Hindenburgschule ablegte, später Politikwissenschaftler und Soziologe wurde, spricht von dreifachen Fremdheitserfahrungen. Zum einen wussten die Schüler, die in den 50er und frühen 60er Jahren die Hindenburgschule besuchten, in der Regel sehr genau, woher der Einzelne kam. Obgleich dies im Laufe der 50er Jahre im Schulalltag keine Rolle mehr gespielt hatte, konnte Ronges Klassenkamerad Rainer Jüttner aufgrund seines schlesischen Idioms den Spitznamen „Flichtling" erhalten. Zum zweiten bildete die andere Konfession, das Katholisch-Sein, ein Unterscheidungsmerkmal und auch eine gewisse Barriere. Zum dritten lebten die

7 M. Kent Jennings, Rolf Jansen: Die Jugendlichen in der DDR und der Bundesrepublik: Der Wunsch nach Veränderung und Meinungsvielfalt in der Politik – Der Einfluss von Sozialstruktur und Familie. In: Politische Vierteljahresschrift, 17, 3 (1976), S. 317–343, hier S. 334.

8 Jennings, Jansen: Die Jugendlichen in der DDR und der Bundesrepublik (wie Anm. 7), S. 339.

9 Ludwig Freisel: Auf der Suche nach den „Ostlehrern". Impulse für Schule und Wissenschaft. In: Hans-Ulrich Minke, Joachim Kuropka, Horst Milde (Hg.): „Fern vom Paradies, aber voller Hoffnung". Vertriebene werden neue Bürger im Oldenburger Land. Oldenburg 2009, S. 287–299, hier S. 288.

Schüler mit „ostdeutscher“ Herkunft in anderen Vierteln Oldenburgs, vor allem in Kreyenbrück, in Dietrichsfeld oder Ohmstede, wodurch sie andere Schulwege hatten und ihre Freizeit weniger mit den einheimischen Mitschülern verbrachten, die in bzw. nahe der Oldenburger Innenstadt wohnten.[10] Diese „segmentierende Strukturierung“, so Ronge, gehörte zu den Gründen der Ablehnung, die den Flüchtlingen allein schon infolge der Einquartierungen bei nicht wenigen Oldenburgern entgegenschlug. Der Oldenburger Wolf-Dieter Bönecke, der mit Volker Ronge in eine Klasse ging, erwähnte, dass seine Eltern die „lästigen Eindringlinge“, die auch im Hause seiner Eltern einquartiert worden waren, abschätzig das „Pack“ nannten und ihm verboten, mit den Kindern der Hinzugezogenen zu spielen.[11]

Angst – Respekt – Bescheidenheit

1. Der Deutschlehrer Eugen Rüther, Direktor der Oberrealschule / Hindenburgschule 1934–1945

An der Hindenburgschule, die ein reines Jungengymnasium war, unterrichteten in den 50er Jahren vornehmlich ältere Männer, die ihre Lehrmethoden entweder in preußischer oder nationalsozialistischer Zeit entwickelt hatten. Schuldirektor während der NS-Zeit war Meyers Kollege im Fach Deutsch, Eugen Rüther (1892–1962). Auf sein Betreiben wurde die Oberrealschule 1938 in Hindenburgschule umbenannt. Der neue Name entsprach der Verehrung der Oldenburger für Hindenburg und Rüthers politischer Herkunft in „Stahlhelm“ und der DNVP.[12]

Zu der von ihm im Deutsch-Unterricht unkritisch weiter behandelten Literatur gehörte u.a. die völkisch-nationalistische Novelle *Wanderer zwischen beiden Welten* von Walter Flex. Charakteristisch ist, dass Eugen Rüther im

10 Information von Volker Ronge vom 23.6.2017, der 1962 das Abitur ablegte. Volker Ronge ist emeritierter Professor für Soziologie. Sein Vater, Dr. Walter Ronge, war zeitgleich mit Enno Meyer Lehrer für Deutsch und Sport an der Hindenburgschule.

11 Information von Wolf-Dieter Bönecke vom 24.6.2017, der 1962 das Abitur ablegte; vgl. Andreas von Seggern: „da haben sie gedacht, wir sind alle ‚Polacken‘“. Zur Aufnahme und Integration von Vertriebenen und Flüchtlingen in der Stadt Oldenburg. In: Minke, Kuropka, Milde (Hg.): „Fern vom Paradies, aber voller Hoffnung“ (wie Anm. 9), S. 119–128, hier S. 121f., 127f.

12 Ulrich Klügel: Das Studienseminar Oldenburg 1892–1983: Der lange Weg zur Professionalisierung der Lehrerausbildung an höheren Schulen. Bad Heilbrunn 2016, S. 185.

Herbst 1948 infolge seines Einspruchs die Entnazifizierung gelang und er ab 1952 als Oberstudienrat (nicht mehr Studiendirektor) an der Hindenburgschule bis zu seinem Tode 1962 tätig sein konnte.[13] Dieter Goertz erinnert sich, wie Eugen Rüther ihm nach einem Austauschjahr in den USA 1958/59 einen Deutschaufsatz mit den Worten zurückgab: „Goertz, Sie haben von ihrer deutschen Logik verloren!"[14]

Das Gros des Lehrkörpers hatte den Ersten und/oder den Zweiten Weltkrieg erlebt. ‚Sekundärtugenden' wie Pflicht und Gehorsam wurden kaum hinterfragt, mehr noch, sie wurden an den Schulen vorausgesetzt. Deformationen bei Schülern, aber wohl noch mehr bei den Lehrern blieben nicht aus. Dieter Vogt, der 1963 das Abitur an der Hindenburgschule ablegte, beschreibt die Beziehung zu den Lehrern als von Angst und Respekt geprägt.[15] Gerade jüngere Schüler litten unter der erniedrigenden Strenge, der sie bei einigen Lehrern ausgesetzt waren. Versäumnisse wurden häufig mit Straf-Hausarbeiten geahndet. Auf körperliche Handikaps wurde im Sport keinerlei Rücksicht genommen. Was zählte, war Härte und Unterordnung.[16]

Einige Lehrer wie den Lateinlehrer schien es zu befriedigen, Schüler zu demütigen. Mangelte es z.B. an Vokabelkenntnissen, wurde der betreffende Schüler beschimpft. Wenn er daraufhin in Tränen ausbrach, konnte es passieren, dass er den verängstigten Pennäler mit folgenden Worten anbrüllte: „Du Heulsuse, Du gehörst aufs Lyzeum (Mädchenschule). Ein Junge weint nicht. Du erbärmliches Würstchen, Du Sklave Deiner Faulheit, nimm Deine Sachen und setz Dich nach hinten (da war eine leere Bank) auf den Misthaufen."[17] Auf die Fürsprache der Eltern konnten die Betroffenen kaum rechnen. Das Ansehen der Lehrer war ungleich höher als in den folgenden Jahrzehnten, zudem galt es als Privileg, auf weiterführende Schulen gehen zu dürfen, wofür bis Mitte der 50er Jahre zudem noch Schulgeld zu entrichten war.

Wenn der Unterrichtstag von mehreren derartigen ‚Zuchtmeistern' bestritten wurde, waren dies regelrechte ‚Gruselstunden' für die Schüler. Wohltuend anders nahm sich dagegen der Unterricht von Enno Meyer aus, den die Schüler aufgrund seines enormen Wissens und seiner ruhigen Art, die keiner Unterordnungsrituale bedurfte, respektierten. Allerdings konnte Enno Meyer bei jenen Schülern, die er nur kurze Zeit unterrichtete und die ihn folglich nicht so genau kennenlernten, ein ambivalentes Gefühl auslösen. Er galt als unnahbar, etwas steif und in seinem Unterrichtsstil konventionell.[18]

13 Klügel: Das Studienseminar (wie Anm. 12) S. 187.

14 Information von Dieter Goertz vom 14.4.2018.

15 Gespräch mit Dieter Vogt vom 19.1.2018.

16 Dieter Vogt: Von Altmoorhausen bis Ofen. Geschichten aus Oldenburg und umzu. Edewecht 1991, S. 32–35.

17 Vogt: Von Altmoorhausen bis Ofen (wie Anm. 16), S. 39.

18 Hier besonders die Information von Uwe Hoffmann.

Alle Befragten betonten einhellig seine hohe Fachkenntnis sowie die ihm eigene Bescheidenheit. Detlef Ehrig, der 1974 das Abitur ablegte, erinnert sich ebenfalls an den unaufgeregten und sachlichen Stil Enno Meyers im Umgang mit (potentiellen) Konflikten. Initiativen von Schülerseite – vor allem, wenn es um die fachliche Arbeit ging – nahm er wohlwollend auf.[19]

Für seine Bescheidenheit sprach, dass er keinen Wert darauf legte mit ‚Herr Dr.' oder ‚Herr Oberstudienrat' angeredet zu werden. Dazu bemerkte er lediglich: „Man hat den Doktor oder hat ihn nicht – führt ihn aber nicht im Munde!"[20] Seine Anspruchslosigkeit in der finanziell angespannten Situation in den 50er und 60er Jahren, als er als Alleinverdiener eine sechsköpfige Familie unterhalten musste, zeigte sich unter anderem darin, dass er stets das gleiche Jackett im Unterricht trug. Seine Klasse, die 1961 das Abitur ablegte, dachte ernsthaft darüber nach, ihm ein neues zu kaufen.[21] Schüler, die ihn längere Zeit als Klassenlehrer hatten, lernten auch andere Seiten von Enno Meyer kennen.

Distanz und Nähe

1958, zu Beginn der 11. Klasse stellte Uwe Hoffmann wie auch seine Klassenkameraden mit Verwunderung fest, dass Enno Meyer sie plötzlich mit „Sie" anredete. Als sie darum baten, weiterhin mit dem vertrauten Vornamen und mit „Du" angesprochen zu werden, antwortete er: „Sie haben nicht nur Pflichten – Sie haben auch Rechte – geschriebene und ungeschriebene. Von jetzt an haben sie den Anspruch, mit ‚Sie' angeredet zu werden."[22]

Enno Meyer kannte keine ‚Lieblinge' – weder bevorzugte noch benachteiligte er einen seiner Schüler. Obgleich er im Allgemeinen eine Distanz zu den Schülern wahrte, lernten diese ihn insbesondere auf Klassenfahrten besser kennen, ohne dass er Vertrauensseligkeit zuließ. Anders als manch anderer Lehrer der Kriegsgeneration legte Meyer keinen Wert auf ein ‚Über- oder Unterordnungsverhältnis'. Es war eine von gegenseitigem Respekt und Achtung getragene Beziehung, die dann wachsen konnte, wenn sich den Schülern – wie es Uwe Hoffmann nach eigener Aussage erging – neben der fachlichen Kompetenz auch die menschlichen Qualitäten ihres Lehrers erschlossen.[23]

Auch in den 70er Jahren, als politische Themen die Schüler stärker bewegten und sie gegenüber den Lehrern kritischer und fordernder auftraten, gelang es Enno

19 Interview mit Detlef Ehrig vom 24.4.2017.
20 Information von Uwe Hoffmann vom 20.9.2015.
21 Information von Uwe Hoffmann vom 20.9.2015.
22 Information von Uwe Hoffmann vom 20.9.2015.
23 Information von Uwe Hoffmann vom 20.9.2015.

2. Auf Klassenfahrt im Harz 1956 (Enno Meyer in der ersten Reihe rechts)

Meyer mit seiner Art des Unterrichts eine Blockade zu vermeiden. Er hob sich ab von den ‚Haudegen' der älteren und mittleren Lehrergeneration. So mancher Schüler empfindet in der Retrospektive noch heute den „Umgang" mit dem Lehrer Enno Meyer wegen dessen „Menschlichkeit" als wohltuend.[24]

Klassenfahrten

Auf Klassenfahrten und Ausflügen zeigte sich Enno Meyer von einer anderen Seite, wie sich Uwe Hoffmann detailliert erinnert. Einen Ausflug in die Umgebung Oldenburgs nahm er zum Anlass, die Schüler seiner Klasse zu fragen, „ob sie Interesse daran hätten, zu Beginn der Ferien ‚nicht schon auseinander zu gehen, sondern ein Bier miteinander zu trinken?' Auf dem Ausflug kehrten wir in einem Gartenlokal

24 Interview mit Detlef Ehrig vom 24.4.2017.

3. Vor dem Abschluss des Schuljahres mit seiner Klasse in einer Kneipe im Sommer 1959

ein. Wie es sich schickte, wurde der Lehrer von der Bedienung zuerst gefragt, was er trinken möchte. ‚Ein Glas Milch!' Wir schauten uns an und bestellten alle ein Bier! Enno Meyer verzog keine Miene – trank seelenruhig seine Milch aus."[25]

Die Reaktion darauf war dann die Einladung in eine Kneipe. Vollzählig erschien die Klasse. Zu Beginn machte er mit ein paar Regeln bekannt, die „auf einer Kneipe" – er war Burschenschaftler[26] – zu beachten seien: „Man unterhält sich nicht über den Tisch – nur mit seinem Nachbarn zur Rechten und zur Linken. Wenn einem zugetrunken wurde, erwidert man den Zutrunk nach einiger Zeit. Zumindest in der ersten Stunde bleibt man auf seinem Platz sitzen. Umherlaufen ist nicht erwünscht. Überhaupt: jegliches laute Lärmen und Schreien hat zu unterbleiben." „Daraufhin fragte unser Klassensprecher Jürgen Schwartz: ‚Herr Meyer, dürfen wir wenigstens trinken?', seine Antwort lautete: ‚Schwartz, saufen müssen Sie'."[27]

Bekenntnisse

Ab der 11. Klasse war der Religionsunterricht in den 50er Jahren freiwillig. Wie ein Teilnehmer berichtet, wies Enno Meyer auf die freiwillige Teilnahme hin. Dann fuhr er fort: „Da wir in einem vom Christentum geprägten Land leben, erwarte ich,

25 Information von Uwe Hoffmann vom 20.9.2015.
26 Enno Meyer war Mitglied der in München ansässigen Burschenschaft Rhenania.
27 Information von Uwe Hoffmann vom 20.9.2015.

dass Sie sich dessen bewusst sind und gehe davon aus, dass Sie freiwillig am Religionsunterricht teilnehmen."[28] Alle Schüler folgten seinen Worten.

Zum Lehrinhalt des Deutschunterrichts gehörte neben Schillers Gedichten *Lied von der Glocke, Die Bürgschaft* oder *Der Gang nach dem Eisenhammer*, die auswendig gelernt werden mussten, auch *Das Lied der Deutschen* von Hoffmann von Fallersleben. Seit 1952 wurde bei staatlichen Veranstaltungen nur die dritte Strophe gesungen.[29] Enno Meyer ließ die Schüler alle drei Strophen lernen. Seine Begründung: „Auch wenn nur die dritte Strophe bei offiziellen Anlässen gesungen wird, sind alle Strophen Teil der Nationalhymne der Bundesrepublik!".[30] Schließlich sei unter den Nationalsozialisten nur die erste Strophe gesungen worden – anschließend das von ihnen favorisierte Horst-Wessel-Lied. Enno Meyer meinte: „Durch die Handhabung der Nationalsozialisten kann das Lied nicht in Misskredit geraten. Stellen Sie es immer in den Kontext seiner Entstehungsgeschichte. Damals war ‚Das Land der Deutschen' größer. Hoffmann von Fallersleben hat mit der Formulierung ‚über alles in der Welt' zum Ausdruck bringen wollen, dass es ein Deutschland zum Zeitpunkt der Entstehung 1841 noch gar nicht gegeben [hat]." Die Aussage sei als Ausdruck des Heimatgefühls gegenüber dem im 19. Jahrhundert territorial zersplitterten Vaterland zu verstehen.[31]

4. Enno Meyer im Geschichtsunterricht Ende der 50er Jahre

Diese Erklärung Enno Meyers entsprach sowohl seiner wertkonservativen Überzeugung als auch einem freiheitlich konnotierten Nationalgefühl. Erst die Kenntnis des Strebens nach einem geeinten Deutschland im 19. Jahrhundert

28 Information von Uwe Hoffmann vom 20.9.2015.

29 Bundespräsident Heuss gab 1952 dem Drängen des Bundeskabinetts nach, die dritte Strophe zur Nationalhymne zu machen; am 6. Mai 1952 im Bulletin des Bundespresseamtes veröffentlicht. Nach der deutschen Wiedervereinigung erklärte Bundespräsident Richard von Weizsäcker in einem Brief an Bundeskanzler Helmut Kohl am 19. August 1991 ausschließlich die dritte Strophe des Deutschlandliedes zur offiziellen Nationalhymne; Kohl stimmte dem in seinem Antwortschreiben vom 23. August zu.

30 Information von Uwe Hoffmann vom 20.9.2015.

31 Information von Uwe Hoffmann vom 20.9.2015.

helfe, so Meyer, den Missbrauch des Liedes im Nationalsozialismus zu erkennen. Dass der Text von Hoffmann von Fallersleben auch jene Deutschen ansprach, die an den Rändern des deutschen Sprachraums wohnten, korrespondierte mit Meyers bereits in seiner Gymnasialzeit geweckten Interesse für das „Auslandsdeutschtum".

Anforderungen im Unterricht

Die befragten Schüler verschiedener Generationen bescheinigen Enno Meyer ausnahmslos einen von großem Wissensfundus getragenen Unterricht in den Fächern Geschichte, Literatur und Geografie. Davon zeugen nicht nur die Art seines Unterrichts, sondern auch seine vielen Publikationen – für einen bundesdeutschen Gymnasiallehrer gewiss eine Ausnahme.

Er benotete – wie in den 50er und 60er Jahren üblich – die präzise Wiedergabe dessen, was er zuvor vermittelt hatte. Dann konnte er gute und auch beste Noten geben. Über seine Bewertungskriterien, insbesondere im Literaturunterricht, gehen die Meinungen seiner ehemaligen Schüler auseinander. Einer vom Abiturjahrgang 1961 bedauerte, dass er von Enno Meyer damals seinen Aufsatz zurückbekam mit dem Hinweis: „Später können Sie schreiben wie Sie wollen – jetzt verlange ich, dass Sie so schreiben, wie ich es will."[32] Eine personenbezogene Art des Lernens und die Förderung individueller Fähigkeiten bei der Verarbeitung und Darstellung des Unterrichtsstoffes waren in den 50er Jahren für die allermeisten Gymnasien außerhalb des Vorstellbaren. Der Zeitgeist war nicht danach. Zwei Jahrzehnte später erwarteten die Schüler nicht nur einen anderen literarischen Stoff, sondern auch andere Zugänge zu den Texten. Trotz seiner deutschnationalen Prägung ging Meyer literarisch mit der Zeit und war offen für jüngere Autoren und solche eines anderen, modernen Literaturkanons. Er war zudem bemüht, den Unterricht methodisch moderner zu gestalten, am Frontalunterricht hielt er jedoch fest. Neue Unterrichtsformen waren ihm eher suspekt.[33]

Abiturienten des Jahrgangs 1974 ist in Erinnerung geblieben, wie sie durch Enno Meyer an Literatur herangeführt wurden. Er prägte Lesegewohnheiten der Schüler und stimulierte deren Interesse an deutscher und internationaler Literatur nachhaltig.[34] Haften geblieben sind ihnen: Hermann Hesses *Steppenwolf*, Ulrich Plenzdorfs *Die neuen Leiden des jungen W.* oder Bertolt Brechts *Mutter Courage*. Sie schätzten zudem, dass er auch Autoren, die für junge Leser ‚Kult' waren, wie J.D. Salinger oder Jack Keroauc von der Beat-Generation behandelte. Noch vor der Pensionie-

32 Information von Uwe Hoffmann vom 20.9.2015.

33 Gespräch mit Jörg Witte vom 31.5.2016.

34 Interview mit Detlef Ehrig vom 24.4.2017.

rung erschloss er sich neuere Literatur und wusste seine Schüler, insbesondere Detlef Ehrig und Jörg Witte, die beide später Lehrer wurden, durch sein authentisches Interesse an älteren wie neuen Werken zu überzeugen.[35]

Beschäftigung mit dem Nationalsozialismus

Gemessen an dem allgemeinen Schulunterricht der späten 50er Jahre wurde die Zeit der Weimarer Republik und des Nationalsozialismus im Geschichtsunterricht an der Hindenburgschule intensiv behandelt. Was auch an dem Interesse einiger Lehrer lag, die in Ermangelung brauchbarer Schulbücher anfänglich selbständig nach geeignetem Quellenmaterial für den Unterricht suchten. Neben Enno Meyer ist hier sein jüngerer Kollege Werner Broll zu nennen. Im Vordergrund stand das Vermitteln von Fakten, ohne den Verbrechen des Nationalsozialismus dabei besonders viel Raum zu geben.

Meyer versuchte, die Schüler für die jüdische Geschichte und Geschicke der Juden ihrer Heimatstadt einschließlich deren Emigration, Deportation und Vernichtung zu sensibilisieren. Mancher vom Abiturjahrgang 1962 bekam auf diese Weise einen Impuls, sich mit der Judenverfolgung zu beschäftigen. Das 1950 auf Deutsch erschienene *Tagebuch der Anne Frank* hinterließ nachhaltigen Eindruck, insbesondere bei Wolf-Dieter Bönecke, der 1959 als einer der ersten Austauschschüler nach Palm Springs/Kalifornien in die USA ging. Dort lebte er bei einer Familie und erfuhr, dass es in deren Umfeld wie auch an der High School viele jüdische Mitbürger gab. Wolf-Dieter Bönecke war unsicher, wie diese auf ihn als deutschen Austauschschüler reagieren würden. Die dann folgenden Begegnungen verliefen zu seiner großen Erleichterung ohne Vorbehalte, ja wurden für den 17-jährigen Schüler zu einer unverhofften Bereicherung. Es ergaben sich gute Gespräche mit jüdischen Mitschülern, die ihn in ihre Familien einluden, wo er von ihren Eltern, die teilweise Familienmitglieder durch den Holocaust verloren hatten, in ähnlich offener Weise aufgenommen wurde.[36]

Zwei Jahrzehnte später gehörte die Beschäftigung mit dem Nationalsozialismus zum Kernbestand bundesdeutschen Geschichtsunterrichts. Über den Unterricht hinaus machte Meyer nun seine Schüler mit Filmen über die Vernichtung der Juden vertraut. Diese Filmvorführungen fanden in der Oldenburger Kultureinrichtung „Brücke der Nationen“ statt und machten die Schüler mit den an den europäischen Juden verübten Verbrechen bekannt, noch bevor die US-amerikanische Serie „Holocaust“ 1979 im westdeutschen Fernsehen ausgestrahlt wurde, die eine breite, bis heute anhaltende Aufmerksamkeit nach sich zog.[37]

35 Gespräch mit Jörg Witte vom 31.5.2016.

36 Gespräch mit Wolf-Dieter Bönecke vom 24.6.2017.

37 Interview mit Detlef Ehrig vom 24.4.2017.

Die Stärken des Lehrers Enno Meyer lagen auch im Geografieunterricht. So streute er geografische Quiz in seinen Unterricht ein und erläuterte die Herkunft von Ortsnamen. Auf Klassenfahrten ins Ausland war er ein kundiger Reiseleiter, wie auf jener nach Paris, die er mit dem Besuch einer Moschee verband, wodurch er den Schülern Einblicke in einen bislang fremden Kulturkreis verschaffte.[38]

Meyers Engagement für die deutsch-polnische Beziehungsgeschichte blieb den Schülern – wie auch einem Teil der Lehrer – lange Zeit verborgen. Das änderte sich ab 1972, als im Rahmen der UNESCO die Deutsch-Polnische Schulbuchkommission gegründet wurde, die alternierend in der Bundesrepublik und in Polen zusammenkam. Um an deren Treffen teilnehmen zu können, wurde er vom Unterricht freigestellt. Bei diesen Gelegenheiten informierte er die betroffenen Schüler – freilich ohne sein Engagement groß auszuführen oder gar hervorzuheben.[39]

Großen Wert legte Meyer im Unterricht auf den richtigen Gebrauch historischer Termini. Als in einer Stunde der Ausdruck „Die Nazis“ fiel, wurde er unwillig! Er belehrte die Schüler: „Wissenschaftlich korrekt heißt es immer noch: die Nationalsozialisten! Sie sprechen auch von den Sozialdemokraten, nicht den Sozis.“ Genauigkeit im Zitieren, beim Schildern von Sachverhalten, bei Bildbeschreibungen in Aufsätzen – das verlangte er.[40]

Der Ost-West-Konflikt

Die Beschäftigung mit der Teilung Deutschlands nahm im Geschichts-, im Geografieunterricht und ab 1960 in dem neu geschaffenen Fach Gemeinschaftskunde einen breiten Raum ein. Die Umstände des Baus der Berliner Mauer 1961, seine innen- und außenpolitischen Folgen wurden im Unterricht und insbesondere in der Schulzeitung *Allmende* ausführlich erörtert. Auch die Chancen einer Wiedervereinigung wurden diskutiert, zumal es in den Vorjahren immer noch Klassenfahrten nach Berlin gab, bei denen Begegnungen mit Jugendlichen aus der DDR noch möglich waren.

An zwei Punkte der Positionen Enno Meyers zur deutschen Frage erinnert sich Uwe Hoffmann: Erstens, im Geschichtsunterricht betonte er, dass es eine große Leistung des deutschen Volkes sei, die vielen Flüchtlinge und Vertriebenen, die nach dem Krieg in die Bundesrepublik und in die DDR gekommen waren, zu integrieren. Dann verwies er auf die Situation in Palästina und Jordanien und führte aus, dass das Wegsperren in Lagern, ohne Integration in die aufnehmende Gesellschaft,

38 Gespräch mit Jörg Witte vom 31.5.2016; Interview mit Detlef Ehrig vom 24.4.2017.
39 Gespräch mit Jörg Witte vom 31.5.2016; Interview mit Detlef Ehrig vom 24.4.2017.
40 Information von Uwe Hoffmann vom 20.9.2015.

zu unhaltbaren Zuständen und dauernden Spannungen führen würde, die sich irgendwann entladen könnten. Womit er Recht behalten sollte.

Zweitens besaß er Kenntnisse der osteuropäischen Geschichte und genug Lebenserfahrung um zu erkennen: „Wenn es einmal zu einer Wiedervereinigung kommen sollte, dann liegt der Schlüssel dazu in Moskau. Nur wenn sich die Verhältnisse in der Sowjetunion ändern, dann kann sich auch etwas in Deutschland – im Hinblick auf die Wiedervereinigung – ändern“. Das Zäsurjahr 1989/90 zu erleben, hat ihm sicherlich Genugtuung bereitet.[41]

Ratschläge fürs Leben

Nach dem schriftlichen Abitur – in einer der noch verbliebenen Stunden vor der mündlichen Prüfung – gab er seiner Abiturklasse des Jahrgangs 1961 drei Ratschläge mit auf den weiteren Lebensweg:

„1. Suchen Sie Freunde – wenn Sie jetzt zum Studium, zur Lehre, zur Ausbildung in das sogenannte ‚Leben‘ hinausgehen, das ist die letzte Möglichkeit. Später haben Sie nur noch Konkurrenten, Mitbewerber, gar Neider um sich!

2. Suchen Sie die richtige Frau, um sich einander anvertrauen und sich aufeinander verlassen zu können. Ein Partner kann den anderen herunterziehen – er kann ihn aber auch beflügeln.

3. Schätzen Sie sich richtig ein – überschätzen Sie sich nicht.“[42]

Ratschläge für den weiteren Lebensweg wurden in den 50er und frühen 60er Jahren aus dem pädagogischen Impetus heraus erteilt, die Schüler vor den „Gefahren eines blinden Verlangens nach Idealen“ zu bewahren.[43] Auch Enno Meyer war diese Haltung nicht gänzlich fremd. Jedoch ging er wohl weniger als andere Lehrerkollegen davon aus, dass Abiturienten per se unreif seien und einer Orientierung bedurften. Ihm lag vor allem daran, dass die Schüler mit umfassender geisteswissenschaftlicher Bildung und politisch-historischem Sachverstand die Schule verließen, wobei sie sich ihres kritischen Sachverstands und ihrer Auffassungsgabe bedienen sollten. Die oben genannten Ratschläge hatten etwas Allgemeingültiges und Lebenspraktisches und waren frei von Bevormundung oder gar Indoktrination.

41 Information von Uwe Hoffmann vom 20.9.2015.

42 Information von Uwe Hoffmann vom 20.9.2015.

43 Vgl. Torsten Gass-Bolm: Revolution im Klassenzimmer? Die Schülerbewegung 1967–1970 und der Wandel der deutschen Schule. In: Hodenberg, Siegfried (Hg.): Wo „1968“ liegt (wie Anm. 3), S. 113–138, hier S. 118f.

Schlussbetrachtungen

Bei den zitierten Schüleräußerungen handelt es sich um Momentaufnahmen, von denen angenommen werden kann, dass ihr Repräsentanz zukommt.[44] Das positive Bild seiner Persönlichkeit, das die ehemaligen Schüler zeichnen, ergibt sich nicht zuletzt aus dem Unterschied zu jenen Lehrern, deren Unterricht auf Gehorsam und Unterordnung beruhte. Gelegentlich deuteten seine Schüler an, dass Enno Meyer über die Köpfe der Schüler hinweg dozierte und es ihm an didaktischer Reduktion mangelte.[45] Hierbei dürfte er sich nicht grundsätzlich von seinen älteren Lehrerkollegen vor allem in den 50er und 60er Jahren unterschieden haben.

Was die Schüler – insbesondere jene, die ihn besser kennenlernten – offenbar für ihn einnahm, war seine Berechenbarkeit, seine freundliche Zurückgenommenheit und auch seine Fähigkeit, den Unterricht über die Jahre thematisch zu aktualisieren. Er suchte aufklärerisch zu wirken, ohne im Unterrichtsstil oder gar in den Umgangsformen mit der Zeit zu gehen. Das Engagement für ‚seine' Hindenburgschule und das bleibende Interesse an den Schülern war und ist nicht selbstverständlich für jemanden, der wie Enno Meyer in seiner freien Zeit etliche Bücher verfasste und auf anderen Feldern zugunsten von Polen und Juden tätig war.

44 In aller Regel kam der Autor zu den Zeitzeugen nach dem ‚Schneeballprinzip' oder durch Empfehlungen von Dr. Hans-Jürgen Lorenz. Allen Gesprächspartnern wurden ähnliche standardisierte Fragen gestellt.

45 So auch sein früherer Kollege Rolf Pottebaum. Siehe den Beitrag „Enno Meyer in der Erinnerung von Kollegen" in diesem Band.

Burkhard Olschowsky

Das Jahr 1968 an der Hindenburgschule

Die gesellschaftlichen Veränderungen rund um das Jahr 1968 erfassten auch die Hindenburgschule. Ihr Katalysator waren die studentischen Proteste und Informationsveranstaltungen zur „Bildungsmisere“ an der Oldenburger Pädagogischen Hochschule (PH). Unter dem Motto „Bildungschancen für alle“ sprachen sie sowohl die Oldenburger Öffentlichkeit und mit dem Thema „Bildungsreform und Mitbestimmung“ auch die Oberschüler an. Bei vielen Themen konnten die Bürger den demonstrierenden Studenten zwar inhaltlich zustimmen oder diese zumindest verstehen, aber die neuartigen Formen des Protestes und der auf der Straße lautstark geäußerte Protest blieb ihnen im beschaulichen Oldenburg suspekt.[1]

Die demonstrierenden Studenten der Pädagogischen Hochschule kamen 1968 auch in die Hindenburgschule, um die oberen Klassen zum Schulstreik zu animieren. Hans-Jürgen Lorenz, ein jüngerer Kollege von Enno Meyer, bat daraufhin die Studenten, das Klassenzimmer zu verlassen, damit die Schüler ohne Beeinflussung darüber abstimmen könnten, ob sie sich dem Streik anschließen mochten. Die Mehrheit votierte dagegen, so dass der Unterricht in dieser Klasse fortgesetzt wurde, was auch die Studenten akzeptierten.[2]

Die Schulzeitung der Hindenburgschule, *Allmende,* hatte ab Mitte der 60er Jahre insofern an Profil gewonnen, als sie sich nicht mehr als bloßes Informationsblatt für Lehrer und Schüler, sondern zunehmend als Schülerzeitung verstand, die Traditionelles infrage stellte und zum Teil politische Positionen bezog. Das Gros der Schüler verhielt sich im Gegensatz zu den *Allmende*-Redakteuren eher passiv.[3] Charakteristisch für das Jahr 1968 war, dass die Schüler immer mehr Themen aufgriffen, die nicht schulspezifisch waren. So kam es im benachbarten Bremen und anderen Städten zu Sitzblockaden von Schülern gegen Fahrpreiserhöhungen im öffentlichen Personennahverkehr.[4]

Die *Allmende* war ab 1968 eine von der Lehrerschaft und schulischer Finanzierung unabhängige Schülerzeitung. In der ersten Nummer 1968 erschien der Artikel *Demokratie – Schule – Politik*, der sich auf einen Vortrag des Bremer Bürgerschafts-

---

1 Mareike Witkowski: „1968“ in Oldenburg. In: Oldenburger Jahrbuch, 109 (2009), S. 150–155.

2 Information von Hans-Jürgen Lorenz vom 16.9.2015.

3 Gespräch mit Joachim Tautz vom 23.4.2018. Er legte 1971 das Abitur an der Hindenburgschule ab und gehörte seit 1968 zu den Redakteuren der *Allmende.*

4 Torsten Gass-Bolm: Revolution im Klassenzimmer? Die Schülerbewegung 1967–1970 und der Wandel der deutschen Schule. In: Christina von Hodenberg, Detlef Siegfried (Hg.): Wo „1968“ liegt. Reform und Revolte in der Geschichte der Bundesrepublik. Göttingen 2006, S. 113–138, hier S. 120.

1. Enno Meyer an der Hindenburgschule im Jahre 1967

abgeordneten Georg von Groeling-Müller vor dem „Liberalen Schülerbund" in Oldenburg bezog. Der Redner hatte unter dem Stichwort ‚Demokratisierung der Schule' „die Unzensierbarkeit der Schülerpresse, die Teilnahme von Schülern an Zensurenkonferenzen (um krasse Fehlurteile, die leider häufig vorkommen, zu verhindern), die Sexualaufklärung und letztlich eine Demokratisierung im Kreise der Pädagogen" gefordert.[5] Im Frühjahr 1968 wurde in Anlehnung an die Studentenbewegung an den Hochschulen auch bei den Schülern der Hindenburgschule die Forderung nach Mitbestimmung laut. Die nach dem Zweiten Weltkrieg geschaffene Schülermitverwaltung (SMV) wurde als untauglich angesehen, wenn es darum ging, selbständig Schülerinteressen gegenüber den Lehrern, dem Direktorat der Schule und auch bei den eigenen Eltern durchzusetzen.[6]

Diese Bemühungen mündeten in der Schaffung eines aus Schülern und Lehrern bestehenden „Koordinierungsrates" – kurz „Gremium" genannt. Wie Hans Jürgen Lorenz ausführt, „konnte das Gremium Empfehlungen aussprechen und als Schlichtungsinstanz dienen. Es fand zweimal im Monat eine öffentliche Sitzung statt, dabei wurden u.a. beraten: die Veröffentlichung aller Erlasse des Kulturministeriums für die Schüler, [...] die Organisation von Forumsveranstaltungen zu den einzelnen Unterrichtsfächern in der Aula und die Schaffung einer neuen Hausordnung".[7]

5 Allmende, 1 (1968), S. 11; vgl. Hans-Jürgen Lorenz: Von der Höheren Bürgerschule zum Herbartgymnasium: Der Kampf der Bürger einer mittleren nicht-preußischen Landeshauptstadt für ein realistisches Bildungsinstitut und dessen Entwicklung in den Widersprüchen und Krisen der Zeit. Oldenburg 2000, S. 368f.

6 Gass-Bolm: Revolution im Klassenzimmer? (wie Anm. 4), S. 117; vgl. Axel Schildt: Nachwuchs für die Rebellion – die Schülerbewegung der späten 60er Jahre. In: Jürgen Reulecke (Hg.): Generationalität und Lebensgeschichte im 20. Jahrhundert (Schriften des Historischen Kollegs, Kolloquien 58). München 2003, S. 229–251, hier S. 238f.

7 Lorenz: Von der Höheren Bürgerschule (wie Anm. 5), S. 368f.

2 Das Cover der Schülerzeitung Allmende mit Kritik am „Gremium“ 1970

Enno Meyer hielt von seinem wertkonservativen Selbstverständnis her Distanz zu Schülern, die einschneidende Veränderungen an der Schule forderten. Das Gremium als möglichen Ort des Dialogs und des Ausgleichs fand hingegen seine wohlwollende Aufmerksamkeit, so dass er als einer von vier Lehrervertretern darin mitarbeitete. Es ist anzunehmen, dass hier seine langjährigen Bemühungen im Dialog mit polnischen Historikern zu strittigen historiografischen Themen eine Rolle spielten und insgeheim die Hoffnung, auch auf bilateraler Ebene zu einer institutionalisierten Form des Austausches und des Arrangements zu kommen, wie es das Gremium eine gewisse Zeit ermöglichte. Im *Elternbrief*, dem offiziellen Mitteilungsblatt der Hindenburgschule, nachdem die Schülerzeitung *Allmende* 1968 autonom von Schülern herausgegeben worden war, schrieb Enno Meyer: „Zuständig ist das Gremium für alle schulischen Angelegenheiten, die Lehrer und Schüler gemeinsam berühren, aber es ist keine Nebenregierung, die irgendetwas anordnen könnte. Das Gremium spricht lediglich Empfehlungen aus. Diese richten sich an die Lehrerkonferenz und [...] an den Schülerrat. Fernerhin fungiert das Gremium gelegentlich als Schlichtungsausschuss."[8]

Enno Meyer berichtete sachlich über die Tätigkeit des Gremiums und beteiligte sich an dessen Arbeit, wohl auch weil er die Anliegen der Schüler ernst zu nehmen versuchte. Das war gemessen an anderen Lehrern seiner Generation ungewöhnlich; jene waren zumeist beunruhigt, dass das Gremium als Schlichtungsausschuss in Streitfragen zwischen Lehrern und Schülern tätig werden könnte. Insbesondere der damalige Schuldirektor der Hindenburgschule, Heinz Mitschke, und einige andere Lehrer der älteren Generation befürchteten, mit dem Gremium könnte ein neues, „illegales" Disziplinarorgan entstehen, das bei Querelen und Schwierigkeiten nicht im Interesse aller handele und Dinge hochspiele, statt sie möglichst unauffällig zu bereinigen.[9]

Mit Unbehagen betrachtete Enno Meyer die kulturellen und lebensweltlichen Veränderungen, die mit den „68ern" einhergingen. Es entstanden Reibungsflächen, nicht nur an der Schule, sondern auch im häuslichen Umfeld mit seinen vier Kindern Elisabeth, Martin, Borchard und Friederike, die aus ihren Sympathien für die Schülerbewegung um 1968 nicht nur keinen Hehl machten, sondern sich auch aktiv beteiligten. Er genierte sich für seine „revolutionären" Söhne und Töchter, auch wenn sie andere Schulen in Oldenburg besuchten. Politisch aufgeladene Konflikte zwischen Vater und Kindern liefen im häuslichen Milieu zumeist unterschwellig ab. Enno Meyer verstummte eher und zog sich in seine Bücherwelt zurück, als mit seinen jugendlichen Kindern zu diskutieren. Auf der anderen Seite begleitete er

8 Enno Meyer: Das Gremium. In: Elternbrief, Hindenburgschule Oldenburg. 1969, S. 14f.

9 Über Konfliktsituationen und die Möglichkeiten zu ihrer Lösung. Vorbemerkungen des Schulelternratsvorsitzenden Konrad Ullrich zu einem entsprechenden Tagesordnungspunkt der Schulelternratssitzung am 10. April 1972, In: Elternbrief, Hindenburgschule Oldenburg. 1972, S. 30.

ihre Aktivitäten, etwa indem er die Artikel seiner ältesten Tochter Elisabeth für die Schulzeitung der Cäcilienschule korrekturlas, ohne diese zu „zensieren“.[10]

Wie unterschiedlich die Chiffre „1968“ in der Bundesrepublik gedeutet wurde, bekam Enno Meyer 15 Jahre später zu spüren. Anlässlich eines Vortrages am 31. Januar 1983 zur Erinnerung an die „Machtergreifung“ Hitlers 50 Jahre zuvor, wies er auf strukturelle Ähnlichkeiten zwischen der revolutionären Studentenbewegung der „68er“ und den Nationalsozialisten im Umgang mit Andersdenkenden hin.[11] In einem Leserbrief an die *Nordwest-Zeitung* warfen daraufhin die promovierten Erziehungswissenschaftler, Maria Fölling-Albers und Werner Fölling, Enno Meyer vor, er verwische die Einmaligkeit des deutschen Verbrechens und verharmlose das Leiden der NS-Opfer.[12]

Als Reaktion schrieb Enno Meyer ebenfalls einen Leserbrief, in dem er seine Beweggründe für den Vergleich darlegte. Er führte Fälle an, in denen „Menschen bereit waren, ihnen unsympathische Mitmenschen zu demütigen und zu terrorisieren, wenn sie es ohne Furcht vor Strafe tun konnten, besonders dann, wenn sie sich als Revolutionäre fühlten und mit Zustimmung rechneten“.[13] Er wies auf einen Vorfall in Delmenhorst im Jahre 1935 hin. „Nationalsozialisten holten einen jüdischen Kaufmann und seine angebliche Freundin aus ihren Wohnungen und führten sie als ‚Rassenschänder‘ in einem Triumphzug durch die Stadt.“ Vergleichbare Vorfälle sah Meyer, als „Studenten Professoren demütigten und terrorisierten“, wie z.B. den jüdischstämmigen Theodor Adorno in Frankfurt am Main oder Georg Eckert in Braunschweig, Gründer des Internationalen Schulbuchinstituts.[14]

Wie kam es 1970/71 zu den Anwürfen von Studenten der PH Braunschweig gegen Georg Eckert, die Enno Meyer so erzürnten? Sie gehen auf die Auseinandersetzungen um die Tiefe der Entnazifizierung nach 1945 an der Kant-Hochschule/PH Braunschweig[15] zurück. Studenten hatten der Gründergeneration der Kant-Hochschule, namentlich dem Pädagogen Professor Heinrich Rodenstein (1902–1980), vorgeworfen, ehemaligen „HJ-Führern, BDM-Führerinnen und Wehrmachtsoffizieren das Studium nach dem Krieg ermöglicht“ und damit zur „Förderung eines Faschisierungsprozesses in der Bundesrepublik beigetragen zu haben“.[16] Diese Vor-

10 Siehe die Beiträge von Elisabeth, Borchard und Martin Meyer-Renschhausen über die Differenzen mit ihrem Vater in der Zeit um das Jahr 1968.

11 Enno Meyer: „… aus einer Zeit ohne Rechtsgefühl“. In: Nordwest-Zeitung, 31.1.1983.

12 Maria Fölling-Albers, Werner Fölling: Ein schockierender Vergleich. In: Nordwest-Zeitung, 19.2. 1983.

13 Enno Meyer: Bedenkliche Verhaltensweisen. In: Nordwest-Zeitung, 19.4.1983.

14 Meyer: Bedenkliche Verhaltensweisen (wie Anm. 13).

15 Nach 1945 wurde die örtliche pädagogische Hochschule unter dem Namen „Kant-Hochschule“ neugegründet. Ab 1970 hieß sie „Pädagogische Hochschule Braunschweig“, ehe sie 1978 der „Technischen Universität Braunschweig“ angegliedert wurde.

16 Niedersächsisches Landesarchiv Wolfenbüttel, 143 N, Zg. 2009/069, Nr. 261, Bd. 1, Dokumentation zu den Angriffen auf Heinrich Rodenstein, S. 1.

würfe waren insofern ehrenrührig, als Rodenstein seit 1929 KPD- und später SAPD-Mitglied[17] war und der Widerstandsbewegung gegen den Nationalsozialismus angehörte. 1933 musste er als politisch Verfolgter nach Holland und später nach Frankreich emigrieren. Angesichts dieser Umstände und aus kollegialer Verbundenheit verteidigte Georg Eckert Rodenstein gegen derartige Unterstellungen einiger Studenten, woraufhin er selbst zur Zielscheibe von studentischen Anwürfen vor allem durch die damalige „Rote Zelle Pädagogik" an der Pädagogischen Hochschule und durch den Philosophiehistoriker Wilhelm Alff wurde. Letzterer hatte bezeichnenderweise als Lehrstuhlnachfolger Rodensteins die politisch abrufbaren Ressentiments von Studenten gegen diesen Hochschullehrer und ab 1971 verstärkt auch gegen Eckert genährt.[18]

3. Heinrich Rodenstein, Professor an der Kant-Hochschule, später Pädagogischen Hochschule Braunschweig 1948–1968

Die Tatsache, dass Georg Eckert, mit dem Enno Meyer bei der Überarbeitung und Veröffentlichung seiner Schulbuchthesen eng und kollegial zusammengearbeitet hatte, nun von Studenten angegangen wurde, schockierte ihn. Das Vertrauensverhältnis zwischen Eckert und Meyer dürfte auch mit vergleichbaren Erfahrungen im Nationalsozialismus und in der Wehrmacht zu tun gehabt haben. Obgleich aus unterschiedlichen politischen Milieus kommend, wurden beide nach der NS-„Machtergreifung" Mitglieder in der Studenten-SA, im „Nationalsozialistischen Deutschen Studentenbund" und traten 1937 der NSDAP bei. Beide betrieben während ihres Dienstes in der Wehrmacht historisch-ethnologische Studien, überlebten mit Glück die Kampfhandlungen wie auch Krankheiten und nutzten die Chance zum Neuanfang nach 1945, um als Pädagogen und Wissenschaftler in der jungen Bundesrepublik aufklärerisch zu wirken.[19]

17 Die Sozialistische Arbeiterpartei Deutschlands (SAPD, auch SAP) war eine linkssozialistische Partei, die 1931 gegründet wurde und bis 1945 bestand. Sie spielte eine wichtige Rolle im Widerstand gegen den Nationalsozialismus.

18 Niedersächsisches Landesarchiv Wolfenbüttel (wie Anm. 16), Dokumentation zu den Angriffen auf Heinrich Rodenstein. S. 2–4. Über die politische und kollegiale Wertschätzung, die Georg Eckert Heinrich Rodenstein entgegenbrachte, mehr bei Gerhard Himmelmann: Georg Eckert, Heinrich Rodenstein und die Braunschweiger Lehrerbildung. In: Dieter Dowe, Eckhardt Fuchs, Heike Christina Mätzing, Steffen Sammler (Hg.): Georg Eckert. Grenzgänger zwischen Wissenschaft und Politik (Studien des Georg-Eckert-Instituts zur internationalen Bildungsmedienforschung 146). Göttingen 2017, S. 67–84.

19 Anders als Enno Meyer engagierte sich Georg Eckert in der Weimarer Republik bereits in der

In seiner Erwiderung auf die Vorwürfe des Ehepaars Fölling schloss Meyer in der *Nordwest-Zeitung* mit den Worten: „Für die Betroffenen, die alle nur ein Leben hatten, war es gleich, ob sie einige unter Millionen waren, wie nach 1933, oder nur wenige, wie nach 1968. Für sie gab es nichts ‚korrekt historisch zu differenzieren'."[20]

Enno Meyer mochte sich in seiner Skepsis gegenüber den revolutionär auftretenden „68ern" insofern bestätigt fühlen, als ein Teil der Studenten tatsächlich gegen Autoritäten und Ordinarien vorging und dabei deren Biografien und politische Haltungen gegen das NS-System ignorierte. Auch wenn Enno Meyers Vergleich angesichts der verbrecherischen Dimension des „Dritten Reichs" unangemessen war, so wies er mit dieser Überspitzung doch auf die ideologische Blindstelle der sich in Teilen radikalisierenden Studentenbewegung hin. Der seinerzeit propagierte Kampf gegen das „spätkapitalistische, gemäßigt faschistische" System der Bundesrepublik im Zeichen der Notstandsgesetze hatte wenig mit dem Land zwischen Rhein und Werra gemein, das sich in den 60er Jahren und insbesondere in der Regierungszeit von Willy Brandt spürbar hin zu einem pluralen, westlichen und modernen Gemeinwesen veränderte. Dass an dieser Entwicklung die kulturelle Revolution um das Jahr 1968 einen erheblichen Anteil hatte, gehört zu den – mitunter paradoxen, weil nicht immer intendierten – Folgen jenes antiautoritären Aufbegehrens.[21]

Sozialistischen Arbeiterjugend (SAJ) und später in der SPD. Vgl. Heike Christina Mätzing: Georg Eckert (1912 bis 1974) – Grenzgänger zwischen Wissenschaft und Politik. In: Dowe, Fuchs, Mätzing, Sammler (Hg.): Georg Eckert (wie Anm. 18), S. 11–32, hier S. 12–16.

20 Meyer: Bedenkliche Verhaltensweisen (wie Anm. 13); Georg Eckert geriet 1969 in Streit mit Pastor Günter Berndt, dem Leiter der Evangelischen Akademie Berlin, der einen deutsch-polnischen Schulbuchdialog aus stärker politischer als wissenschaftlicher Motivation anregte. Vgl. Thomas Strobel: Transnationale Wissenschafts- und Verhandlungskultur. Die Gemeinsame Deutsch-Polnische Schulbuchkommission 1972–1990. Göttingen, S. 229f.

21 Joachim Scharloth: Die Sprache der Revolte. Linke Wörter und avantgardistische Kommunikationsstile. In: Martin Klimke, Joachim Scharloth (Hg.): 1968. Handbuch zur Kultur- und Mediengeschichte der Studentenbewegung. Bonn 2008, S. 223–234, hier S. 224; Heinrich August Winkler: Der lange Weg nach Westen. Deutsche Geschichte vom „Dritten Reich" bis zur Wiedervereinigung, Bd. 2. München 2000, S. 252f.; Ein blinder Fleck bei vielen „68ern" im Umgang mit der NS-Vergangenheit waren die Juden und der Staat Israel. Bernd-A. Rusinek: Von der Entdeckung der NS-Vergangenheit zum generellen Faschismusverdacht – akademische Diskurse in der Bundesrepublik der 60er Jahre. In: Axel Schildt, Detlef Siegfried, Karl Christian Lammers (Hg.): Dynamische Zeiten. Die 60er Jahre in den beiden deutschen Gesellschaften. Hamburg 2000, S. 114–147, hier S. 143f.; Wilfried Mausbach: Wende um 360 Grad? Nationalsozialismus und Judenvernichtung in der „zweiten Gründungsphase" der Bundesrepublik. In: von Hodenberg, Siegfried (Hg.): Wo „1968" liegt (wie Anm. 4), S. 15–47, hier S. 22.

Familiäre Erinnerung

Borchard Meyer-Renschhausen

Enno Meyer – aus der Sicht eines Sohnes

In den folgenden Ausführungen möchte ich einige Aspekte zur Persönlichkeit meines Vaters beschreiben, so wie sie sich mir persönlich darstellen bzw. ich sie selbst erlebt habe; dabei werden die beiden wichtigsten Schwerpunkte seines Schaffens, sein Betrag zur deutsch-polnischen Verständigung und zur Versöhnung mit den Juden, weitgehend ausgeblendet, da sie in anderen Teilen dieses Bandes beleuchtet werden.

Mein Vater heiratete im Juli 1948 meine Mutter, Magdalene Renschhausen. In relativ kurzer Zeit wurden vier Kinder geboren, ich selbst bin der Dritte im Bunde. Damit begann für meinen Vater unter den damals relativ schwierigen materiellen Bedingungen die Fürsorge für eine große Familie. Aber fast gleichzeitig – Anfang der 50er Jahre – begann er mit seiner vielfältigen wissenschaftlichen und publizistischen Tätigkeit, sein wichtigstes Anliegen war es, etwas für die Völker zu tun, die unter den Deutschen am meisten gelitten hatten, die Polen und die Juden.

In seinem Beruf als Lehrer stellte mein Vater hohe Ansprüche an sich selbst; das kann man u.a. aus den Erinnerungen ehemaliger Schüler heraushören, die immer wieder betonen, wie viel sie in seinem Unterricht in den Fächern Geschich-

1. Enno Meyer auf dem „Schulbuch-Forum“ 1982

te, Deutsch und Erdkunde gelernt haben. Dabei beschränkte sich die berufliche Tätigkeit nicht nur auf den Unterricht. Gleichzeitig war er auf dem Gebiet der Lehrerfortbildung sehr aktiv, und als er im Jahre 1960 zum Oberstudienrat befördert wurde, war das damit verbunden, dass ein Teil seines Stundendeputats für Lehrerfortbildungen vorgesehen wurde. So gab er eine Vielzahl von Fortbildungen, schwerpunktmäßig zu dem Bereich Ostmitteleuropa, in erster Linie für die niedersächsische Landeszentrale für politische Bildung, aber auch für das Ostkolleg der Bundeszentrale für politische Bildung.

Für meinen Vater als Lehrer war es naheliegend, dass er sich auch darüber Gedanken machte, wie man den Schülern die Themen inhaltlich adäquat vermitteln konnte, zu denen er intensiv gearbeitet hatte und die er für einen zeitgemäßen Unterricht als unbedingt notwendig ansah. Die auf dem Markt vorhandenen Schulbücher enthielten entweder überhaupt keine Informationen – etwa zum Thema der Geschichte der deutsch-polnischen Beziehungen –, oder sie waren inhaltlich unzureichend, was auf die Darstellung der deutschen Geschichte im 20. Jahrhundert und insbesondere des Nationalsozialismus zutraf. So machte er sich auch als Autor beziehungsweise als Co-Autor von vielen Schulbüchern einen Namen.[1]

All das war natürlich eine große Arbeitsbelastung. Sie wurde Anfang der 70er Jahre zum Teil noch dadurch vergrößert, dass wir Geschwister mit einem Jahr Abstand nacheinander ins Studium eintraten und so meistens drei, zweitweise sogar vier Kinder finanziert werden mussten. Dafür reichte das Gehalt trotz Teil-Bafögs bei weitem nicht aus, und mein Vater begann, zusätzlich noch am Abendgymnasium zu unterrichten, was ihn manchmal an den Rand der Erschöpfung brachte.

Vor diesem Hintergrund stellt sich die Frage, wie hat er das alles geschafft? Ich denke, dass das vor allen Dingen deshalb möglich war, weil in unserer Familie die klassische Rollenverteilung existierte, die in den 50er und 60er Jahren kaum in Frage gestellt wurde. Meine Mutter führte den relativ großen Haushalt praktisch alleine; sie hielt meinem Vater den Rücken frei und musste dafür intellektuell auf vieles verzichten. Im Unterschied zu heute spielten die Eltern damals kaum mit ihren Kindern und wurden damit in gewisser Hinsicht zeitlich weniger beansprucht. Wie alle anderen Kinder gingen wir nach der Erledigung der Hausaufgaben (manchmal auch nach der vorgetäuschten Erledigung der Hausaufgaben) auf die Straße und kehrten erst zum Abendbrot zurück. Da mein Vater auch in handwerklicher Hinsicht eher ungeschickt war und somit auch für anfallende kleine Reparaturen im Haus nicht in Frage kam, fand er viel Zeit, sich an seinen Schreibtisch zurückzuziehen. Dort konnte er stundenlang lesen, von dem Geschehen um ihn herum abschalten und zufrieden mit sich selbst seinen Forschungen nachgehen. Auch auf Geselligkeit legte er nicht so viel Wert. Entspannung fand er zwischendurch bei der Gartenarbeit.

1 Siehe das Literaturverzeichnis in diesem Band.

2. Familienausflug in Dötlingen 1969, Friederike, Borchard, Martin, Mutter Magdalene und Elisabeth (v.l.)

Wir Kinder profitierten sehr von dem umfangreichen Wissen unseres Vaters. Wir konnten ihn zu vielen Gebieten befragen und bekamen eigentlich immer umfangreiche Informationen. Spaßeshalber bezeichneten wir ihn deshalb als „wandelndes Lexikon“. Wenn wir mit der Familie eine gemeinsame Reise machten, war diese perfekt vorbereitet; es gab keine Stadtbesichtigung, wo er uns nicht im Voraus sagen konnte, welche Inschrift und welcher Gedenkstein in der nächsten Straße zu sehen wäre, und er zeigte und erläuterte uns alle bekannten und weniger bekannten Sehenswürdigkeiten.

Obwohl mein Vater zu so vielen Themen etwas Bedeutendes beisteuern konnte, lag es ihm gar nicht, sich damit in den Vordergrund zu drängen. Er zeichnete sich eher durch Zurückhaltung und Bescheidenheit aus. Das zeigte sich u.a. darin, dass er wenig Aufhebens um seine Aktivitäten machte. Kaum jemand von seinen Kollegen an der Hindenburgschule wusste von seinem Engagement für die deutsch-polnischen Schulbuchgespräche, und auch uns Kindern berichtete er eigentlich so gut wie nichts davon – eben weil er zurückhaltend war und vielleicht auch, weil wir zunächst noch nicht verständig genug waren. Und als wir als Jugendliche etwas reifer waren, wurde er fast verschwiegen, denn wir fingen an, mit der neuen außerparlamentarischen Linken Ende der 60er Jahre zu sympathisieren. Er sah darin eher eine Bedrohung unserer Demokratie.

Überhaupt tat sich hier aus der Sicht von uns Kindern ein gewisser Widerspruch auf. Auf der einen Seite engagierte er sich für die Versöhnung mit den Juden und die Verständigung mit Polen und damit für das Aufbrechen verkrusteter politischer Strukturen in Deutschland – ein Beweis seiner großen politischen Weitsicht. Auf der anderen Seite kam er mit den gesellschaftlichen Veränderungen seit Ende der 60er Jahre nur schwer zurecht. Die vielfältigen Neuerungen, etwa in der Form des sich Kleidens, des sich Anredens mit Vornamen, dass die Frauen bei der Heirat nicht unbedingt den Namen des Mannes übernahmen oder Paare gar nicht heirateten usw., wollte er nicht akzeptieren.

Auch dass seine Söhne anfingen, sich die Haare etwas länger wachsen zu lassen und außerdem politisch in eine andere Richtung tendierten, war für ihn schrecklich. Es war die Zeit tiefer Generationenkonflikte in vielen deutschen Familien, unter der auch mein Vater, ebenso wie meine Mutter, sehr litt. Zum Glück dauerte dieser Konflikt nicht ewig.

Zu seiner konservativen Seite passt auch, dass er um 1970 der CDU beitrat – teils, um seinen die bisherige Ordnung der 50er und 60er Jahre in Frage stellenden Kindern einen Gegenpol entgegenzusetzen, teils, um einen Kollegen bei der Kandidatur für den Bundestag zu unterstützen. Allerdings währte diese Mitgliedschaft nicht lange. Sein Beitritt zur CDU fiel in die Zeit, als zwischen der Bundesrepublik Deutschland und der Volksrepublik Polen der Warschauer Vertrag ausgehandelt wurde. Der Kniefall von Willy Brandt anlässlich der Vertragsunterzeichnung am 7. Dezember 1970 am Denkmal für den Aufstand im Warschauer Ghetto wurde auch von meinem Vater als wichtige Geste der Anerkennung deutscher Schuld an den Verbrechen während des Zweiten Weltkriegs verstanden. Nach der Unterzeichnung durch die Regierungen Polens und der Bundesrepublik Deutschland zog sich die Ratifizierung des Warschauer Vertrags noch einige Jahr hin, denn besonders die CDU und die Vertriebenenverbände stemmten sich dagegen, beinhaltete er doch die Anerkennung der Oder-Neiße-Linie als polnische Westgrenze. Während dieser Zeit fanden auch die Verhandlungen über die Gründung der Deutsch-Polnischen Schulbuchkommission und schließlich deren erste Tagung Anfang 1972 in Warschau statt. Die polnischen Gesprächspartner in der Kommission sowie überhaupt der Geist, in dessen Rahmen die Kommission zustande kam, machten meinem Vater klar, dass an der Anerkennung der polnischen Westgrenze kein Weg vorbei ging, und deshalb beendete er seine Mitgliedschaft in der CDU.

Anfang 1979 trat mein Vater in den Ruhestand. Für ihn bedeutete das einerseits, dass er nun Zeit für viele interessante Reisen mit meiner Mutter fand, aber gleichzeitig weitete er seine historischen Forschungen und sein wissenschaftliches Engagement enorm aus.

Ich möchte hier nur drei Bereiche erwähnen: Ein Gebiet, das in der Öffentlichkeit vermutlich gänzlich unbekannt und für die Allgemeinheit auch weniger interessant ist, aber meines Erachtens zur Abrundung des Bilds von Enno Meyer dazugehört, ist seine Beschäftigung mit der Ahnenforschung. Auch auf diesem Gebiet befasste er sich mit dem für ihn typischen Wissensdrang. Er beschränkte sich nicht etwa auf die verbreitete Erstellung von Stammbäumen und Ahnentafeln, sondern er schrieb – soweit er dies durch Quellensichtung, z.B. Kirchenbüchern, alten Chroniken, Briefen usw., durch Fahrten zu den einzelnen Orten und durch Befragungen erforschen konnte – umfangreiche Darstellungen zu den historischen Bedingungen in den Orten, wo die Vorfahren gelebt hatten, und er versuchte, so viel wie möglich zu den Lebensumständen der jeweiligen Personen zusammenzutragen. Teilweise konnte er sich dabei auf Vorarbeiten stützen, die einige Vorfahren früher geleistet hatten, aber besonders halfen ihm dabei seine präzisen historischen Kenntnisse, auch etwa über die Veränderungen der Ortsnamen. Heraus kamen interessante historische Darstellungen zu den Familien Meyer und Renschhausen. U.a. konnte ich in den entsprechenden Texten die Herkunft meines zweiten Nachnamens (Renschhausen) nachlesen.

Etwas bekannter dürfte ein Gebiet sein, mit dem er sich schon in seiner Jugend als ein auf den ersten Blick vielleicht merkwürdiges Hobby beschäftigte: Er sammelte in einer Zettelkartei Ortsnamen, vor allen Dingen von Deutschland und den Gebieten, in denen im Verlauf der Geschichte auch Deutsch gesprochen wurde beziehungsweise Deutsche gesiedelt hatten. Er sammelte die Namen nicht einfach so, was ihn interessierte, war, wie die Namen zustande kamen, was sie bedeuteten, wie sie sich im Lauf der Geschichte – z.B. durch wechselnde Besiedlung – verändert hatten, welche Faktoren geschichtlicher, politischer oder sprachlicher Art dafür ausschlaggebend waren usw. Im Laufe der Jahrzehnte entwickelte sich daraus eine riesige viele tausend Namen umfassende Kartei. Mein Bruder und ich machten uns einen Spaß daraus, merkwürdige Ortsnamen zu erfinden, mit Erläuterungen zu versehen und zwischen die anderen Zettel einzuordnen. Erst viele Jahre später, als wir das schon fast vergessen hatten, fand unser Vater unsere Produkte und hatte selber Freude daran.

Um einen Eindruck davon zu vermitteln, mit welcher Akribie mein Vater diese eher hobbyartigen Studien betrieb, sei seine Untersuchung zu dem Städtenamen „Oldenburg" (und Varianten wie Altenburg) genannt. Bevor er mit der Deutung begann, stellte er zunächst 125 Orte dieses Namenstyps zusammen und untersuchte dann, welche Vorläufernamen es gegeben hat und welche historischen, sprachgeschichtlichen und geografischen Gründe für die eine oder andere Deutung des Namens sprechen könnten.

Es war immer eine Idee unseres Vaters gewesen, zur Geschichte von Ortsnamen eine umfassende Darstellung zu schreiben. Dazu ist es leider nie gekommen, aber immerhin verfasste er interessante Einzeldarstellungen, etwa im *Oldenburger Jahrbuch* zum Städtenamen Oldenburg. Auch in dem Sammelband *Das östliche Europa als pädagogisches und wissenschaftliches Anliegen* befinden sich drei kurze Beiträge dazu.

Außerdem wandte sich mein Vater nun auch weiter entfernt liegenden Ländern wie Armenien zu. Die Armenier interessierten ihn besonders deshalb, weil sie das

3. Als Redner beim Wiedersehenstreffen mit den ehemaligen Oldenburger Juden im Mai 1985

erste Volk im 20. Jahrhundert waren, das Opfer eines Völkermords wurde und damit praktisch das gleiche Schicksal erfuhren wie 25 Jahre später die Juden. Im Jahr 1979 unternahm er mit der Österreichisch-Armenischen Kulturgesellschaft eine aufschlussreiche Reise in die damalige Sowjetrepublik Armenien (ich selbst hatte das große Glück, dass ich auf diese Reise mitfahren konnte), und er trat der Deutsch-Armenischen Gesellschaft bei. Nach der Reise war es ihm wichtig, das Schicksal dieses Volkes der deutschen Öffentlichkeit näher zu bringen, und er schrieb gemeinsam mit dem deutsch-armenischen Journalisten Ara J. Berkian das Buch *Zwischen Rhein und Arax. 900 Jahre deutsch-armenische Beziehungen*. Meines Erachtens besonders interessant in dem Buch sind die Kapitel, in denen die Haltung des Deutschen Kaiserreichs zu den Massakern beschrieben wird und deutlich gemacht wird, dass damals durch die Unterdrückung jeglicher Information über das Geschehen der Völkermord geradezu erleichtert wurde.

In die Zeit seiner Pensionierung fiel auch das für meine Eltern außerfamiliär vielleicht wichtigste Ereignis, das von meinem Vater mit großem Engagement und Arbeitsaufwand vorbereitet worden war: das Wiedersehenstreffen mit den ehemaligen jüdischen Mitbürgern aus Oldenburg im Jahr 1985. Für meine Eltern entstanden daraus intensive Freundschaften in vielen Ländern, die mit einer Reihe von gegenseitigen Besuchen gepflegt wurden.

Für sein Engagement erhielt er zahlreiche Ehrungen: das Bundesverdienstkreuz (1980), das Große Stadtsiegel der Stadt Oldenburg (1988), die Medaille der Oldenburger Landschaft (1989), und auch ein Baum im Jerusalemer Friedenswald trägt seit 1985 seinen Namen.

Und vielleicht noch etwas Persönliches ganz zum Schluss: Seit 2015 gibt es einen Urenkel, der ebenfalls den Namen Enno trägt.

Anfang der 90er Jahre zeichnete sich ab, dass sich der Gesundheitszustand meines Vaters verschlechterte, und schließlich starb er nach langer Krankheit am 7. Juni 1996 im Alter von 82 Jahren. Unter den vielen Beileidsbriefen fand ich u.a. welche von den polnischen Mitstreitern der ersten Stunden, Gerard Labuda und Maria Wawrykowa (1926–2006), eine der Überlebenden des Konzentrationslagers Auschwitz.

Elisabeth Meyer-Renschhausen

Enno Meyer – Herkunft und Anliegen*

Von den zahllosen gedruckten Werken, Aufsätzen und Büchern meines Vaters Enno Meyer habe ich bis heute nur einen Teil gelesen, obwohl er uns Geschwistern die von ihm publizierten Bücher mit bescheidenem Verfasserstolz zu Anlässen wie Weihnachten gerne schenkte. „Für Elisabeth d. V." lautete die stets gleichbleibende Widmung, und hinter dem bescheidenen „V." verbargen sich Verfasser und Vater in einer Person. Möglichweiser wird man Enno Meyer als populärwissenschaftlich schreibenden Autor und aktiven Staatsbürger in gewisser Erinnerung behalten. Er war als Historiker, Geograf und Germanist an fernen Ländern, Biografien und Geografien, Wortgeschichten und Minderheiten interessiert wie auch an der Regionalgeschichte. Als Oberstudienrat forschte und schrieb er zumeist am eigenen Schreibtisch, um sein Wissen später im Unterricht und durch Publikationen zu verbreiten. Auch in privaten Zirkeln erzählte er, dazu aufgefordert, gerne aus seinem Wissensschatz. Als meine Mutter ihren Gemahl einmal auf eine Reise des Oldenburger Frauenrings nach Portugal mitnahm, war er dort bei den Damen äußerst beliebt, weil er so viel über Land und Geschichte wusste und gut zu berichten verstand.

Enno Meyers Forschen und Schreiben war nicht zweckfrei: Er verfolgte damit *in seinem bescheidenen Rahmen* (wie er sich gerne ausdrückte) die Absicht, zu informieren, aufzuklären und zu versöhnen. Auch uns ging es als Studierende nach 1968 vor allem um die Frage: Wie konnte es zur NS-„Machtergreifung" im Jahr 1933 kommen? Es entstand eine neue Sozialgeschichtsforschung: weg von der Geschichte ‚großer Männer' hin zur Geschichte der Arbeiter und Angestellten, ihrer Kämpfe gegen die Erwerbslosennot, was für viele damals zu hungern hieß und sie schließlich zu NSDAP-Wählern werden ließ. In der beginnenden Frauenforschung der 70er Jahre wollten wir mit unvernünftig zeitaufwendig erarbeiteten Dissertationen die bis dahin ‚unsichtbaren' Frauen aus dem Dunkel der Geschichte hervorholen.[1] Wir fragten uns, wie die Geschichte verlaufen wäre, wenn die Frauen mit all ihren Arbeiten in Haus, Garten und Beruf mehr Anerkennung seitens der Führungsgremien

---

* Ich danke Dr. Burkhard Olschowsky für das sorgfältige Lektorat und die Mithilfe bei der Recherche, insbesondere zur Zeit des Nationalsozialismus. Für kritisches Gegenlesen und diverse Hinweise danke ich zudem Fabian Nebe sowie Borchard und Friederike Meyer-Renschhausen.
Bei kursiv gesetzten Passagen handelt es sich im Folgenden meist um überlieferte Redewendungen oder einzelne Worte aus den Familien meiner Großeltern oder solchen meines Vaters.

1 Vgl. Renate Bridenthal, Susan Mosher Stuart, Merry E. Wiesner (Hg.): Becoming Visible: Women in European History. Boston 1998; Ute Gerhard (Hg.): Frauen in der Geschichte des Rechts. München 1997; Elke Kleinau, Claudia Opitz (Hg.): Geschichte der Frauen- und Mädchenbildung, Bd. 1 und 2. Frankfurt 1996.

von Politik und Wirtschaft bekommen hätten. Dazu gehörte auch das Erforschen der NS-Zeit und das Klären von Fragen: z.B., warum die Land- und Hausfrauenverbände früh der Ideologie der Nationalsozialisten aufsaßen, während die Mehrheit der Frauenbewegung eher linksliberal wählte und abgesehen von den Berufsverbänden die Gleichschaltung vielfach vermeiden konnte.[2] Warum wählten viele Frauen nach Jahren relativer Reserviertheit ab 1932 die Nationalsozialisten?[3] Infolge der Beschäftigung mit diesen Fragen kam ein Teil der Frauenforschung bereits in den 80er Jahren ähnlich wie die Schule der „Annales" zu einer Geschichte des Alltags und der Emotionen. In diesem Zusammenhang entstand mein Interesse an den Tagebüchern meiner Oldenburger Großeltern väterlicherseits – die Enno Meyer nie interessiert hatten.

Mit diesem Essay versuche ich mich also gemäß der Methode der „Dichten Beschreibung" von Clifford Geertz,[4] meinem Vater Enno Meyer zu nähern, indem ich Geschichten aus seiner Kindheit und Jugend wesentlich auf Grundlage dieses Tagebuchs (nach-)erzähle. Das Aufspüren und möglichst wortgetreue Schildern der damaligen Realität durch das Nacherzählen von Begebenheiten kann uns helfen, die damaligen Verhältnisse sowie Episoden, die mein Vater gelegentlich andeutete, zu vergegenwärtigen. Im zweiten Teil dieses Aufsatzes ergänze ich das eigene Literatur- und Aktenstudium durch verschiedene Erinnerungen meines Vaters, seines Freundes Hans von Seggern sowie von Vettern und Cousinen und meine eigenen.

2 Vgl. Renate Bridenthal: „Professional" Housewives: Stepsisters of Women's Movement. In: Dies., Atina Grossmann, Marion Kaplan (Hg.): When Biology Became Destiny, Women in Weimar and Nazi Germany. New York 1984, S. 153–173, sowie der gesamte Band; vgl auch: Elizabeth Harvey: Women and the Nazi East – Women and Witnesses of Germanization. New Haven 2003. Für Frauen, die bereit waren, für das NS-Ideal der „Volksgemeinschaft" zu arbeiten und in den NS-Frauenorganisationen aktiv zu werden, wurden zum Teil bemerkenswerte berufliche Karrieren möglich. Hierzu insbesondere Jennifer F. Walcott: Von der Staatsbürgerin zur „Vollbürgerin": Der Disput um die Rechtsstellung der Frau. In: Sybille Steinbacher (Hg.): Volksgenossinnen: Frauen in der NS-Volksgemeinschaft. Göttingen 2007, S. 48–68, hier S. 64f.

3 Vgl. Elisabeth Meyer-Renschhausen: Weibliche Kultur und soziale Arbeit – eine Geschichte der ersten Frauenbewegung am Beispiel Bremens 1910 bis 1927. Köln, Wien 1989. Dieses Buch und auch meine Diplomarbeit *Die Reaktion der Arbeiter auf die Weltwirtschaftskrise am Beispiel der AG Weser in Bremen Ende der 1920er Jahre* basieren auf Archivstudien und „oral history"-Interviews. Zur NS-Literatur vgl. etwa Gisela Bock: Ganz normale Frauen – Täter, Opfer, Mitläufer und Zuschauer im Nationalsozialismus. In: Kirsten Heinsohn u.a.: Zwischen Karriere und Verfolgung. Frankfurt 1997, S. 245–277; Gudrun Schwarz: Die nationalsozialistischen Lager. Frankfurt am Main 1996; Gabriele Czarnowski: Das kontrollierte Paar. Ehe- und Sexualpolitik im Nationalsozialismus. Weinheim 1991; Kristen Heinsohn: Der Kampf um die Wählerinnen: Die Idee von der „Volksgemeinschaft" am Ende der Weimarer Republik. In: Sybille Steinbacher (Hg.): Volksgenossinnen (wie Anm. 2), S. 29–47.

4 Clifford Geertz: Dichte Beschreibung. Beiträge zum Verstehen kultureller Systeme. Frankfurt/Main 2003.

Herkunft und Familie

1. Die Eltern von Enno Meyer, Gustav und Gretchen als junges Paar, 1907

Vor dem Ersten Weltkrieg gab es weder Radio oder Fernsehen geschweige denn Internet. In dem bis 1918 als Großherzogtum selbständigen Oldenburg las das Kleinbürgertum die mehrmals am Tag erscheinenden Tageszeitungen, illustrierte Wochen- und Monatsmagazine sowie Romane. So auch Enno Meyers Eltern, das Ehepaar Gustav und Gretchen Meyer, die in Oldenburg einen Laden für Kurz- und Wollwaren führten. Seit der Geburt ihrer Kinder schrieben Gretchen und Gustav Meyer Tagebuch, und zwar abwechselnd in ein gemeinsames. Hier hielten sie im beginnenden Jahrhundert des Kindes, wie es die Schwedin Ellen Key im Jahr 1900[5] ausgerufen hatte, die Entwicklungen ihres Nachwuchses von den ersten zarten Regungen angefangen fest; etwa die Dialoge zwischen ihren 1908 und 1911 geborenen Kindern Hans und Gerold als Kleinkinder. Dank der Abschrift dieser Tagebücher durch die jüngste Schwester Almuth (geb. 1907, verheiratete Nebe) ist eine zeithistorische Quelle erhalten geblieben, die uns heute eine Nahsicht auf das Familienleben erlaubt.[6]

Die Mutter, Gretchen Meyer geborene Lampe (1884–1963), stammte aus einer Lehrerfamilie in Rastede, einer Ortschaft 15 Kilometer nördlich von Oldenburg. Dort hatte der Dorflehrer im zum Lehrerhaus gehörenden Garten noch in der Generation davor seine Kartoffeln selbst anbauen sollen, Hühner und Katze gehörten selbstverständlich zum Haushalt dazu. Als Jugendliche hatte Gretchen den ersten weiblichen Turnerverein im Ort gegründet. Sie bezog die sozialpolitische Monatszeitschrift der ersten Frauenbewegung, *Die Frau*, die von einer geborenen Olden-

5 Ellen Key: Das Jahrhundert des Kindes. Frankfurt/Main 1902.

6 Das Original des Ehetagebuchs soll nach Geschwisterbeschluss demnächst dem Landesarchiv in Oldenburg zur Verfügung gestellt werden, wo bereits ein Teil des Nachlasses Enno Meyers unter „Kleine Wissenschaftliche Erwerbungen" liegt.

2. Enno als Baby mit seinem Bruder Hans und einem Freund

burgerin, Helene Lange (1848–1930), gegründet, herausgegeben und redigiert wurde. Gretchen wählte (zumindest 1919) wohl wie die meisten Frauenbewegten die linksliberale DDP, die Deutsche Demokratische Partei. Sie war zudem Mitglied in einem Naturheilverein, dem Oldenburger Kneippverein. Er ermöglichte der Familie, die Sommerferien außerhalb der Stadt Oldenburg zu verbringen.[7]

Enno Meyer kam in den frühen Morgenstunden des 12. November 1913 im Oldenburger Elisabeth-Entbindungsheim am Küstenkanal zur Welt. Dieses dritte Kind hätte nach Auffassung des Vaters Gustav ein Mädchen sein sollen. „Vorläufig ist er noch hässlich, seine Nase ist mächtig dick [...] die Haare sind schwarz", befindet Gustav Meyer in seinem Tagebucheintrag.[8] Zu einer solchen Tätigkeit sollte er dann ab August 1914 über vier Jahre keine Gelegenheit mehr haben, da er sie in den Schützengräben in Frankreich verbrachte. Enno Hermann Adolfs zweiter und dritter Vornamen sind die seiner Taufpaten, denn getauft wurde aus Tradition, auch

7 Zu den lebensreformerischen Bewegungen des frühen 20. Jahrhunderts siehe u.a. meine Aufsätze zur Anti-Alkoholbewegung, Reform der Restaurantkultur sowie der damaligen Debatte zu gesunder Ernährung. In: Elisabeth Meyer-Renschhausen: Der Streit um den heißen Brei. Herbolzsheim 2002.

8 Ehetagebücher von Gretchen und Gustav Meyer, 7 Bde., Bd. 1, ohne Seitenzahlen, Eintrag vom 13.11.1913, übertragen von Almuth Nebe 1998 bis 2003.

wenn die Eltern nicht sehr religiös waren. Immerhin hatte Gretchen aber als älteste Tochter des Dorflehrers in der Kirche noch vertretungsweise die Orgel gespielt. Der Name Enno wurde seitens der Eltern nie erklärt; er entstand offenbar aus der Liebe zum damaligen Regionalismus heraus. „Enno" gilt als ostfriesischer Häuptlingsname und steht für die relative Autonomie der Ostfriesen gegenüber Hanse und Reich bis ins 15. Jahrhundert hinein. Der Sage nach hatte ein ostfriesischer Häuptlingssohn, Enno gerufen, eine Schwester namens Almuth. Und so wohl wurde das jüngste Kind der Meyers Almuth genannt. Mutter Gretchen hatte – wie bereits erwähnt – Interesse an den lebensreformerischen Bewegungen ihrer Zeit, und auch Vater Gustav war als viel lesendes Einzelkind als ‚kleiner Professor' *verulkt*[9] worden. Die sozialen Bewegungen jener Zeit wie Regionalismus und Schulreform führten zu regionsbezogenen praktischen Fächern wie Heimatkunde, Handarbeit und Werken. In der Provinz wie im bis zur Novemberrevolution 1918 selbständigen Großherzogtum stand man der Hegemonie der Reichspolitik Berlins distanziert gegenüber.

Die 1913 nunmehr dreifache Mutter Gretchen war *ganz erfüllt von ihrem neuerlichen Mutterglück*, wie sie wohl ein wenig selbstironisch schreibt. Sie genoss es, das Neugeborene auf dem Schoß zu halten. Sie schätzte am kleinen Enno besonders, dass er nie schrie und immer friedlich auf *die Fütterung* (wie man sich in der Familie scherzhaft ausdrückte) wartete. Leider war dieses Kind kränklich und zudem beängstigend mager. Der naturheilaffine Arzt, der eigentlich eher von Heilbädern mit Staßfurter Salz überzeugt war, verschrieb dem Kleinkind in den kriegsbedingten Hungerjahren einmal sogar ein viertel Pfund Zucker. Klein-Enno war jedoch enttäuscht, dass dieses Pfund nicht in erkennbaren Mengen, wie etwa in der Form eines Zuckerhuts, auf dem Tisch erschien. Er befürchtete eine unangemessene Umverteilung unter den Geschwistern.

Damals lebten die Meyers in der engen Schüttingstraße, in der Innenstadt Oldenburgs, in ihrem schmalen Haus, direkt über ihrem Geschäft. Sie wohnten dort zeitweilig mit dem Geigenbauer Kandelhardt und dessen Familie zusammen, später zogen die Kandelhardts in das Haus gegenüber.

Gustav Meyer (1882–1963) hatte das „Kurzwaren- und Trikot-Geschäft Wilhelm Martin Meyer" seines früh verstorbenen Vaters 1906 von seiner Mutter übernommen. Vorher hatte der *junge Mann* nach dem *Einjährigen* (Mittelschul-Abschluss resp. der mittleren Reife an einer höheren Schule) in Stade bei Hamburg eine kaufmännische Lehre absolviert, wo er das Radfahren kennenlernte. 1882 geboren, war er, da der Vater früh gestorben war, als Einzelkind aufgewachsen. Ab 1906 fuhr er gerne mit seinem lieben Gretchen, auch Deti genannt, zu deren Eltern nach Rastede

9 Im Sinne von „aufgezogen" oder „veräppelt" werden. Beim Arbeiten an diesem Aufsatz war ich übrigens verblüfft, feststellen zu müssen, wie sehr die Alltagssprache der Großeltern um etwa 1915 der unsrigen heute entspricht: Wörter wie das heutige „knuddeln" (für „herzen" resp. „knutschen" – s.u.) waren auch schon damals im Gebrauch.

3. Kurzwaren- und Trikot-Geschäft Wilhelm Martin Meyer

und genoss dort u.a. fröhliche und kurzweilige Weihnachten. Sofern der Laden lief, machte ihm die Tätigkeit als Kaufmann Spaß. Als es nach Ende des Zweiten Weltkrieg bis zur Währungsreform 1948 nichts zu kaufen und verkaufen gab, sank sein Lebensmut beinahe ins Bodenlose. Gretchen gelang es dagegen, durch vermehrten Kartoffel- und Gemüseanbau auf ihrem Bloherfelder Acker samt Freude „am Lustwandeln“ unter ihren Sonnenblumen (wie sie ihrem Ältesten scherzend schrieb) den Lebensmut zu bewahren.

Im November 1918 wurde das „Kriegsende [...] wohl von allen als Befreiung empfunden [...]“, schreibt Enno Meyer in seinen Erinnerungen.[10] Die Frauen mussten nun nicht mehr Geschäft und Haushalt alleine bewältigen. Es war eine Zeit des Umbruchs. Aus Furcht vor der Rätebewegung der Linken in Berlin, München und Bremen gründeten die Oldenburger Geschäftsleute eine Bürgerwehr, um ihre kleinen Geschäfte und die gewohnte Ordnung verteidigen zu können. Die aus heutiger Sicht verblüffend einseitige und teilweise gehässige Berichterstattung in der damaligen bürgerlichen Presse[11] nährte Befürchtungen, dass Spartakisten aus Bremen zum Plündern kommen oder Wilhelmshavener Matrosen Oldenburger Hafenarbeiter zu ähnlichem Tun inspirieren könnten. Enno Meyer dazu lakonisch: „Die Wache auf ihren nächtlichen Kontrollgängen war bei uns im Geschäft, und tagsüber spielten wir Jungs mit den Patronen [...] und Handgranaten.“[12]

10 Autobiografie von Enno Meyer, 1992 handschriftlich verfasst, im Familienarchiv Meyer-Renschhausen in Oldenburg.

11 Die Verfasserin hat im Rahmen von Diplom- sowie Doktorarbeit besonders die Zeit von 1918 bis 1933 im Staatsarchiv Bremen erforscht. Dabei überraschte sie die Berichterstattung der bürgerlichen Presse, sogar der zunächst noch linksliberalen DDP-nahen Presse, über die Arbeiterbewegung. Die Deutsche Demokratische Partei (DDP) vertrat damals wichtige Sozialreformen zugunsten von berufstätigen Frauen, Witwen, ledigen Müttern etc. Sie wurde deshalb von der Mehrheit der damaligen Frauenbewegung gewählt. Mit ihrer späteren Verwandlung in eine „Staatspartei“ verlor sie diese Anhängerschaft und versank in der Bedeutungslosigkeit.

12 Autobiografie von Enno Meyer (wie Anm. 10), S. 10.

Besonders der zweitgeborene Bruder, Gerold Meyer (1911–1987), der später das Ladengeschäft übernahm, war vielseitig begabt. Als kleiner Junge war er dermaßen mitteilsam, dass er manche Tischgespräche fast allein bestritt und sein Vater ihn dafür am liebsten pausenlos *geknuddelt* hätte.[13] Gerold war eine Künstlernatur, der als Vierjähriger schon Kunstmaler werden wollte. Er hinterließ einige sehr beeindruckende Skulpturen. Als Junge hielt er einen halben Zoo: Vögel, Mäuse, Würmer. Nach dem Schulabschluss konnte er sich nicht entschließen, was er werden wollte; er schloss sich zeitweilig den Nationalsozialisten an. Wie sein älterer Bruders Hans mir erzählte, sollte Gerold als der zweite Sohn ohnehin das Geschäft übernehmen. Schließlich machte Gerold Meyer eine Tischlerlehre und lernte dabei die jüngste Tochter seines Lehrmeisters, Gertrud, genannt Trudel, kennen. Die beiden heirateten. Der Tischlermeister Denkmann vererbte dem jungen Paar jenen Acker in Bloherfelde, wo in den Jahren 1945 bis 1948 neben Gretchen sämtliche Meyers ihre Kartoffeln anbauten. Danach errichtete Gerold Meyer dort ein selbstentworfenes Haus und legte einen vielbewunderten Garten mit Teich an, der als anerkanntes Ökotop galt.

Gertrud Meyer-Denkmann (1918–2014) half zu Stoßzeiten im Laden. Als Künstlerin nahm sie für sich und ihren Sohn den Doppelnamen an. Ansonsten führte sie – sie hatte am Bremer Konservatorium Musik studiert – ein bewegtes Leben als Musikpädagogin und Vertreterin der Neuen Musik. Als de facto Dauer-Lehrbeauftragte konnte sie an der Universität Oldenburg bis fast zu ihrem 80. Lebensjahr unterrichten.[14]

Aber zurück in die 20er Jahre: Bis 1924 wohnte die Familie in der Schüttingstraße. Mangels anderer Orte spielten die Kinder zusammen auf dem Flachdach über dem Ladenlokal. Der Knabe Enno hatte sich dort einmal sogar ein Häuschen gebaut mit Möbeln, Beleuchtung und allem Drum und Dran. Stets waren diverse Nachbarskinder dabei. Enno fiel erst später auf, dass sie mit den Kindern der Nachbarfamilie Goldschmidt eigentlich nie gespielt hätten. Die Goldschmidts ließen ihre Kinder nicht auf die Straße. Möglicherweise befürchteten sie antisemitische Äußerungen, wie sie nach dem Ersten Weltkrieg auch im Oldenburger Land (unter

13 Wie der stolze Vater Gustav im Ehetagebuch gesteht. Ehetagebücher. Bd. 1 (wie Anm. 8). Derzeit ist bei Ebay eine Holzschnitzerei von G.M. zu verkaufen „Deutscher Landser Kriegsgefangener 1945 (Skulptur Gerold Meyer * 1911 Oldenburg)“ <https://www.ebay.de/sch/i.html?_from=R40&_trksid=m570.l1313&_nkw=Deutscher+Landser+Kriegsgefangener+1945&_sacat=0> (Abruf, 19.9.2018).

14 Gertrud Meyer-Denkmann hinterließ zahlreiche Schriften und eine gedruckte Biografie, in der ihre Familie jedoch kaum vorkommt: Gertrud Meyer-Denkmann: Zeitschnitte meines Lebens mit neuer Musik und Musikpädagogik 1950–2005. Hofheim 2007. Sie erhielt die erste Ehrendoktorwürde, die die Universität Oldenburg verlieh. Sie empfand es jedoch als ehrenrührig, dass sie als Lehrbeauftragte mit einem so wichtigen Lehrgebiet über viele Jahre hinweg gleichbleibend miserabel honoriert wurde.

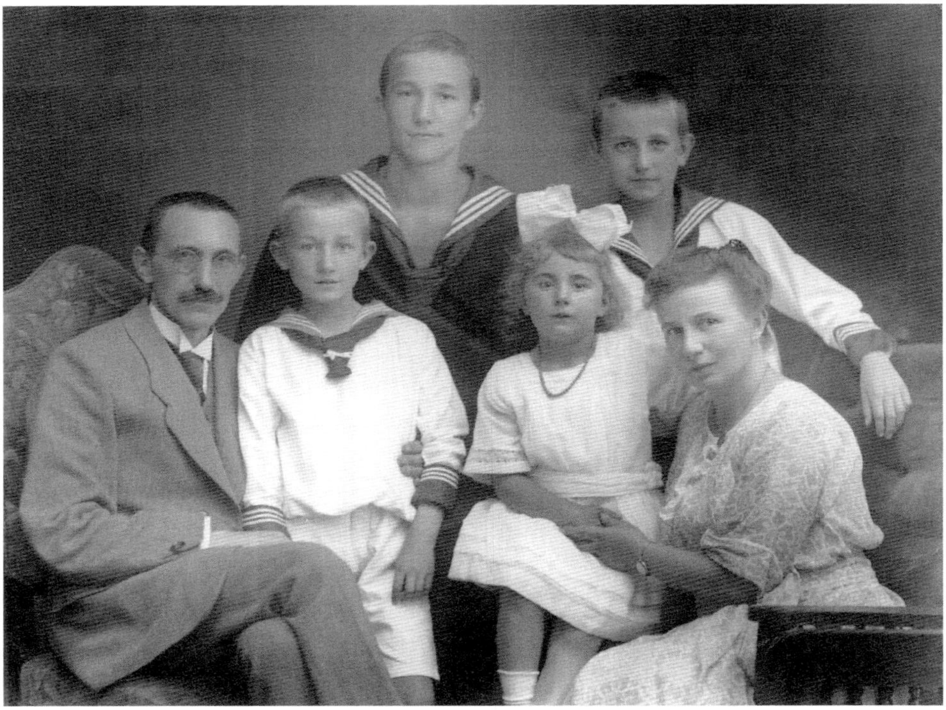

4. Die Familie Meyer 1922, Vater Gustav, Enno, Hans, Almuth, Gerold und Mutter Gretchen (v.l.)

anderem an den Schulen auch seitens der Lehrer) vermehrt vorkamen.[15] Erst 1992 wollte sich Enno Meyer erstmals mit dem gleichaltrigen Günther Goldschmidt, der mittlerweile in New York lebte, treffen. Dessen Eltern und zwei der vier Geschwister waren in den NS-Vernichtungslagern ermordet worden.[16]

Ennos hochbegabter ältester Bruder Hans (1908–1994) machte seinen Eltern in den frühen 20er Jahren Sorgen, weil er sich absonderte und kaum Freunde hatte. Immerhin beteiligte er sich einige Zeit begeistert an einem Bibelkreis, dann schloss er sich einer verbotenen Schülerverbindung an. Die Eltern waren dagegen, ließen den in ihren Augen allzu kontaktarmen Knaben aber gewähren. Hans flog aufgrund

15 Niedersächsisches Landesarchiv Oldenburg, Erw. 80, Best. 271-81, Nr. 16, Brief einer Zeitzeugin, zit. in: Rede Dr. Enno Meyer zur Gedenkfeier an das Pogrom 1938 in Oldenburg, 9.11.1978.

16 Niedersächsisches Landesarchiv Oldenburg, Erw. 80, Best. 271-81, Nr. 16. Nach einem undatierten Zeitungsausschnitt. Offenbar trog hier Enno Meyers Gedächtnis. Laut dem Oldenburger Adressbuch befand sich der Laden der Goldschmidts in der Achternstraße, gewohnt hat die Familie in der Gartenstraße. Nach 1933 war der ebenfalls überlebende Bruder nach London emigriert. Aufgrund von Krankheiten kam die Begegnung nach Wissen der Autorin nicht mehr zustande.

der Zugehörigkeit zu dieser Verbindung „Vandalia"[17] jedoch tatsächlich von der Schule. Er machte daraufhin sein Abitur in Wilhelmshaven. Als ‚Überflieger' durfte er studieren, was damals in Oldenburg das Privileg des ersten Sohnes war. Er wurde Ingenieur und arbeitete bei Siemens in Berlin und später als Verkaufsleiter bzw. Direktor der SABA-Werke[18] in Villingen. Dort nahm er in den 50er Jahren mit der ganzen Familie den Doppelnamen Meyer-Oldenburg an. Und er holte die Familie seiner Schwester Almuth, die als Kriegswitwe in zweiter Ehe Wolfgang Nebe geehelicht hatte, ebenfalls nach Villingen.

Im Verlauf der 20er Jahre verlor Oldenburg etwas von seiner ehemaligen Beschaulichkeit als kleine Residenzstadt. Durch die enge Schüttingstraße fuhren nun schon so viele Autos, dass der Knabe Enno sich daran machte, die Autonummern aufzuschreiben, um eine Statistik über die Herkunft der Fahrzeuge zu erstellen. Gretchen Meyer war noch Plattdeutsch sprechend aufgewachsen. In Oldenburg sprach sie nur noch mit ihrer Katze platt. Amüsiert notierte die Mutter die Konversation ihrer Söhne mit der Katze – ebenfalls auf platt. Mit zehn Jahren fuhr Enno mit seinen Brüdern bereits per Bahn oder Rad allein auf das Sommergrundstück der Familie nach Sandkrug vor den Toren Oldenburgs. Als Gretchen ihrem Gustav, der die Familienkasse unter eisernem Verschluss hielt, 1924 einmal einen sommerlichen Familienaufenthalt an der Ostsee hatte abringen können, befanden sie hinterher die Freiheit auf ihrem Waldgrundstück in Sandkrug als doch viel schöner. Auch wenn es von dort ein ganzes Stück bis zur Badestelle am Huntebogen zu radeln war.

Gustav Meyer wählte traditionell die Deutschnationale Volkspartei (DNVP). Wie viele Oldenburger verehrte Gustav den Generalfeldmarschall Paul von Hindenburg, der in der kleinen Residenzstadt während der 1890er Jahre das Infanterieregiment 91 geleitet hatte und von der Stadt 1917 die Ehrenbürgerwürde verliehen bekam. Gustav fuhr als junger Mann einmal eigens nach Hannover, wo Hindenburg wohnte, nur um ein Autogramm zu bekommen. Die Brüder Hans und Enno wurden Mitglieder des „Jungstahlhelms", der Jugendorganisation des „Stahlhelms". Nach dessen Antisemitismus gefragt, erklärte mir mein Vater, er habe erst viel später „gemerkt", dass der „Jungstahlhelm" keine Juden aufnahm. Nach der Machtübernahme der Nationalsozialisten wurde der „Jungstahlhelm" 1933/34 in die SA eingegliedert. So ist es

17 Vgl. Niedersächsisches Landesarchiv, Oldenburg, Erw. 55 227-4/Nr. 10, S. 162ff.: „Antrag Hans-Wilhelm Meyer, Schüttingstr., zu accipieren, zurückgezogen", S. 183: Hans Meyer sollte mit acht weiteren Primanern zusammen-„gekeilt" werden […]. Nach Hans von Seggern hatten die Oldenburger Schuldirektoren – obschon sie stets nur die Reichs- statt die Nationalflagge der Weimarer Republik hochziehen ließen – Schülerverbindungen generell verboten. Gespräch am 22.8.2018; Laut Enno Meyer initiierte Hans von Seggern 1930 eine Schüler-AG zum eingehenderen Studium des Deutschtums im Osten, Enno Meyer: Das östliche Europa als pädagogisches und wissenschaftliches Anliegen. Dortmund 1988 (Forschungsstelle Ostmitteleuropa), S. 9.

18 SABA – Schwarzwälder Apparate-Bau-Anstalt August Schwer Söhne GmbH war ein bis 1986 unter diesem Namen existierender deutscher Rundfunkgerätehersteller.

5. Der Garten in Sandkrug

eventuell zu erklären, dass Enno Meyer der „Tag von Potsdam" am 21. März 1933 mit einer (nach dem Versailler Vertrag illegalen) Übung der Reichswehr auf dem Truppenübungsplatz in Munster – wie er sich ausdrückte – *imponierte.*[19]

Studium und Krieg

Ab 1934 ging Enno Meyer zum Studium der Geografie, Geschichte und Germanistik nach München, später nach Königsberg und schließlich nach Rostock. In München trat er wie bereits sein Bruder Hans der deutschnationalen Studentenverbindung Rhenania bei. Die Rhenania ging 1935 im Nationalsozialistischen Deutschen Studentenbund auf. Im Sommer des gleichen Jahres unternahm Enno Meyer mit vier Bundesbrüdern die letzte der obligatorischen Gottschee-Fahrten (Slowenien), um dem Anliegen der „Stärkung der deutschen Sprachinseln" im Rahmen der „Grenz- und Auslandsarbeit" gerecht zu werden. Er hielt den Kontakt zu einigen Oldenburger Schulfreunden, insbesondere zu Hans von Seggern, aufrecht. Dieser

19 Autobiografie von Enno Meyer (wie Anm. 10).

studierte nach dem Zweiten Weltkrieg Theologie und wurde Pastor sowie Militärgeistlicher. Gern erinnerte sich Enno Meyer an eine Radtour, die er im Sommer 1933 mit Hans von Seggern von Fulda nach Wien unternahm. Sich ab und an unbemerkt an einen LKW anzuhängen half über manche Berge und beschleunigte die Fahrgeschwindigkeit aufs Angenehmste.[20]

Den ein Jahr jüngeren Hans von Seggern kannte Enno, „weil er" – so Hans von Seggern – „das Kunststück fertig gebracht hatte, mit einer Eins in Erdkunde und Geschichte sitzen geblieben zu sein" (tatsächlich Folge einer Erkrankung). „Er wurde dann sofort eine Art Klassensprecher, schon deshalb weil er am meisten wusste und weil er eine Funktion im Verein für das Deutschtum im Ausland (VDA) hatte". Dem VDA traten die Schüler als Reaktion auf den als ungerecht empfundenen Vertrag von Versailles bei, erklärte mir von Seggern. Tatsächlich waren viele Schüler im VDA, „das gehörte sich so", wie sich Hans von Seggern erinnert.[21] Der ehemalige Leiter des NS-Dokumentationszentrums Köln, Horst Matzerath, versteht den VDA als eine revanchistische Vereinigung, der beizutreten die Schüler in der Zeit der Weimarer Republik de facto gedrängt wurden.[22]

Räumlich auseinandergerissen, tauschten die Geschwister Hans, Enno, Gerold und Almuth sich im sogenannten HEGA-Briefwechsel aus und berührten dabei auch politische Fragen. Der fünf Jahre ältere Bruder Hans, bereits Ingenieur in Berlin und glücklicher Vater, kritisierte die Aufrüstungspolitik des NS-Staates ebenso wie das „KdF"-Programm[23]. Die Ungerechtigkeit der „Arisierung" der Fabrik, in der er als leitender Ingenieur arbeitete, kommentierte er nicht. Hans erzählte Anfang 1940, dass er aus Kirche, Rhenania und SA ausgetreten sei.[24] Der 23-jährige Student Enno hingegen verteidigte die NS-Politik: Deutschland müsse aufrüsten, um „wieder hoch kommen zu können". Und: „[…] ein Leben in Schönheit und Würde kann ein Staat seinen Bürgern doch nur dann ermöglichen, wenn er den Nachbarn

20 Enno Meyer: Die Gottscheefahrt 1935. In: Mitteilungen der Burschenschaft Rhenania, 41 (1935), S. 13–15; Informationen von Hans von Seggern im April und Mai 2018.

21 Gespräche mit Hans von Seggern am 22.8.2018 und 4.9.2018. Der Vertrag von Versailles habe den deutschen Kriegsverlierern – nach Auffassung der damals großen Mehrheit der Deutschen – zu hohe Schulden aufgebürdet. Bekräftigt wurden diese Ansichten von John Maynard Keynes in seinem 1919 veröffentlichten Buch „Die wirtschaftlichen Folgen des Friedensvertrages". Neuere vergleichende Forschungen weisen darauf hin, dass Länder wie Österreich, Ungarn und Bulgarien härter von den Bedingungen der Pariser Friedensverträge betroffen waren. Vgl. Robert Gerwarth: Die Besiegten. Das blutige Erbe des Ersten Weltkriegs. München 2016, S. 261–268.

22 Gespräch mit Prof. Dr. Horst Matzerath am 2.9.2018. 1881 wurde der „Allgemeine deutsche Schulverein zur Erhaltung des Deutschtums im Ausland" gegründet. 1908 wurde er in „Verein für das Deutschtum im Ausland" umbenannt.

23 Die NS-Organisation „Kraft durch Freude" (KdF).

24 HEGA-Briefwechsel: Briefe, die die vier Geschwister sich ab etwa Mitte 30er Jahre abwechselnd schrieben. Kopie der Abschrift von Geertje Fischer, Original im Besitz von Geertje Fischer, Lübeck. Brief von Hans aus Woltersdorf vom 14.1.1940.

6. Enno Meyer als Student

die Möglichkeit nimmt, sich in seine Verhältnisse einzumischen". Und so Enno weiter: Das KdF-Ferien-Programm würde „dem kleinen Mann vermitteln", dass auch „er geachtet und für voll genommen" werde.[25]

Dies schrieb Enno Meyer nach seinem Studienaufenthalt in Königsberg, wo er das Sommersemester 1936 verbracht hatte. München habe er auch deshalb verlassen, weil ihm die rasche Eingliederung der Rhenania in die SA als Betrug und Wortbrüchigkeit empört habe. Allerdings wurde ein sogenanntes „Ostsemester" auch seitens des NS-Staats propagiert und durch Fahrpreisermäßigungen gefördert.[26] Enno reizten die Seminare sowie die angebotenen Ausflüge, um die Geschichte und die Kultur des Ermlandes und der Masuren näher kennenzulernen. Seine positiven Eindrücke von den Einwohnern und der fremden Schönheit der Natur hielt er in Briefen an seine Eltern und Geschwister fest. Im Gegensatz zur Münchener Zeit verzichtete er jetzt auf Kneipenrunden und studierte nunmehr ‚Vollzeit'. Er lernte unter anderem intensiv Polnisch. In Rostock studierte er dann u.a. bei dem Sprachwissenschaftler Kurt Stegmann von Pritzwald zusätzlich Polnisch und auch Litauisch. Seine Doktorarbeit über die Insel Poel konnte er ohne jegliche Anbiederei und „Heil Hitler"-Grüße publizieren.

Die „Reichskristallnacht" erlebte Enno Meyer zufällig in Berlin. Er sah auf der Leipziger Straße die erschrocken verstummten Menschenmengen vor den demolierten Schaufenstern jüdischer Schmuck-, Leder oder Textilhändler und Ähnliches an der rauchenden Ruine der Synagoge in der Fasanenstraße. Er war erschreckt, bestürzt, beschämt:[27] „Für mich ein Schlüsselerlebnis bis heute. Ich schämte mich darüber, dass in Deutschland derartiges geschehen konnte."[28] Nach Abschluss sei-

25 HEGA-Briefe. Brief von Enno aus Oldenburg vom 12.10.1936.

26 Vgl. HEGA-Briefe. Brief von Enno aus Königsberg vom 7.4.1936. Er schrieb wörtlich: „Bald danach, im Herbst 1935 und Januar 1936 kam dann das bittere Ende der Burschenschaft. – Nach alle dem, was wir damals an Wortbruch und Lüge erlebt haben, kann man es heute wirklich keinem Studenten mehr verübeln, wenn er für die Parteigliederung an der Hochschule nichts mehr übrig hat." Vgl. auf der anderen Seite: Ansprache des Führers der Danziger Studentenschaft, Nothdurft, vom 9.6.1935. In: Volksdeutsche Gestaltung. Aufrufe und Bekenntnisse zur gesamtdeutschen Verbundenheit, Grußworte, Drahtungen, Reden und Pressestimmen anläßlich der Ostlandtagung, Pfingsten 1935, des Volksbundes für das Deutschtum im Ausland, in Königsberg. Berlin 1935, S. 69f.

27 Niedersächsisches Landesarchiv Oldenburg (wie Anm. 15); vgl. auch: Enno Meyer: Die Reichskristallnacht in Oldenburg. Oldenburg1978, S. 9.

28 Eine weiteres autobiografisches Schriftstück von Enno Meyer mit der Überschrift „Pariser Zeit

nes Studiums 1939 hatte er am Schuldienst auch aufgrund dieses Erlebnisses wenig Interesse. Stattdessen bewarb er sich auf Anraten seines Dozenten Kurt Stegmann von Pritzwald[29] als Assistent an das Deutsche Ausland-Institut in Stuttgart. Hier konnte er seinem besonderen Interesse, der Erforschung von Minderheiten, nachgehen. Er empfand das halbe Jahr dort als außerordentlich anregend und verfasste seinen ersten Aufsatz über das Thema ‚Minderheiten' mit dem Titel *Die Polen in Belgien, Luxemburg und den Niederlanden*.[30]

Im März 1940 wurde der junge Forscher eingezogen. Weil er sich vor militärischem Stumpfsinn fürchtete, kam er durch Vermittlung von Kurt Stegmann von Pritzwald in das „Bau-Lehrbataillon z.b.V. 800" in Brandenburg, eine Einheit, die „zur besonderen Verwendung" direkt dem Oberkommando der Wehrmacht unterstellt war. Dort lernte er den Umgang mit Sprengstoff und das Reiten. Er traf hier auf Auslandsdeutsche, die bereits in anderen verbündeten Armeen gedient hatten.[31] Nach der Grundausbildung gelang es ihm, sich nach Paris versetzen zu lassen. In der von der Wehrmacht besetzten Metropole war er fern vom eigentlichen Kriegsgeschehen. Als ihm der Tod eines Freundes, der, um Offizier werden zu können, an die Ostfront gegangen und dort gefallen war, sehr nahe ging, schickte ihn sein Kompaniechef Alfred Toepfer auf eine Erkundungsreise in das von den Deutschen noch nicht besetzte Südfrankreich mit Quartier in Nizza.

Nebenbei gelang es Enno, seine Schwester Almuth nach Paris nachzuholen, indem er eine Sekretärinnenstelle in seiner Einheit für sie auftrieb. Almuth, die Jüngste der vier Geschwister, wie Gerold auch künstlerisch recht begabt, hatte in Kassel „Gutssekretärin" gelernt. Sie wollte gerne von zu Hause weg, um eigenständig leben zu können. Das war damals nicht so einfach für ein jüngstes Kind, zumal nicht für ein Mädchen, das zudem ein ausgesprochener Liebling der Eltern war. Almuth Meyer traf in Paris zu ihrer Überraschung den fröhlichen Bruder Alfred ihrer Schulkameradin Magdalene Renschhausen und ging wohl auch mal mit ihm aus. Die jungen Leute waren von der Seine-Metropole also solcher wie auch etwa der Musik Django Reinhardts begeistert. Ihre Arbeitgeber dort hinterfragten sie nicht.

1942 kam Enno Meyer als Unteroffizier an die Ostfront bei Leningrad. Dort musste er in der Wehrmacht dienende volksdeutsche (kaschubische) Soldaten[32] befragen,

---

und was danach war" – offenbar handschriftlich verfasst und von der Schwester Almuth Nebe 2003 (bedingt) geordnet und abgetippt, im Besitz der Verfasserin.

29 Kurt Friedrich Woldemar Stegmann von Pritzwald war Förderer und später Mitglied der NSDAP. Er war ein führendes Mitglied des VDA und zudem im wissenschaftlichen Rat des Deutschen Ausland-Instituts. In Rostock unterrichtete er 1938–1939 vertretungsweise vergleichende Sprachwissenschaft. <https://de.wikipedia.org/wiki/Kurt_Stegmann_von_Pritzwald> (Abruf, 3.9.2018).

30 Enno Meyer: Die Polen in Belgien, Luxemburg und den Niederlanden In: Volksforschung, 3, 4 (1939/40), S. 253–259, zit. nach Meyer: Das östliche Europa (wie Anm. 17), S. 13.

31 Autobiografie von Enno Meyer (wie Anm. 10), S. 19–21.

32 Viele Kaschuben, die westlich von Danzig leb(t)en, galten nach der völkischen NS-Ideologie als regermanisierbar. Diese erhielten zumeist den Volkslisten-Status 3, auf diese Weise konnten die

warum aus ihren Reihen so viele zur Roten Armee desertiert seien. Sie erzählten ihm, dass sie eigentlich gar keine Deutschen wären, sondern sozusagen aus Gründen der Statistik zu solchen gemacht worden wären. Und sie berichteten ihm ausführlich über die Gräueltaten, die ihre Familien unter der deutschen Besatzung erlitten hatten. Der nun Dreißigjährige war erschüttert hören zu müssen, wie grausam die deutschen Besatzer mit den Slawen im Allgemeinen und den Polen im Besonderen nach dem September 1939 umgegangen waren und wie viele von ihnen ermordet worden waren. Das wurde für ihn zum (zweiten) Schlüsselerlebnis.[33]

Wie die meisten seiner Generation hat er über seine Kriegszeiten später wenig gesprochen. Stattdessen widmete er sich aktiv der Erforschung der Geschichte vor und nach 1933[34], der Versöhnung zwischen den ehemals verfeindeten Nachbarn, besonders Polen und Deutschen, sowie zwischen Juden und Deutschen.

Neuanfang nach 1945

Bereits im August 1945 wurde Enno Meyer aus britischer Gefangenschaft entlassen. Sein Lazarettaufenthalt bei Kriegsende hatte ihm Schlimmeres erspart. Als sich nach Kriegsende alle im Elternhaus in Oldenburg wiederfanden, empfahl Almuth ihrem Bruder, nach Stuttgart zu fahren und dort ihre Schulfreundin Magdalene Renschhausen zu besuchen, die er von der Schulzeit her kannte. Magdalene arbeitete dort in Vollzeit als Krankengymnastin in einem Lazarett sowie zusätzlich als Selbständige, da sie ihre Eltern miternähren musste. Die Kartoffelnot in Stuttgart legitimierte einen baldigen Gegenbesuch in Oldenburg. Die Verlobung im Januar 1948 bewertete Enno Meyer in seinen Memoiren von 1992 als „die wohl glücklichste Entscheidung meines Lebens."

Da mangels Stellen an eine wissenschaftliche Laufbahn nicht mehr zu denken war, bewarb er sich für den Schuldienst in Oldenburg. Während eines Zusatzstudiums in Münster, um mit der Lehrqualifikation für Deutsch in der Oberstufe auch Studienrat werden zu können, sah er dort einen Gedenkstein für die zerstörte Synagoge. Daraufhin regte er per Leserbrief in der *Nordwest-Zeitung* an, etwas Ähnliches auch in Oldenburg zu schaffen. Er wurde daraufhin von Frau Friede Meiners, Vorsteherin der kleinen Jüdischen Gemeinde in Oldenburg, angeschrieben, und so entstand

---

jüngeren Männer in die Wehrmacht eingezogen werden, was sie nicht selten in Konflikt mit ihrem überwiegend polnischen Selbstverständnis brachte.

33 Meyer: Das östliche Europa (wie Anm. 17), Autobiografie von Enno Meyer (wie Anm. 10), S. 16f.

34 Diese Aufsätze erschienen zunächst meistens in Zeitschriften wie der „Geschichte in Wissenschaft und Unterricht" und später auch in der Schriftenreihe der Niedersächsischen Landeszentrale für politische Bildung.

Anfang der 60er Jahre die „Gesellschaft für Christlich-Jüdische Zusammenarbeit" in Oldenburg. Enno Meyer wurde deren erster Vorsitzender. Jedoch erst 1967 kam es zur Einweihung des ersten Gedenksteins am Platz bei der ehemaligen Synagoge, der – auf eine Anregung des ehemaligen Landesrabbiners Leo Trepp hin – mit hebräischen Buchstaben fragt: „Haben wir nicht alle einen Vater [...]?".[35] Enno Meyer widmete sich vermehrt dem Studium der NS-Geschichte, zumal es entsprechende Materialien für den Unterricht noch nicht gab. Er ersetzte fehlende Lehrbücher durch eigene Materialsammlungen und Forschungen. Ein ernsthaftes Interesse an neuen Schulbüchern entstand erst in den 70er Jahren.

Zugleich trug Enno Meyer die Namen der ehemaligen Oldenburger jüdischen Familien zusammen. Und so wurde es der Stadt Oldenburg und ihm möglich, alle Oldenburger Juden, die noch lebten und kommen konnten, zum 8. Mai 1985 zu einem Wiedersehenstreffen nach Oldenburg einzuladen.[36]

Unsere Mutter, Magdalene Meyer geb. Renschhausen (1918–1998), mit ihrer großen Offenheit für andere Menschen und ihrer Freude am Briefe schreiben war es maßgeblich zu verdanken, dass aus etlichen dieser Kontakte Freundschaften wurden. So ergaben sich für unsere Eltern interessante Reisen und berührende Begegnungen in Israel und in New York. Möglicherweise auch durch die Lektüre meiner Dissertation zur ersten Frauenbewegung in der Zeit des Kaiserreichs und der Weimarer Republik hat unser Vater verstanden, wie sehr unsere Mutter seine Arbeiten indirekt und direkt unterstützt hat. Anlässlich von Auszeichnungen wie der Verleihung des Bundesverdienstkreuzes oder des Oldenburger Stadtsiegels hat er sich bei seiner Frau Magdalene stets besonders bedankt, dass sie ihm durch das Abnehmen der Hausarbeiten sein Schreiben und gesellschaftliches Engagement ermöglicht hat.

1956 wurden Enno Meyers 47 Thesen mit dem Titel *Über die Darstellung der deutsch-polnischen Beziehungen im Geschichtsunterricht* mit Hilfe des Braunschweiger Schulbuchinstituts gedruckt. Eine erste Anerkennung dieser Arbeit erfuhr er durch die Einladung zum internationalen Historikerkongress nach Stockholm im Jahre 1960. 1972 war der Beginn der offiziellen deutsch-polnischen Schulbuchgespräche in Warschau. Die Reise dorthin hat unsere Mutter, da *die Damen mitreisen durften*, in einem Reisetagebuch und Fotoalbum ausführlich dokumentiert.[37]

Ende der 60er/Anfang der 70er Jahre trat Enno Meyer für kurze Zeit der CDU bei, wohl auch, um sich vor geschätzten Kollegen wie etwa Werner Broll von uns

35 Niedersächsisches Landesarchiv Oldenburg (wie Anm. 15).

36 Enno Meyer: Die im Jahre 1933 in der Stadt Oldenburg i.O. ansässigen jüdischen Familien. Herkunft, berufliche Gliederung, späteres Schicksal. In: Oldenburgisches Jahrbuch, 70 (1971), S. 31–78.

37 Das Reisetagebuch von Magdalene Meyer wurde in der Ausstellung des Braunschweiger Schulbuch-Instituts zum 25. Jubiläum der Einrichtung vollständig ausgestellt. Die Ausstellung würdigte Enno Meyer als Ideengeber der deutsch-polnischen Schulbuchgespräche.

Geschwistern politisch abzusetzen.[38] Es war ihm unangenehm, dass – wie er sich gerne drastisch ausdrückte – *seine Brut mit langen Haaren, Parkas und Jesuslatschen* allzu augenscheinlich mit der Außerparlamentarischen Opposition (APO) symphatisierte. Mein Bruder Martin und ich waren beide im Vorstand des „Liberalen Schülerbundes", und unser Bruder Borchard war ebenfalls dort Mitglied. Wir schrieben und unterschrieben die Leserbriefe des Schülerbunds an die Nordwest-Zeitung, in denen es um aus heutiger Sicht überaus bescheidene Reformen wie Koedukation oder mehr Wahlfreiheit in der Oberstufe ging – Dinge, die später umgesetzt wurden.

Mich, seine älteste Tochter Elisabeth Meyer-Renschhausen,[39] unterstützte mein Vater wohl fast drei Jahre lang bei der Herausgabe der Schülerzeitung *Fragezeichen* an der Cäcilienschule, indem er meine Artikel mit mir diskutierte und auch das Korrekturlesen übernahm. Mein erster Artikel behandelte eine Art ‚Lehrerstreik': Damals weigerten sich die Lehrer plötzlich, die beliebten einwöchigen Klassenfahrten weiterhin zu unternehmen, weil die Versicherungen ihnen die gesamte Verantwortung auferlegen wollten. Das war für uns Schüler extrem enttäuschend und auch für die vom Wert dieser Fahrten überzeugten Lehrer ernüchternd. Dank meines Vaters Bereitschaft, mir bei der Redaktion der Schülerzeitung zu helfen, kam ich zu Themen wie dem Fortwirken des Antisemitismus über das „Dritte Reich" hinaus. Ich schrieb über den traurigen Fall eines Wirts bei Jever, der seine Kundschaft verlor, als bekannt wurde, dass er nach 1933 einigen Juden das Leben gerettet hatte. In diesem Zusammenhang las ich auch meines Vaters Buch *Juden und Judenfeinde in der christlichen Welt.*[40]

Als Schalom Ben-Chorin (1913–1999), einer der ersten Israelis, der für Verständigung mit den Deutschen eintrat, in den späten 60er Jahren nach Oldenburg kam, konnte ich ihn für die Schülerzeitung interviewen. Als ich ihn im Sommer 1969 in Jerusalem besuchte, lud er mich und meine Klassenkameradin zu einer reformierten Laubhütten-Fest-Feier ein. Denn nach dem Abitur verbrachte ich einen Sommer als Erntehelferin in einem Kibbuz. Die Kibbuzim interessierten uns als

38 Werner Broll (geb. 1932) war ab 1958 Gymnasiallehrer in Oldenburg und 1989 bis 1997 Direktor des damals neu gegründeten Bundesinstituts für ostdeutsche Kultur und Geschichte. – Wieso der wenig revolutionäre „Liberale Schülerbund" für solche Aufregung sorgen konnte, ist heute kaum noch nachvollziehbar. Wir waren schlicht ‚Schülerbewegte' und wollten mehr Zeit für die ‚Nebenfächer' wie Geschichte etc. Offenbar bekamen wir von der FDP angeboten, unsere Landesvorstandstreffen im Rahmen der FDP-Niedersachsentreffen kostenfrei abzuhalten und kamen so zum „Liberalen Schülerbund". Unser Vetter Gerriet Meyer-Denkmann gründete aus Protest gegen dieses Kompromisslertum einen „Sozialistischen Schülerbund", und die jüngeren Geschwister engagierten sich dann zeitweilig in den „Roten Zellen".

39 Den Doppelnamen tragen wir Geschwister seit 1955, als unser Großvater Fritz Renschhausen in Göttingen befürchten musste, beide Söhne im Krieg verloren zu haben, und sich um das Fortleben seines Namens sorgte. Er übernahm die Kosten der Namensänderung. 1956 kehrte Karl-Ludwig Renschhausen dann doch noch aus der Gefangenschaft in Sibirien zurück.

40 Enno Meyer: Juden und Judenfeinde in der christlichen Welt. Darmstadt 1962 (2. Aufl. 1966).

„utopian communities“ mit ihrer reformpädagogischen Praxis, da wir uns mit reformpädagogischen Ideen zu befassen begonnen hatten. Als ich ab 1978 in Berlin im Rahmen der entstehenden Frauengeschichtsforschung Wissenschaftlerinnen aus New York traf, stammten viele von ihnen aus Familien von emigrierten deutschen Juden. Später erleichterten mir die Freundschaften wie etwa mit den Historikerinnen der „German Women's History Group“ meine Recherchen in den *Community Gardens* der Ghettos von New York.

Dr. phil. Enno Meyer, worauf er Wert legte – denn den ostfriesischen Vornamen Enno gab es im Norden häufiger –, war alles in allem ein eher bescheidener, ein wenig selbstvergessener Mann, der sich kaum in den Vordergrund schob. Die Position eines Gymnasialdirektors lag ihm nicht, obgleich meine Mutter, deren Vater es als Halbwaise zum Oberst gebracht hatte, dies gern gesehen hätte. Die Aussicht, weniger Zeit zum Forschen zu haben und stattdessen Verwalten zu müssen, war meinem Vater *grässlich*, wie er sich ausdrückte. Mehr Geld zu verdienen, interessierte ihn nicht. Dennoch unterrichtete er ab 1969 zusätzlich an der Abendschule, um uns Geschwistern das Studium zu ermöglichen. Die Haushaltsführung einschließlich des Sparens überließ er gerne der *Herrin des Hauses*. Über die zeitraubende Arbeit der Vorbereitung der vielen Unterrichtsstunden klagte er nie.

Obgleich mein Vater ein ausgeglichenes Naturell hatte, empörte es ihn, wenn sich jemand unstatthaft Kompetenzen und Entscheidungsgewalt anmaßte, wie etwa der Geschäftsführer der „Gesellschaft für Christlich-Jüdische Zusammenarbeit“, der Entscheidungen traf, ohne seinen Vorsitzenden zu fragen, und manchmal ein wenig so klang, als wäre er der alleinig Tätige im Verein. Enno Meyer war ein Mensch, der sich in die Sachen ganz hineinkniete und stundenlang am Schreibtisch sitzen konnte, wenn er nur zwischendrin in seinem Garten *pusseln* konnte. Tatsächlich wurde sein scherzhaft so genannter ‚Englischer Garten‘ von den vielen Gästen unserer sozial sehr aktiven Mutter bewundert. Magdalene Meyer war – obgleich konservativ in vielem – zugleich sehr unkonventionell und Neuem gegenüber stets aufgeschlossen. Ihr fiel es im Gegensatz zu ihrem Mann leichter, sich den neuen Verhältnissen anzupassen, wie etwa beim damals sich verbreitenden Brauch, sich einander nur noch beim Vornamen zu nennen.

1977 kamen unsere Eltern ganz beschwingt aus New York zurück. Es hatte sie getröstet, bei ihren Gastgebern, wie dem aus Oldenburg stammenden Ehepaar Weinberg, erfahren zu haben, dass auch auf der anderen Seite des Atlantiks ihre Altersgenossen sogar unter den emigrierten deutschen Juden Schwierigkeiten mit ihrer studentenbewegten Jugend hatten. Auch in New York warfen die Jungen ihren Eltern vor, über ihre Vergangenheit nicht zu sprechen. Sie unterschätzten dabei die oft zerstörerischen Schuldgefühle der Überlebenden gegenüber denjenigen, die sie nicht hatten retten können, wie etwa die eigenen Eltern und Großeltern.

Enno Meyer zählte in der Bundesrepublik zu der kleiner werdenden Gruppe von Gymnasiallehrern, denen es gelang, neben ihrem hohen Stundendeputat auch noch zu forschen und zu publizieren. Sein Unterricht in Geschichte und Geografie wurde von den älteren Schülern geschätzt, weil er die Sichtweisen der östlichen Nachbarn berücksichtigte und die Notwendigkeit der Anerkennung der Oder-Neiße-Grenze zu vermitteln verstand. Mit seinen Eigenarten, wie etwa mit einem Holland-Rad mit ‚Opa-Lenker, zu fahren, möglichst mit einer Stahlfeder zu schreiben oder auch mit sich selbst zu sprechen (etwa um Texte druckreif zu machen), übernahm er wohl auch die lebensreformerischen Neigungen seiner Mutter.

Der Janusköpfigkeit des Fortschritts zufolge ist es heute auch Hochschullehrern kaum noch möglich, ausschließlich zu forschen und zu lehren. Professoren sollen stattdessen Anträge schreiben, um Gelder einzuwerben. Und das trotz der Erkenntnis, dass vor allem das Zusammenspiel von Forschen und Lehren zu jenem inspirierenden Unterricht führt, der begeistern kann und gute Lernerfolge erbringt – im Gegensatz zum heutigen Punkte sammeln oder Auswendiglernen.[41] Ein Folgeproblem scheint mir zu sein, dass mit abnehmender intrinsischer Motivation im Studium auch die Bereitschaft schwinden kann, sich als ‚citizen' bzw. ‚Staatsbürger' für gemeine Belange einzusetzen. Enno Meyer war als Forscher ein anregender Lehrer, weil er um Information und Aufklärung bemüht war. Dazu kam, dass er seine Schüler wie auch seine Kinder zu staatsbürgerlichem Engagement ermunterte.

Margarete Collins (1911–2014), die unseren Vater als Vorsitzenden der „Gesellschaft für Christlich-Jüdische Zusammenarbeit" durch ihren Gatten Eric Collins (1897–1993), ebenfalls Vorstandsmitglied, kennengelernt hatte, meinte einmal: „Bei Ihrem Vater hat man ja nie genau gewusst, ob man mit ihm befreundet ist."[42] Sie zitierte damit wohl ihren Mann, einen herzlichen Berliner Sozialdemokraten, der als Erich Cohn geboren aufgrund seiner jüdischen Herkunft aus NS-Deutschland floh. Er kam 1945 als britischer Soldat nach Deutschland zurück und entschloss sich 1962, nach Oldenburg zu ziehen und zu heiraten. Während unserem Vater das gesellschaftspolitische Engagement seiner Töchter lange nicht ganz geheuer war, bestand Eric Collins bei seinen alljährlichen Berlin-Besuchen stets darauf, auch uns Jüngere, die es dorthin verschlagen hatte, zu sehen. Er verstand das gesellschaftspolitische Engagement von meiner Schwester Friederike und mir als eine ihn beglückende Fortsetzung seiner beschwingten Jugendbewegtheit in den 20er Jahren.

Meines Vaters *liebster Ort war sein Schreibtisch,* wie unsere Mutter oft betonte. Er schrieb alle Manuskripte zunächst mit einer Stahlfeder vor, bevor er sie abtippte, wobei er grundsätzlich nur Altpapier verwendete. Die Drucker grinsten amüsiert, als er ihnen sein erstes Manuskript brachte. Magdalene Meyer war in Sachen Freundschaf-

41 Während frühere Semester „studierten", sind heutige Studierende nur noch am, wie sich ausdrücken, „lernen". Diese Formulierung erschreckt mich immer wieder. Als Germanistin fühlt man sich angesichts dieses Sprachgebrauchs ins Mittelalter versetzt.

42 Vgl. dazu Margarethe Collins: Eric Collins 1897–1993 – Ein tapferes Leben im 20. Jahrhundert. 2. Aufl. Oldenburg 1995, S. 28ff.

8. Treffen von Margarete und Eric Collins mit Magdalene und Enno Meyer sowie Carl Gustav Friedrichsen 1984 in Oldenburg (v.l.)

ten und Reisen die aktivere. *Ihr Enno* machte geduldig alle Unternehmungen mit, insbesondere die Skitouren und Bergwanderungen in den Alpen, wenn ihm nur genug Zeit am Schreibtisch zugestanden wurde. Vor gemeinsamen Sonntagsausflügen zum Pilzesuchen stand unser Vater stets überpünktlich geduldig im Hausflur, bis endlich alle ihre Anoraks und Schuhe anhatten. Und begeistert zog er mit uns drei älteren Kindern während der Sommerferien ins Sandkrughaus, wo wir auf Bäume klettern konnten oder um fünf Uhr früh die Räder bestiegen, um Rehe zu beobachten. Später tauschten unsere Eltern mit einem Kollegen in den USA die Häuser, fuhren per Auto quer durch die USA und ernährten sich dabei bescheiden von Nüssen und Studentenfutter, weil ihnen das US-amerikanische Restaurantessen zu teuer erschien. Vor allem nach Enno Meyers Pensionierung 1979 unternahmen Magdalene und Enno lange Erkundungsreisen in die DDR und nach Osteuropa, u.a. nach Polen, in die baltischen Länder, nach Armenien oder Rumänien.

Enno Meyer gehörte zu einer Generation, die in einem deutschnationalen kleinbürgerlichen Milieu der 20er Jahre aufwuchs. Erst das Erlebnis des 9. November 1938 und die Gespräche mit den zwangsweise eingedeutschten Polen öffneten ihm die Augen. So wurde er ein Intellektueller, der aus den Krisen des 20. Jahrhunderts gelernt hatte und der sich – wie er gerne scherzhaft sagte – *mit seinen Spielereien* am Schreibtisch einem eminent wichtigen staatsbürgerlichen Anliegen widmete. Als gutem Staatsbürger und ‚Gelehrtem' (wie seine Generation zu sagen pflegte) ging es ihm nicht nur um das aufklärende Erzählen, sondern zugleich um die Verständigung zwischen den Völkern. Oder um es mit dem polnischen Historiker Gerard Labuda zu sagen: „Es gibt für den geistig Tätigen keine erhabenere Aufgabe, als der Idee des Friedens und der Zusammenarbeit unter den Völkern zu dienen".[43]

43 Przegląd Zachodni, 11/12 (1956), S. 346–356, resp. auf deutsch: Internationales Jahrbuch für den Geschichtsunterricht, 4 (1957/58), S. 311–324, zit. nach Meyer: Das östliche Europa (wie Anm. 17), S. 46.

Martin Meyer-Renschhausen

Enno Meyer privat – Erinnerungen aus der Perspektive des ältesten Sohnes

Wenn ich an meinen Vater denke, dann sehe ich ihn am Schreibtisch sitzen, an seinem Stammplatz am Esstisch, mit meiner Mutter oder uns Kindern am Wohnzimmertisch oder mit etwas zerzausten Haaren bei der Gartenarbeit. Das waren die Rollen, in denen ich ihn wahrgenommen habe. Er hat weitere Rollen gespielt, als Lehrer, als Wissenschaftler oder Mitglied der „Gesellschaft für Christlich-Jüdische Zusammenarbeit". Von denen habe ich als Kind und Jugendlicher aber nur beiläufig etwas mitbekommen.

Tagesablauf

Der Tagesablauf meines Vaters war ziemlich strukturiert. Um 6.30 Uhr klingelte der Wecker, und alle im Haus wurden geweckt. Vorher hatte er zumeist schon ein bis zwei Stunden gelesen, da er oft sehr früh wach wurde. Um 7.00 Uhr gab es Frühstück, und um 7.30 Uhr brachen mein Vater, meine drei Geschwister und ich zu unseren Schulen auf. Mein Vater bestand darauf, dass wir nicht seine Schule besuchten. Er wollte nicht dauernd auf seine Kinder angesprochen werden.

Um 13.15 Uhr gab es Mittagessen; danach zog sich mein Vater zum Mittagsschlaf in sein Arbeitszimmer zurück. Wenn das Wetter es zuließ, machte er anschließend etwas Gartenarbeit, und um 15.30 Uhr gab es Kaffee und Kekse. Danach saß er bis 19.00 Uhr am Schreibtisch. Nach dem Abendessen wurde um 20.00 Uhr die „Tagesschau" geschaut. Den weiteren Abend verbrachte er mit meiner Mutter im Wohnzimmer, lesend oder Patiencen spielend, oder er zog sich noch einmal zur Arbeit zurück. Ich glaube, er war immer froh, wenn meine Mutter von Freundinnen, Nachbarinnen oder später von den erwachsenen Kindern Besuch bekam; dann konnte er sich ohne schlechtes Gewissen zur Arbeit zurückziehen.

Dieser Tagesablauf galt im Wesentlichen auch für Samstag und Sonntag. In den 60er und 70er Jahren war auch samstags Schule. Während am Sonntag viele unserer Freunde ausschliefen, saßen wir schon lange am Frühstückstisch. Ausschlafen war für uns ein Fremdwort. Entspannung bedeutete für meinen Vater Gartenarbeit, Spaziergänge mit meiner Mutter oder der gemeinsame Theaterbesuch. Ich kann mich nicht daran erinnern, ihn jemals im Liegestuhl oder auf einer Decke in der Sonne liegend gesehen zu haben.

Bescheidenheit

Mein Vater war an vielen Dingen interessiert; sein eigenes Aussehen war für ihn dagegen nebensächlich. Die Kleidung, die er trug, wurde von meiner Mutter gekauft und morgens rausgelegt. Ich kann mich nicht erinnern, dass er sich jemals ‚etwas Schönes' zum Anziehen gekauft hätte. Wir Kinder fanden ihn daher eher altmodisch. Sommerliche Bräune war ihm bedeutungslos; wenn wir einmal gemeinsam zum Schwimmen gingen, zog er sich danach unmittelbar wieder an. Er war ein durch und durch unsportlicher Mensch und stand auch dazu. Training im Interesse eines muskulösen Körpers empfand er bestenfalls als Zeitverschwendung.

Als 1966 erstmals der Kauf eines eigenen Autos möglich wurde, hatten mein Bruder und ich klare Vorstellungen, wie es aussehen sollte: schnittig, mit Schiebedach, Metalliclackierung und Weißwandreifen. Wir wurden heftig enttäuscht. Es wurde ein mausgrauer Ford 17m in Standardausstattung. Außer vier Türen besaß er keinerlei Extras. Ein Auto, das in puncto Unauffälligkeit nicht zu überbieten war.

Vaterrolle

Er war kein moderner Vater, kein *pater ludens*, der sich auf die Ebene der Kinder begibt, sich wie ein Spielkamerad verhält, mit ihnen Burgen baut, bastelt oder backt. Nein, er hat seine Rolle eher traditionell wahrgenommen, eher beiläufig, durch gemeinsame Aktionen und Gespräche.

Aber Ausnahmen bestätigen die Regel: So erinnere ich mich daran, dass ich im Alter von vier Jahren Bauklötze geschenkt bekommen habe. Ich saß in unserer kleinen Wilhelmshavener Wohnung auf dem Fußboden und baute, als das Erstaunliche passierte: Mein Vater setzte sich zu mir und baute mit. Gerade weil dies so außergewöhnlich war, ist es mir in Erinnerung geblieben.

An die Wilhelmshavener Zeit (1950–1955) habe ich nicht viele Erinnerungen: das Spiel auf dem Hof mit Sandkasten und Katze, bei dem er gelegentlich dazu kam, Spaziergänge, bei denen es immer darum ging, zumindest die Aufmerksamkeit eines Elternteils für sich zu gewinnen. Hinzu kamen Ausflüge mit dem Fahrrad mit Hilfsmotor. In Erinnerung haften geblieben sind mir die großen gesprengten Bunker im Stadtpark dieser Marinestadt. Der Krieg war noch nicht einmal zehn Jahre vorbei und Thema vieler Gespräche, vor allem die Fliegeralarme, das Abdunkeln der Fenster und das Ausharren in den Bunkern bis zur Entwarnung.

1955 zogen wir nach Oldenburg um. Der Neubau in Eversten, errichtet durch die gemeinnützige Siedlungsgesellschaft, besaß in der ersten Etage vier kleine Zimmer: das Elternschlafzimmer, das Jungs- und das Mädchenschlafzimmer sowie das Gästezimmer – reserviert für unsere Göttinger Großeltern. Im Mädchenschlafzimmer wurde abends vorgelesen. Im Bett sitzend und liegend, waren alle vier Kinder versammelt und hörten dem Vater zu, der uns die Odyssee vorlas, den Kampf um Troja, den Kampf zwischen Hector und Achilles.

Bei den Mahlzeiten und bei Reisen wurden viele Gespräche geführt, über Gott und die Welt, Krieg und Frieden, Politik und Kultur. Eine wiederkehrende Aussage war die Dankbarkeit, in Frieden und Demokratie leben zu können. Während der Kuba-Krise 1962 haben die Sorgen meiner Eltern auch bei mir zu einem Gefühl der Beklemmung geführt; die Wiederbewaffnung der Bundesrepublik wurde als Beitrag zur Friedenssicherung gesehen. Die hohe Wertschätzung des Friedens hat sicherlich dazu beigetragen, dass in unserer Familie nie politische Diskussionen über die Rückgewinnung der verlorenen Ostgebiete geführt wurden. Politischen Streit gab es dagegen ab 1967/68 bezüglich der Frage, ob die DDR als eigenständiger Staat anerkannt werden solle oder weiterhin als „Ostzone" oder „SBZ" zu betrachten sei. Noch heftiger diskutiert wurde die Rolle der „Außerparlamentarischen Opposition" (APO). Während sie aus meiner Sicht eine Bereicherung des politischen Willensbildungsprozesses war, rief sie bei meinem Vater Erinnerungen an die Endphase der Weimarer Republik wach. Auch wenn mein Vater viel zu tun hatte und gern und viel am Schreibtisch saß, so war er doch jederzeit ansprechbar. An den Satz „Ich habe keine Zeit" kann ich mich nicht erinnern. Den habe ich erst zu studentischen Zeiten kennengelernt. Respektieren musste man allerdings seine Mittagspause, die er anfangs im Sessel schlafend verbracht hat, später im Bett.

1. Der fünfjährige Enno und seine Schwester Almuth genießen den Sandkruger Garten, wie wir vier Geschwister es in den 50er Jahren auch taten

Der Übergang auf das Gymnasium ging bei mir und meinen Eltern mit einiger Ernüchterung einher, da die Noten nicht mehr so gut ausfielen wie in der Grundschule. Es gab aber auch gute Momente. Erinnern kann ich mich vor allem an ein Ereignis: In der fünften oder sechsten Klasse wurde ein Test zur Allgemeinbildung durchgeführt, bei der die Kenntnis von Malern, Komponisten, Dichtern und Denkern abgefragt wurde. Ich wurde Sieger, dank der Kulturerziehung im Elternhaus. Mein Vater nahm dieses Resultat erfreut zur Kenntnis.

Vermittelt wurde in meinem Elternhaus aber nicht nur die Bedeutung der Kultur, sondern auch die Liebe zur Natur, zur Schönheit der Landschaft. Der Garten spielte eine wichtige Rolle. Er wurde gehegt und gepflegt, und der Rasen wurde von meinem Bruder und mir zweimal pro Woche gemäht – mit einem Handrasenmäher.

In den Anfangsjahren gab es neben Blumenbeeten und Rasen auch einen Nutzgarten neben dem Haus. Dort wuchsen Stachelbeeren, rote und schwarze Johannisbeeren, Schnittlauch und Salat. Wir Kinder bekamen jeweils ein Kinderbeet, auf dem wir nach unserem Gusto anpflanzen konnten. Dies ging bis 1960; dann wurde der Nutzgarten durch Anbau und Garage ersetzt.

Ein Höhepunkt meiner Kindheit war der Sommerurlaub in Sandkrug bei Oldenburg, im idyllisch gelegenen Wochenendhaus meines Großvaters. Die Sommerferien verbrachten ich und meine Geschwister zumeist nur mit unserem Vater, da sich unsere Mutter um ihre kranken Eltern kümmern musste. Sie kam nur am Wochenende zu Besuch.

Mit unserem Vater unternahmen wir viele Spaziergänge durch Wald und Flur und erfuhren dabei beiläufig etwas über Baumarten, Pflanzen und Tiere. Fast immer wurden Pilze gesammelt: Röhrenpilze, Lamellenpilze, Kremplinge, aber keine Knollenblätterpilze. Mit der Zeit wurden wir zu richtigen Pilzexperten.

Unsere abendliche Pilzpfanne bestand zu 70 Prozent aus Kremplingen, die von Vater lecker mit Zwiebeln und Bratkartoffeln zubereitet wurden. Viel später habe ich gelesen, dass Kremplinge ungenießbar sind, ältere Exemplare sogar giftig. Uns haben sie trotzdem geschmeckt.

In Sandkrug musste Vater viele Rollen spielen: Er war nicht nur Koch und Freitzeitgestalter, sondern auch Krankenschwester und Erzieher. Er musste unsere Furunkel behandeln und hatte den Anspruch, uns über die schulische Bildung hinaus zukunftsweisende Fähigkeiten zu vermitteln, z.B. Russisch.

Es blieb aber auch viel Zeit für Gesellschaftsspiele wie das Jagdspiel, die Deutschland- und die Europareise, Stadt-Land-Fluss sowie Rommé. Gesellschaftsspiele wurden aber nicht nur während der Wochen in Sandkrug gespielt, sondern auch sonst an langen Abenden, speziell an Wochenenden.

Auch wenn Vater selbst kein sportlicher Typ war, so heißt das nicht, dass er uns vom Sport abgehalten hätte. Nein, mein Bruder und ich wurden sogar beim OTB-Turnen[1] angemeldet, wo sein Kollege Schmidt das Kommando führte. Weiterhin hat

1 OTB – ein Verein namens „Oldenburger Turnerbund".

er uns zum Schwimmkurs ins Huntebad begleitet, wo wir an zehn Nachmittagen das Schwimmen im kalten Huntewasser (mit Strömung) lernen mussten. So sind wir immerhin keine Nicht-Schwimmer geblieben.

Als es gegen Ende der Schulzeit um die Wahl eines Studienfaches oder eines Studienortes ging, ließ uns unser Vater große Freiheit. Er war Anhänger des Humboldtschen Bildungsideals und vertrat die traditionelle Auffassung, dass ein abgeschlossenes Studium in den Geisteswissenschaften für eine akademische Laufbahn allemal gut sei. Die Möglichkeit, eine Ausbildung zu beginnen oder technische Fächer zu studieren, wurde ebenso wenig in Betracht gezogen wie das Studium an einer Fachhochschule. Das von mir gewählte Studienfach Soziologie war ihm allerdings suspekt, da es einen gesellschaftskritischen Nimbus hatte und anders als Geschichte, Geografie und Philosophie keine Verwendung in der Schule besaß. Auch wenn ich und meine Geschwister in den Genuss der 1971 eingeführten Bafög-Förderung kamen und Teil-Bafög erhielten, so stellte die fast zeitgleiche Aufnahme des Studiums aller vier Kinder für meine Eltern ohne Frage eine erhebliche finanzielle Belastung dar. Zur Abfederung dieser Bürde hat mein Vater eine Lehrtätigkeit am Abendgymnasium in Oldenburg aufgenommen. An elterliche Klagen über diese Last kann ich mich nicht erinnern. Als Sohn eines Kaufmanns führte mein Vater allerdings eine Liste über alle finanziellen Zuwendungen, die seine Kinder im Laufe ihres Studiums erhalten haben.

Religion und Gemeinschaft

Wir waren keine sonderlich gläubige Familie. In die Kirche gingen wir nur zu Weihnachten. Dennoch wurde gebetet. Zu Mittag beteten wir „Komm Herr Jesus, sei unser Gast, und segne, was du uns bescheret hast". Abends beteten wir: „Lieber Gott, mach mich fromm, dass ich in den Himmel komm". Lange Zeit wurde noch ergänzt: „Und mach, dass Onkel Karl-Ludwig wieder nach Hause kommt". Er kam 1955 mit den letzten Heimkehrern aus Sibirien zurück. Das Beten hatte also geholfen. Später half es immer weniger. Immer wieder betete ich für gute Schulnoten; aber leider wurden meine Gebete nicht erhört.

Wenn wir Weihnachten in die Kirche gingen, beeindruckte mich Vater durch seine großzügige Spende von sage und schreibe 10,- DM. Wie konnte man so viel verschenken?! Was hätte man sich dafür alles Schönes kaufen können! Ansonsten spendete er für die „Gesellschaft zur Rettung Schiffbrüchiger" und für seine Verbindung Rhenania. Die Rhenania war ihm wichtig. Vater hatte zwar keine Freunde oder Kumpel, dafür aber Bundesbrüder. Sie tauchten hin und wieder bei uns auf, und wir mussten „Guten Tag" sagen und ein wenig Konversation betreiben. Da bei derartigen Gesprächen immer auch nach den Noten in der Schule sowie nach den beruflichen Perspektiven gefragt wurde, war ich bemüht, diese Unterhaltungen so kurz wie möglich zu halten.

2. Zu viert in Marburg 1970, Friederike, Elisabeth, Martin, Borchard (v.l.)

Als ich mein Abitur gemacht hatte, nahm mich Vater zur Seite, um mit mir zu sprechen. Er wollte mir die Rhenania näherbringen. Ob ich nicht beitreten wolle, fragte er. Ich hörte mir seinen Vorschlag geduldig an und lehnte ihn dann ebenso klar ab. Ich wollte mir lieber die Haare wachsen lassen und dann Hippie oder APO-Führer werden! Völlig klar, zu meinem Soziologie-Studium passte eine Studenten-Verbindung wie die Faust auf's Auge! Da musste ich meinen Vater leider enttäuschen. Unsere politischen und kulturellen Werte hatten sich während der Oberstufe (1967–1970) mittlerweile deutlich auseinander entwickelt.

Ja, auch sonst musste Vater bei mir und meinen Geschwistern einige Enttäuschungen einstecken. Zwar haben wir die Aufnahmeprüfung für das Gymnasium geschafft, aber danach war unser Schulerfolg eher begrenzt. Den Einsen und Zweien der Grundschule folgten Dreier, Vierer und Fünfer auf dem Gymnasium. Der altgriechische Zweig des Alten Gymnasiums, den ich auf Wunsch meines Vaters besuchte, erwies sich als zu schwer. Ich zog einen leichteren Weg vor und wechselte auf die Graf-Anton-Günther Schule, ein Gymnasium, das erst mit der Klasse 7 begann. – Keine Kinder zum Angeben.

Zudem kam die konservative Weltsicht bei mir und meinen Geschwistern immer schlechter an: Über den Umweg des „Liberalen Schülerbundes" näherten wir uns dem Gedankengut der „Außerparlamentarischen Opposition" an. Dies mündete 1968/69 in der Teilnahme an Sitzungen und Flugblattaktionen des „Sozialistischen Deutschen Studentenbundes" an der Pädagogischen Hochschule in Oldenburg und in der Gründung einer „Roten Zelle" mit Sitz in einem gemieteten Haus in der Nelkenstraße. Dort wurde u.a. das *Kommunistische Manifest* gelesen und diskutiert. Den konformistischen Lebensstil des Elternhauses mit kurzen Haaren und Bügelfalten lehnten wir ab. Stattdessen waren lange Haare, Jeans und Parka angesagt. Die Haartracht war ein dauerhafter Konfliktpunkt. Mein Vater bestand darauf, dass ich und mein Bruder einmal im Monat zum Friseur gingen.

Die wissenschaftlichen Arbeiten meines Vaters zu Juden und Polen interessierten mich zu Schulzeiten bestenfalls am Rande. Als er uns zu Weihnachten sein neuestes Buch auf den Gabentisch legte, habe ich es nicht weiter beachtet. Am Morgen des ersten Weihnachtsfeiertages hat er sich über mein Desinteresse beklagt und es wieder einkassiert. Da tat er mir ein bisschen leid! Heute weiß ich das wissenschaftliche Werk meines Vaters zu schätzen, auch wenn ich nur einen Teil davon wirklich gelesen habe. Als Hochschullehrer weiß ich zudem, dass wissenschaftliche Arbeit neben der Lehre viel Disziplin verlangt. Es imponiert mir, dass er außer seiner sicherlich belastenden Lehrertätigkeit so viele Veröffentlichungen abgeschlossen hat und seine Erkenntnisse in politische Prozesse wie die deutsch-polnischen Schulbuchgespräche und die christlich-jüdische Zusammenarbeit eingebracht hat.

3. Im elterlichen Garten 1988, Borchard, Elisabeth, Mutter Magdalene, Vater Enno, Martin, Friederike (v.l.)

Ich weiß nicht, wie viel meine Mutter von seinen Werken gelesen hat, sie hat sich aber für seine Arbeit immer interessiert und ihn unterstützt, persönliche Kontakte zu knüpfen und zu intensivieren. Sie hat dafür gesorgt, dass Wissenschaftler zu uns eingeladen wurden und interessante Gegeneinladungen folgten. Sie hat entschieden dazu beigetragen, uns über das öffentliche Wirken unseres Vaters zu informieren, sodass wir auf sein Werk stolz sein können.

Burkhard Olschowsky

Die Wandlung nach dem Krieg – Versuch eines Resümees

Zurück in Oldenburg meldete sich Enno Meyer im August 1945 zum Schuldienst. Er wurde als Referendar in der Hindenburgschule eingesetzt, soweit das in der ausgeplünderten Einrichtung und dem zur Hälfte mit Flüchtlingen gefüllten Gebäude möglich war. Kurze Zeit nach seiner Rückkehr sah er in Oldenburg ein polnisches Plakat, gerichtet an die damals zahlreich in Oldenburg untergebrachten polnischen *Displaced Persons*. Dort war eine Karte abgebildet mit der Bildunterschrift: „Polen in den Grenzen von 1945". Zu sehen war die Oder-Neiße-Grenze. „Keine Andeutung mehr davon, daß dort einmal Deutschland gewesen war. Wie mich das erschütterte," schrieb Enno Meyer später.[1] Diese Grenzziehung, die den Verlust von Schlesien, Ostpreußen, Hinterpommern und der Neumark bedeutete, war für die allermeisten Deutschen, so auch für ihn, schlicht unvorstellbar.

Auf der Suche nach Literatur über Polen entdeckte er ein in Stockholm veröffentlichtes Buch *Martyrium eines Volkes – das okkupierte Polen* von Stefan Tadeusz Norwid (Nowacki). Ein deutschsprachiges Buch aus polnischer Feder, wenn auch in einem schwedischen Verlag erschienen, das war 1945 bemerkenswert. Im Vorwort zur deutschen Ausgabe, verfasst im Februar 1945, wandte sich Norwid an die deutschen Leser: „Ich glaube daran, daß es überall auf der Welt Menschen gibt, die die Wahrheit über alles stellen und sich vom Gefühl der Gerechtigkeit leiten lassen. Wie aus meiner Darlegung hervorgeht, bin ich während der Besatzung Polens auch solchen Deutschen begegnet. Ich möchte dies hier noch einmal ausdrücklich bezeugen und zugleich darauf hinweisen, daß sich die deutsche Auflage des Buches vor allem an diese Deutschen wendet. Tatsache ist, daß im Namen des deutschen Volkes von der nationalsozialistischen Regierung die unerhörtesten Grausamkeiten begangen wurden und daß gerade jeder rechtdenkende Deutsche wünschen muß, darüber aufgeklärt zu werden. Diesem Zweck soll das Buch dienen."[2]

Nur wenige Deutsche dürften dieses Buch in den unmittelbaren Nachkriegsjahren in die Hände bekommen und die unangenehme, ja schmerzliche Auseinandersetzung mit dem Nationalsozialismus gesucht haben. Bei Meyer traf das Buch einen empfindlichen, wunden Punkt. Die Art, wie es geschrieben war – der Verzicht auf Hass und das Streben nach Wahrheit –, beeindruckte ihn tief.[3]

1 Enno Meyer: Autobiografische Notizen (im Besitz des Autors), S. 33a.

2 Stefan Tadeusz Norwid: Martyrium eines Volkes – das okkupierte Polen. Stockholm 1945, S. 8.

3 Enno Meyer: Wie ich dazu gekommen bin: Die Vorgeschichte der deutsch-polnischen Schulbuchgespräche 1948–1971 (Studien zur Internationalen Schulbuchforschung 56). Braunschweig 1988, S. 21.

Zu diesem im schwedischen Exil lebenden Polen nahm Meyer bereits 1949 brieflich Kontakt auf und bat ihn um seine Meinung, „wie Polen und Deutsche friedlich nebeneinander leben könnten“. Norwid antwortete ihm: „Meiner Meinung nach muss man es in Deutschland wagen, von Polen als einer normalen, freien, der europäischen Gemeinschaft zugehörigen Nation zu sprechen. [...] Was Polen betrifft, weigert sich das deutsche Volk, logisch und objektiv zu denken.“[4]

Norwids Worte empfand Enno Meyer als Appell, sich mit Polen nicht wie bisher als Widersacher und Bedroher der „Auslandsdeutschen“ zu befassen, sondern gänzlich neue Wege zu gehen. Das hieß: Kontakt und Austausch mit polnischen Historikern im Exil und in der Volksrepublik Polen in schwieriger Zeit zu suchen, als sich in der westdeutschen Bevölkerung die Stimmung zuungunsten von Entnazifizierung und weiteren Verfahren gegen mutmaßliche NS-Verbrecher gewendet hatte;[5] eine Entwicklung, die den sozialen und beruflichen Wiederaufstieg von Angehörigen der NS-Eliten begünstigte und in wichtigen gesellschaftlichen Bereichen Traditionen aus der NS-Zeit lebendig hielt.[6]

Die Anstrengungen vieler deutscher Intellektueller richteten sich in den späten 40er und 50er Jahren vor allem auf eine Interpretation der NS-Zeit, die es erlaubte, den Nationalsozialismus und seine Verbrechen als der deutschen Geschichte fremdartig darzustellen und die NS-Zeit generell als ein Ausnahmephänomen zu deuten.[7] In diesem Zusammenhang wurde das „Dritte Reich“ häufig als „Katastrophe des christlichen Abendlands“ und die Moderne mit dem „Eintritt der Massen in die Geschichte“ als deren Verursacher ausgemacht;[8] Vorstellungen, die sich als anschlussfähig für die christlich-konservative Politik der Regierung von Konrad Adenauer erwiesen, wobei man nun Juden zum untrennbaren Teil des Abendlandes zählte und rassistische Äußerungen tunlichst vermied.[9]

Eine zusätzliche weitere Bedeutung besaß der Abendland-Begriff für die Ostforschung als Bestandteil der Ideologie des Kalten Krieges. Der Historiker Hermann Aubin hob in seinen Schriften die seit Jahrhunderten ausgeübte Rolle Deutschlands als „Schildwache des Abendlandes“ gegen die slawischen Völker aus dem

4 Meyer: Wie ich dazu gekommen bin (wie Anm. 3), S. 21.

5 Jeffrey Herf: Zweierlei Erinnerung. Die NS-Vergangenheit im geteilten Deutschland. Berlin 1998, S. 325.

6 Ulrich Herbert: Liberalisierung als Lernprozess. Die Bundesrepublik in der deutschen Geschichte – eine Skizze. In: Ders. (Hg.): Wandlungsprozesse in Westdeutschland. Belastung, Integration, Liberalisierung 1945–1980. Göttingen 2002, S. 7–52, hier S. 18; Norbert Frei: Vergangenheitspolitik: Die Anfänge der Bundesrepublik und die NS-Vergangenheit. München 1996, S. 54–68, 266–306; vgl. Heinz Bude: Bilanz der Nachfolge: Die Bundesrepublik und der Nationalsozialismus. Frankfurt/Main 1992.

7 Herbert: Liberalisierung als Lernprozess (wie Anm. 6), S. 19.

8 Vgl. Friedrich Meinecke: Die deutsche Katastrophe. Betrachtungen und Erinnerungen. Wiesbaden 1946, S. 9.

9 Herf: Zweierlei Erinnerung (wie Anm. 5), S. 318f.

Osten hervor.[10] Die nach 1945 reorganisierte Ostforschung mit den Zentren in Marburg, Göttingen und München[11] bezog speziell aus der Abendland-Ideologie und der fachlichen Expertise über den Osten ihre wissenschaftliche wie politische Legitimation.[12] Bei der Etablierung dieser Zentren griffen die Akteure, vor allem völkisch-national denkende Wissenschaftler, auf die im „Dritten Reich" entstandenen Netzwerke zurück. „Ostforschung" wurde von Aubin als geschlossene Veranstaltung mit eigenen finanziellen Ressourcen und vertrauten Kommunikationsweisen organisiert. Diese Netzwerke blieben nach 1945 einem ausgewählten Kreis Gleichgesinnter vorbehalten.[13]

Während seiner kurzen Tätigkeit im Deutschen Ausland-Institut war Enno Meyer Teil der Wissenschaftlergemeinde, welche sich die Ostforschung zum Gegenstand ihrer Arbeit gemacht hatte, die die rassistische NS-Lebensraumkonzeption teilte und nicht selten diese umzusetzen half.[14] Nach dem Zweiten Weltkrieg hätte Meyer aufgrund solcher Kontakte, seines breiten Wissens über das „Auslandsdeutschtum" und nicht zuletzt seiner Polnisch-Kenntnisse akademisch reüssieren können. Die Unterstützung des Ostforscherkreises wäre ihm dabei wohl sicher gewesen. Dass er den Beruf des Lehrers wählte und nicht die Hochschullaufbahn einschlug, hatte mit den unsicheren materiellen Umständen zu tun, die einen Akademiker auf dem Weg zu einer angestrebten Professur in der frühen Bundesrepublik erwartete. Seine Heirat mit Magdalene Renschhausen im Jahre 1948 und die rasche Gründung einer Familie erforderten ein Mindestmaß an sozialer Sicherheit, die eine beamtete Lehrerstelle eher zu bieten vermochte als akademische Anstellungen. Ein weiteres Motiv für diesen Berufsweg dürfte die mehrfache Bindung an seine Heimatstadt Oldenburg gewesen sein. Die Unterstützung aus dem verwandtschaftlichen Umfeld erleichterte es ihm, als Alleinverdiener mit einer sechsköpfigen Familie über die Runden zu kommen.

10 Hermann Aubin: Der deutsche Osten und das Abendland. Lindau 1957; Axel Schildt: Zwischen Abendland und Amerika. Studien zur westdeutschen Ideenlandschaft der 50er Jahre (Ordnungssysteme. Studien zur Ideengeschichte der Neuzeit 4). München 1999, S. 21–38.

11 Johann Gottfried Herder-Institut in Marburg, Göttinger Arbeitskreis und Collegium Carolinum in München.

12 Stefan Guth: Geschichte als Politik. Der deutsch-polnische Historikerdialog im 20. Jahrhundert (Studien zur Ideengeschichte der Neuzeit 45). München 2015, S. 236–301; Corinna R. Unger: Ostforschung in Westdeutschland. Die Erforschung des europäischen Ostens und die Deutsche Forschungsgemeinschaft, 1945–1975 (Studien zur Geschichte der Deutschen Forschungsgemeinschaft 1). Stuttgart 2007, S. 113–129, 138–142.

13 Eduard Mühle: Für Volk und deutschen Osten. Der Historiker Hermann Aubin und die deutsche Ostforschung. Düsseldorf 2005, S. 632f.

14 Ernst Ritter: Das Deutsche Ausland-Institut in Stuttgart 1917–1945. Ein Beispiel deutscher Volkstumsarbeit zwischen den Weltkriegen (Frankfurter Historische Abhandlungen 14). Wiesbaden 1976, S. 136–145; Katja Gesche: Kultur als Instrument der Außenpolitik totalitärer Staaten. Das Deutsche Ausland-Institut 1933–1945. Köln u.a. 2006, S. 173–189.

In den Spielräumen seines Lehrerberufs konnte Meyer, frei von akademischer Vergatterung und Argwohn der Kollegen, die Bemühungen, mit polnischen Historikern in Kontakt zu kommen, fortsetzen. Er war einer, der nach Dialogmöglichkeiten suchte, was die polnischen Gesprächspartner anfangs überraschte, weil sich seine Initiative mit dem in Polen gepflegten Stereotyp von der revisionistischen westdeutschen Osteuropakunde nicht vereinbaren ließ.[15] Nicht minder überrascht waren die von Meyer kontaktierten Wissenschaftler des Herder-Forschungsrates.[16] Ein Meinungsaustausch mit polnischen Historikern war für das Umfeld von Hermann Aubin lediglich unter utilitaristisch-instrumentellen Aspekten denkbar: Man wollte an Informationen und Archivbestände herankommen, um die „Verfälschungen" und „reine politische Propaganda aus dem Osten" abzuwehren und die eigenen deutschzentrierten Positionen zu untermauern.[17] Da Meyer als Privatmann agierte, wurden ihm Naivität, Unterschätzung des „marxistisch geschulten Gegners" und implizit auch ein mangelnder Einsatz für das deutsche Volk vorgehalten.[18]

1. Kurt Stegmann von Pritzwald, vergleichender Sprachwissenschaftler, Freund und Ratgeber von Enno Meyer

Unterstützung und Rat fand Meyer in der Bundesrepublik bei seinem früheren Hochschullehrer Kurt Stegmann von Pritzwald, der die westdeutsche Demokratie wertschätzen gelernt hatte, bei Georg Eckert und auch bei Herbert Ludat, der zum Solitär unter den Osteuropa-Historikern wurde, als er sich Anfang der 50er Jahre von der Ostforschung distanzierte und Kontakt mit polnischen Historikern, u.a. mit Gerard Labuda aus Posen, aufnahm.[19] Letzterer wurde zum entschiedenen Fürsprecher für Meyers 47 Thesen in Polen, als die westdeutsche Osteuropa-Historiografie noch unter dem Generalverdacht des Revisionismus

15 Jörg Hackmann: Strukturen und Institutionen der polnischen Westforschung (1918–1960). In: Zeitschrift für Ostmitteleuropa-Forschung, 50 (2001), S. 230–255; Markus Krzoska: Deutsche Ostforschung – Polnische Westforschung. In: Zeitschrift für Ostmitteleuropa-Forschung, 52 (2003), S. 398–419.

16 Siehe der Beitrag von Eike Eckert in diesem Band.

17 Mühle: Für Volk (Anm. 13), S. 633f.; Gotthold Rhode, Hermann Kuhn: Nachrufe. Hermann Aubin und die Geschichte des deutschen und europäischen Ostens. In: Zeitschrift für Ostforschung, 18 (1969), S. 601–621, hier S. 611f.

18 Mühle: Für Volk (Anm. 13), S. 629, 633f.; Meyer: Wie ich dazu gekommen bin (wie Anm. 3), S. 24, 37.

19 Błażej Białkowski über Herbert Ludat. In: Michael Fahlbusch, Ingo Haar, Alexander Pinwinkler (Hg.): Handbuch der völkischen Wissenschaften: Akteure, Netzwerke, Forschungsprogramme. München 2017, S. 459; Meyer: Wie ich dazu gekommen bin (wie Anm. 3), S. 25.

stand.[20] Ungeachtet der negativen Erfahrungen mit Aubin und seinem Marburger Umfeld hatte Meyer keine grundsätzlichen Vorbehalte, mit Vertretern der Ostforschung bzw. der Ostkunde zusammenzuarbeiten. Er unterhielt trotz mancher charakterlich begründeter Unterschiede ein gutes Verhältnis zu Gotthold Rhode,[21] der zur sachkundigen Ergänzung der 47 Thesen beitrug und in den darauffolgenden Jahrzehnten stets für die Sache der Schulbuchgespräche eintrat, was Meyer hoch schätzte.[22]

Auf den ersten Blick mutet die publizistische Kooperation mit dem polonophoben Helmuth Fechner, niedersächsischer „Fachberater für die Pflege des ostdeutschen Kulturgutes", unverständlich an, da doch Enno Meyer als Buchautor und Lehrer entschieden gegen eine stereotype Betrachtung des östlichen Nachbarn agierte.[23] Dieses ambivalente Verhalten lässt sich möglicherweise mit Blick auf Enno Meyers Wesenszüge erklären. Überliefert sind zum einen seine Neigung, sich zurückzunehmen, und zum anderen seine Kompromissbereitschaft bei ideologisch geführten Auseinandersetzungen. Demzufolge ging es ihm bei der Zusammenarbeit mit Helmuth Fechner um die Sache, nämlich die Veröffentlichung eines populärwissenschaftlichen Buches über die deutsch-polnische Beziehungsgeschichte.[24] Die Einbindung des damaligen Ostkunde-Fachberaters in Niedersachsen war ihm offenkundig wichtiger als dessen ‚Bekehrung'. Meyer erkannte nüchtern die Chance, das Thema Polen auf diese Weise aus der Ignoranz zu holen und eine breitere Leserschaft für die Geschicke des Nachbarlandes zu interessieren. So gesehen, bedurfte es auch der Einbindung anderer, ausgeprägt konservativer Positionen, wie sie Fechner vertrat; Ansichten also, die in der Abneigung gegenüber Polen mit denen des „Vereins für das Deutschtum im Ausland" (VDA) aus der Zwischenkriegszeit verwandt waren und die Meyer aus seiner VDA-Mitgliedschaft noch gut kannte. Wohl auch aufgrund solcher biografischer Erfahrungen behandelte Meyer Fechner mit Nachsicht, während der niedersächsische Kultusbeamte Fechner die große historiografische und didaktische Expertise von Meyer zu schätzen wusste.

---

20 Archiwum Uniwersytetu Wrocławskiego, 0716/12, Zakład Historii Śląskiej PAN, Sprawozdanie 1954–1961, Zebranie pracowników Zakładu Historii Śląska w 10.10.1956 r., Dyskusja nad konspektem E. Meyera / Tezy dot. stosunków polsko-niemieckich [Fachbereich für Geschichte der Polnischen Akademie der Wissenschaften, Berichte 1954–1961, Treffen der Mitarbeiter des Historischen Seminars zur Geschichte Schlesiens am 10.10.1956, Besprechung von E. Meyers Thesen über die deutsch-polnischen Beziehungen], Blatt 129–133; vgl. Marian Wojeciechowski: Rewizjonizm w historiografii niemieckiej 1920–1957 [Revisionismus in der deutschen Geschichtsschreibung 1920–1957]. Bydgoszcz 1957.

21 Gotthold Rhode betonte in Korrespondenzen gern seine eigenen Leistungen, was Enno Meyer fremd war. Vgl. Eike Eckert: Zwischen Ostforschung und Osteuropahistorie. Zur Biographie des Historikers Gotthold Rhode (1916–1990). Osnabrück 2012, S. 270.

22 Meyer: Wie ich dazu gekommen bin (wie Anm. 3), S. 39; siehe das Vorwort von Gotthold Rhode in dem Buch Enno Meyer: Das östliche Europa als pädagogisches und wissenschaftliches Anliegen. Beiträge zu Ländern, Völkern und Gruppen jenseits von Oder und Leitha. Dortmund 1988.

23 Siehe den Beitrag von Burkhard Olschowsky über den Ostkundeunterricht in diesem Band.

24 Helmuth Fechner (Hg.): Deutschland und Polen 1772–1945. Würzburg 1964.

Aufschlussreich für die Betrachtung von Enno Meyers Veränderungsfähigkeit und seinem paradoxen Beharrungsvermögen während der Nachkriegsjahrzehnte ist sein Engagement für die Burschenschaft Rhenania, für die er als Schriftleiter seit 1953 das *Mitteilungsblatt*[25] herausgab. In der Debatte, welche „sittliche" und „politische" Ausrichtung die Rhenanen nach den Diktaturerfahrungen nehmen sollten, plädierte er einerseits für die Aktualität des „urburschenschaftlischen" Wahlspruchs „Für Gott, Ehre, Freiheit, Vaterland!". Eingedenk seines Briefwechsels mit dem polnischen Exilautor Tadeusz Norwid rief er andererseits seine Bundesbrüder dazu auf, „aus der deutschen Burschenschaft eine europäische Burschenschaft" zu machen.[26] Sein Plädoyer fiel derart anspruchsvoll und visionär aus, dass die Bundesbrüder seinen Intentionen nicht folgen mochten. Dieses Engagement weist auf die Spannung zwischen einer unabdingbaren Treue zur deutschen Tradition und einem Streben nach Völkerverständigung hin, etwas, was Meyer reflektierte und als Lehre aus „Nationalismus und Sozialismus" glaubhaft umzusetzen trachtete.[27]

Die erlernten Kenntnisse der polnischen Sprache und Kultur befähigten ihn, die Befindlichkeiten von „Volksdeutschen" wahrzunehmen und zu reflektieren. Nicht die Desertionen von kaschubischen Soldaten an sich bewegten ihn, sondern die Motive und die Schilderungen des familiären Hintergrunds der polnischen Überläufer gaben ihm zu denken, ohne dass er sich deshalb vom „total" geführten Krieg abwandte. Vom Pflichtbewusstsein getragen, kämpfte er an verschiedenen Frontabschnitten weiter bis zum Frühjahr 1945, avancierte dabei zum Offizier und wurde 1942 mit dem Eisernen Kreuz (II. Klasse) ausgezeichnet.

Das im Krieg Erlebte wie auch die weitreichenden Veränderungen nach dem Krieg verunsicherten ihn, machten Meyer zu einem Suchenden, der bereit war, frühere deutschnationale, tendenziell xenophobe Anschauungen zu überdenken, ohne dabei seine konservativen Wertvorstellungen zu verleugnen. Seine Orientierung an der Tradition, an den Werten seines Oldenburger Herkunftsmilieus und an der burschenschaftlichen Gemeinschaft wurden für ihn wie auch für viele andere Deutsche zur Voraussetzung des Integrationsprozesses in die bundesrepublikanische Gesellschaft. In seinem Falle bildete er die Basis eines Engagements, das die deutsche Schuld an den Verbrechen des „Dritten Reichs" nicht ausklammerte und in eine tätige Sühnearbeit in Bezug auf die deportierten und ermordeten Oldenburger Juden mündete sowie einen Dialog mit Polen möglich machte.[28]

---

25 Das *Mitteilungsblatt des Altherrenverbandes der Münchener Burschenschaft Rhenania* erschien seit 1953.

26 Enno Meyer: Noch einige Gedanken zur Bundesversammlung. In: Mitteilungsblatt des Altherrenverbandes der Münchener Burschenschaft Rhenania, 3 (1953), S. 3.

27 Teschemacher: Gedanken zur Bundesversammlung 1953. In: Mitteilungsblatt des Altherrenverbandes der Münchener Burschenschaft Rhenania, 3 (1953), S. 1–3.

28 Herbert: Liberalisierung als Lernprozess (wie Anm. 6), S. 48; Beitrag von Dieter Goertz über Enno Meyers Engagement für die „Gesellschaft für Christlich-Jüdische Zusammenarbeit" in diesem Band.

Weil Enno Meyer, wie man feststellen kann, mit seinen (geschichts-)politischen Aktivitäten der Zeit weit voraus war, bedurfte er eines Rückhalts am Althergebrachten, gleichsam als Schutzmechanismus gegenüber den schnellen und intensiven Veränderungsschüben der westdeutschen Lebenswelt in den 60er Jahren.[29] Die sich unter der Chiffre „1968" vollziehenden Liberalisierungsprozesse machten ihm erkennbar zu schaffen, gleichwohl beteiligte er sich 1968 an der Arbeit im „Gremium" der Hindenburgschule. Im letzten Jahrzehnt seiner Lehrertätigkeit, den 70er Jahren, gelang es ihm, die Schüler zum Beispiel mit ‚moderner' Literatur im Fach Deutsch oder mit aktuellen Bezügen zum „Prager Frühling" im sonst zunehmend beargwöhnten Ostkundeunterricht zu erreichen.

2. In der ihm eigenen nachdenklichen Haltung: als 14-jähriger mit Schulkameraden und während einer Klassenfahrt im Harz 1956

Sein zurückhaltender Charakter, seine Nachdenklichkeit und Vorsicht verbunden mit der Fähigkeit, sich auch selbst zu befragen, befähigten Enno Meyer, moderate, evolutionäre Veränderungen nachzuvollziehen und mitzutragen, selbst wenn er diese nicht wertschätzte. Eigenschaften, die ihm halfen, den gesellschaftlichen Wandlungsprozess in entscheidenden Phasen anzunehmen und positiv zu begleiten, sofern nicht besondere Umstände oder Ereignisse sein Gerechtigkeitsempfinden derart herausforderten, dass er deutlich widersprach.

29 Herbert: Liberalisierung als Lernprozess (wie Anm. 6), S. 37; Christina von Hodenberg, Detlef Siegfried: Reform und Revolte. 1968 und die langen sechziger Jahre in der Geschichte der Bundesrepublik. In: Dies. (Hg.): Wo „1968" liegt. Reform und Revolte in der Geschichte der Bundesrepublik. Göttingen 2006, S. 7–14.

3. Verleihung des Großen Stadtsiegels durch Oberbürgermeister Horst Milde 1988

Gegenüber seinen vier Kindern sah er sich vor andere, deutlich schwierigere Lern- und Anpassungsprozesse gestellt: Jeans, lange Haare, Rockmusik und die Infragestellung der bundesdeutschen Politik unter Berufung auf Schriften von Karl Marx oder Mao Zedong stießen auf seinen Unwillen. Dieser Generationskonflikt spielte sich ähnlich in vielen bundesdeutschen Haushalten ab, freilich mit dem Unterschied, dass der eigene Vater, untypisch für seine Altersgruppe, zum Pionier der Verständigung mit Polen und Juden geworden war – ein Umstand, den seine Kinder wahrnahmen und z.B. bei der Redaktion ihrer Schülerzeitschrift zu nutzen und zu schätzen wussten. Ansonsten machten weder der Vater noch die Kinder viel Aufhebens um dieses Engagement. Die ‚Flucht' hinter seinen Schreibtisch bedeutete für Enno Meyer vor allem, die eingeforderte Zeit zum Forschen wahrzunehmen, sie war aber auch ein Ausweichen vor offen ausgetragenen Konflikten, wohl im stillen Einverständnis mit seinen Kindern. Fragen zur politischen Haltung des Vaters im „Dritten Reich", geschweige denn zu einer etwaigen NSDAP-Mitgliedschaft wurden wie vielerorts in Ost- und Westdeutschland so auch im Hause Meyer-Renschhausen nicht gestellt.

Wie tief das Unbehagen über die kulturelle Revolution der „68er" bei Enno Meyer war, zeigte sich, als er die Intoleranz der „68er" gegenüber Professoren wie z.B. Theodor Adorno und Georg Eckert deplatzierterweise mit jener gegenüber den Oldenburger Juden in der „Reichskristallnacht" verglich.

Enno Meyers Wirken ist aus soziologischer bzw. praxeologischer Perspektive insofern bemerkenswert, als er in der Weimarer Republik durch sein privates und schulisches deutschnationales Milieu Prägungen erfuhr, die in der NS-Zeit durch Institutionen wie das Deutsche Ausland-Institut völkisch und rassistisch aufgeladen wurden. Damit unterschied er sich kaum von anderen Ostforschern seiner Altersgruppe, bis auf den Umstand, dass er lediglich sechs Monate im DAI tätig war. Er blieb dem Institut allerdings auch während seiner Wehrmachtszeit und der Tätigkeit für die Abwehr in Frankreich verbunden.

Bezüglich seines Werdegangs als Lehrer und Initiator der Deutsch-Polnischen Schulbuchkommission in der Nachkriegszeit war Enno Meyer in vielfacher Hinsicht ein Solitär, dessen Motive sich nicht aus einem Gruppenparadigma ableiten lassen. Zur Änderung seiner Einstellungen trugen mehrere Faktoren bei. Das Desertieren kaschubischer Wehrmachtssoldaten war möglicherweise der Auslöser für einen später einsetzenden Lernprozess, der durch die Lektüre von Tadeusz Norwid und den Briefkontakt mit dem Verfasser und anderen polnischen Historikern befördert wurde.

Was die persönlichen Motive dieser Wandlung anbelangt, fallen die Parallelen zu Lothar Kreyssig (1898–1986), dem Begründer der „Aktion Sühnezeichen", auf, der in seinem ökumenischen und gesamtdeutschen Engagement für eine Versöhnung mit NS-Opfern ebenfalls seiner Zeit weit voraus war, ohne seine konservative Herkunft zu leugnen.[30] Beide teilten den Willen, sich mit der Vergangenheit und dabei unweigerlich auch mit Schuld und Verstrickung auseinanderzusetzen. Der Kreyssig-Biograf Konrad Weiß schrieb: „Das, was man Bewältigung der Vergangenheit nennt, ist nichts, wovon man Beifall erwarten darf. Versöhnung ist eine undankbare Angelegenheit. Wer der bitteren Wahrheit auf den Grund gehen will, wer Buße und Umkehr anmahnt, ist unbequem. Nicht immer wird die ausgestreckte Hand ergriffen."[31] Auch Lothar Kreyssig und Enno Meyer mussten diese Erfahrung machen.

Enno Meyer war in seinen Wertvorstellungen und in seinem Habitus konservativ, zugleich war sein Wirken für die Verständigung mit Polen und für die jüdische Geschichte Oldenburgs progressiv. Diese scheinbare Unvereinbarkeit sagt womöglich mehr über unsere Denkschablonen aus als über Enno Meyers unabhängiges Denken und Handeln jenseits von Grenzen und Konventionen.

Leitmotiv und Anspruch war für ihn die Beschäftigung mit den Schwächeren der Geschichte: den Polen, den Juden, aber auch den Armeniern.[32] Was bleibt, sind seine wichtigen Impulse für den Dialog zwischen (west)deutschen und polnischen Historikern, für die Zusammenarbeit von Christen und Juden sowie für das Projekt eines vorurteilsfreien Unterrichts über unterdrückte Gesellschaftsgruppen und andere Ethnien. – Ein Leben und Wirken im Stillen, das noch heute Respekt verdient.

30 Konrad Weiß: Lothar Kreyssig. Prophet der Versöhnung. Gerlingen 1998.

31 Weiß: Lothar Kreyssig (wie Anm. 30), S. 410.

32 Enno Meyer, Ara J. Berkian: Zwischen Rhein und Arax. Neunhundert Jahre deutsch-armenische Beziehungen. Oldenburg 1988.

Anhang

Veröffentlichungen von Enno Meyer

auch Mitarbeit an solchen, ohne kleinere Artikel in Zeitungen und Zeitschriften.

1. Die Polen in Belgien, Luxemburg und den Niederlanden. In: Volksforschung, 3, 4 (1939/40), S. 253–259.
2. Die Insel Poel. Eine landes- und inselkundliche Untersuchung (Beiheft zu den Mitteilungen der Geographischen Gesellschaft zu Rostock 12). Rostock 1940.
3. Zur Frage der Volksgruppenbildung der Amerikapolen. In: Volksforschung, 4, 1 (1941), S. 8–21.
4. Die junge flämische Bauernsiedlung in Frankreich. In: Volksforschung, 5, 2/3 (1942), S. 92–103.
5. Volksfranzosen und Fremdstämmige unter den namhaften Persönlichkeiten Frankreichs. In: Deutschtum im Ausland, 25, 7/8 (1942), S. 163–171; Teil 2: Ebenda, 26, 9/10 (1942), S. 192–196.
6. Über die Entwicklung der okzitanischen Bewegung in Frankreich. In: Volksforschung, 5 (1942), S. 103–113.
7. Über die Darstellung der deutsch-polnischen Beziehungen im Geschichtsunterricht. Braunschweig 1956 (auch in: Internationales Jahrbuch für Geschichtsunterricht, 5 [1956], S. 225–243).
8. Anmerkungen zu den drei polnischen Kritiken zu den Thesen „Über die Darstellung der deutsch-polnischen Beziehungen im Geschichtsunterricht“. In: Internationales Jahrbuch für Geschichtsunterricht, 6 (1957/58), S. 347–368.
9. Probleme einer deutsch-polnischen Diskussion über den Inhalt der Geschichtslehrbücher. In: Geschichte in Wissenschaft und Unterricht, 1–2 (1958), S. 13–22, 90–105.
10. (Mitarbeit) Über die Darstellung der deutsch-polnischen Beziehungen im Geschichtsunterricht. 2. erw. Auflage (v. Nr. 7); 3. erw. Auflage 1960 (auch in: Internationales Jahrbuch für Geschichtsunterricht, 1957/58)
11. Deutsch-polnische Geschichtsrevision. In: Der europäische Osten, 51 (1959), S. 28–33.
12. Polen in deutschen Geschichtslehrbüchern. In: Internationales Jahrbuch für Geschichtsunterricht, 7 (1959/60), S. 106–116.
13. Polnische Veröffentlichungen (Literaturbericht). In: Geschichte in Wissenschaft und Unterricht, 3 (1960), S. 190–192.
14. Polen (Literaturbericht). In: Ebenda, 3 (1961), S. 205–208.
15. Die Geschichte der Münchener Burschenschaft Rhenania, 1927–1958. München 1959 (interne Publikation).
16. Die Oder-Neiße-Frage und die polnische Geschichtswissenschaft. In: Europäische Begegnung, 1 (1962), S. 16–18.

17. Juden und Judenfeinde in der christlichen Welt. Abriß der jüdischen Geschichte von Anbeginn bis auf unsere Zeit. Köln 1962.
18. Deutschland und Polen 1772–1914 (Quellen- und Arbeitshefte zur Geschichte und Gemeinschaftskunde). Stuttgart 1964.
19. Die Polen im preußischen Staat. In: Helmut Fechner (Hg.): Deutschland und Polen (Ostdeutsche Beiträge aus dem Göttinger Arbeitskreis 27). Würzburg 1964, S. 47–64.
20. Polen zwischen Hitler und Stalin. In: Ebenda, S. 185–209.
21. Polen und Nachbargebiete (Literaturbericht). In: Geschichte in Wissenschaft und Unterricht, 9 (1964), S. 566–580.
22. Mitgliederverzeichnis der Münchener Burschenschaft Rhenania 1887–1963 einschließlich der Angehörigen der Altherrenschaft der Forstakademischen Verbindung „Tanne“ Eisenach (1876–1910) und der Kameradschaft „Planetta“ München (1936–1945). O. O. 1964.
23. Das europäische Nationalstaatensystem / Völker und Grenzen Zwischeneuropas (Neue Gemeinschaftskunde für Gymnasien). Hannover 1966.
24. Juden und Judenfeinde. Einführung in die Geschichte der Juden von den Anfängen bis zur Gegenwart. Darmstadt 1966 (Überarbeitete Neuauflage von Nr. 17).
25. Polen und Nachbargebiete (Literaturbericht). In: Geschichte in Wissenschaft und Unterricht, 1 (1967), S. 53–64.
26. Bücher für Reisende in die Tschechoslowakei. Ein kritischer Literaturbericht. In: Europäische Begegnung, 7, 11/12 (1967), S. 589–591.
27. Grundzüge der Geschichte Polens (Grundzüge 14). Darmstadt 1969.
28. Deutschland und die Deutschen in polnischen Geschichtslehrbüchern. In: Aus Politik und Zeitgeschichte, B 2/76 (1970), S. 19–30.
29. Ostmitteleuropa (Literaturbericht). In: Geschichte in Wissenschaft und Unterricht, 12 (1970), S. 762–772, 1 (1971), S. 46–56.
30. Deutschland und Polen 1914–1970 (Quellen- und Arbeitshefte zur Geschichte und Gemeinschaftskunde). Stuttgart 1971 (Neudruck 1979).
31. Die im Jahre 1933 in der Stadt Oldenburg i. O. ansässigen jüdischen Familien. Herkunft, berufliche Gliederung, späteres Schicksal. In: Oldenburger Jahrbuch, 70 (1971), S. 31–78.
32. Deutsch-polnische Schulbuchkonferenzen. In: Die Höhere Schule, 25, 8 (1972), S. 193–197
33. Deutsch-polnische Schulbuchgespräche. In: Burschenschaftliche Blätter, 87, 9 (1972), S. 259–261.
34. Deutsch-polnische Schulbuchgespräche. In: Die Höhere Schule, 26, 7 (1973), S. 183–184.
35. Wo sind sie geblieben? Die jüdischen Schüler des Gymnasiums und des Realgymnasiums zu Oldenburg 1879–1938. In: Jürgen Weichhardt (Hg.): Von der Lateinschule zum Alten Gymnasium Oldenburg 1573–1973. Oldenburg 1973, S. 149–151.

36. Deutsch-polnische Schulbuchgespräche, ein Zwischenbericht zu den gegenwärtigen deutsch-polnischen Schulbuchkonferenzen der beiderseitigen UNESCO-Kommissionen. In: Geschichte in Wissenschaft und Unterricht, 1 (1973), S. 35–43.
37. Ostmitteleuropa (Literaturbericht). In: Ebenda, 6 (1973), S. 267–388.
38. Stereotypen über Polen, Russen und die Bedeutung der Deutschen im östlichen Europa. In: Internationales Jahrbuch für Geschichts- und Geographieunterricht, XV (1974), S. 62–78.
39. Sind die deutsch-polnischen Schulbuchgespräche am Ende? In: Deutsche Ostkunde, 21, 3 (1975), S. 59–62.
40. (Übersetzung aus dem Poln.) Maria Wawrykowa: Deutsche Geschichte in polnischer Sicht 1815–1848 (Schriftenreihe des Internationalen Schulbuchinstituts 21). Braunschweig 1974.
41. Westdeutscher Rundfunk, Schulfunk, Sendereihe Deutschland und Polen, 1 (1975) (Mitarbeit).
42. Dreizehn Tage deutscher Geschichte in Niedersachsen 1932–1955 (Schriftenreihe der Niedersächsischen Landeszentrale für politische Bildung, Zeitgeschichte 15). Hannover 1976.
43. Ostmitteleuropa und Südosteuropa (Literaturbericht). In: Geschichte in Wissenschaft und Unterricht, 6 (1976), S. 367–392.
44. Grundzüge der Geschichte Polens. 2., erw. Aufl. Darmstadt 1977 (vgl. Nr. 27).
45. Deutschland und Polen 1772–1914. 2., verm. Aufl. Stuttgart 1977 (vgl. Nr. 18).
46. Die Juden im Oldenburger Land. In: Mitteilungsblatt der Oldenburgischen Landschaft, 20 (1978), S. 1–2.
47. Materialien zur Geschichte des Nationalsozialismus in Niedersachsen. Beilage zum Schulverwaltungsblatt in Niedersachsen, 8 (1978).
48. Zur Geschichte des Sachsenhains. In: Heimatkalender für die Lüneburger Heide 1979. Celle 1978, S. 74–77.
49. Wennigsen am Deister 5./6. Oktober 1945. Einheit oder Freiheit? Grotewohl oder Schumacher? Die SPD entscheidet sich. In: Friedrich Gleue (Hg.): Deutsche Geschichte in Wennigsen/Deister 5.–7. Oktober 1945. Wennigsen 1979.
50. (Mitarbeit) Geschichte für morgen. Arbeitsbuch für den Geschichtsunterricht in der Sekundarstufe I, Bd. 1–3. Frankfurt/Main 1979.
51. Die Reichskristallnacht in Oldenburg. In: Reden anläßlich der Gedenkfeier zum 40. Jahrestag der Zerstörung von Synagoge und jüdischer Gemeinde in Oldenburg, 9./10. November 1938/1978. Oldenburg 1979, S. 9–22. (2. Aufl. 1980).
52. Die mittelalterliche Geschichte Schlesiens und Pommerns in den Schulbüchern der Volksrepublik Polen (Referat gehalten auf der XII. deutsch-polnischen Schulbuchkonferenz der Historiker vom 5. bis 10. Juni 1979 in Allenstein/Olsztyn). In: Die Rolle Schlesiens und Polens in der Geschichte der deutsch-polnischen Beziehungen im Mittelalter (Schriften des Georg-Eckert-Instituts für internationale Schulbuchforschung 22/III). Braunschweig 1980, S. 156–168.

53. Zwölf Ereignisse deutscher Geschichte zwischen Harz und Nordsee 1900–1931 (Niedersächsische Landeszentrale für politische Bildung). Hannover 1979.
54. Die Geschichte des südlichen Ostpreußen in polnischen Reiseführern. In: Internationale Schulbuchforschung, 2 (1979), S. 5–17.
55. Ostmitteleuropa und Südosteuropa (Literaturbericht). In: Geschichte in Wissenschaft und Unterricht, 7 (1980), S. 450–465, 10 (1980), S. 514–524.
56. Neuerscheinungen zur Geschichte Armeniens seit 1970. In: Ebenda, 11 (1980), S. 567–573.
57. Ostpreußen – was über dessen Geschichte in polnischen Reiseführern steht. In: Deutsche Ostkunde, 27, 3 (1981), S. 62–68.
58. Die Juden im Oldenburger Land. In: Der Oldenburgische Hauskalender 1982. Oldenburg 1981, S. 41–43.
59. Deutsch-armenische Beziehungen. Vortrag auf der Tagung der Deutsch-armenischen Gesellschaft. Kröffelbach 12.7.1981. In: Armenisch-deutsche Korrespondenz, 34 (1981), S. 14–21.
60. Auf dem Wege zur Macht. Die NSDAP, ihre Wegbereiter und ihre Gegner in einer norddeutschen Stadt 1930–1933. Frankfurt/Main1981.
61. Fünfundzwanzig Ereignisse deutscher Geschichte 1900–1955, 4 Hefte:
    I. Aus dem kaiserlichen Deutschland,
    II. Aus der Weimarer Zeit,
    III. Aus dem nationalsozialistischen Deutschland,
    IV. Aus dem Nachkriegsdeutschland,
    Stuttgart 1981 (überarbeitete Neuauflage von Nr. 42 und 53).
62. Deutsche Städtenamen im östlichen Europa. In: Deutsche Ostkunde, 3 (1982), S. 55–64.
63. Polen in der Zeit des Königs Johann III. Sobieski (1674–1996). In: Robert Waissenberger (Hg.): Die Türken vor Wien. Europa und die Entscheidung an der Donau, 1683. Salzburg, Wien 1982, S. 53–63.
64. „Krach um Jolanthe“. Die Krise der Landwirtschaft 1929. In: Der Oldenburgische Hauskalender 1983. Oldenburg 1982, S. 67–69.
65. Der polnische Novemberaufstand und die liberale deutsche Polenfreundschaft. Ihre Darstellung in deutschen und polnischen Lehrbüchern. In: Peter Ehlen (Hg.): Der polnische Freiheitskampf 1830/31 und die liberale deutsche Polenfreundschaft. München 1982, S. 161–174.
66. Bismarcks Polenpolitik. In: Paul Leidinger (Hg.): Deutsche und Polen im Kaiserreich und in der Industrialisierung. Geschichte, Politik und ihre Didaktik, Sonderheft 2. Paderborn 1982, S. 17–25.
67. Das Zeitalter der Aufklärung in den Schulbüchern der Volksrepublik Polen. In: Gemeinsame Deutsch-Polnische Schulbuchkommission: Polen und Deutschland im Zeitalter der Aufklärung. Braunschweig 1981, S. 116–124. (Auf dem Vorsatzblatt des Bandes: „Enno Meyer, Gotthold Rhode, den Anregern der

deutsch-polnischen Schulbucharbeit anläßlich des 10jährigen Bestehens der Gemeinsamen Deutsch-Polnischen Schulbuchkommission gewidmet".)

68. Deutschland, die Deutschen und die deutsch-polnischen Beziehungen in den polnischen Geschichtslehrbüchern seit 1972. In: Internationale Schulbuchforschung, 4 (1982), S. 261–274.
69. Die Festigung der Vaterlandsliebe als Lernziel in den Richtlinien für den Geschichtsunterricht der Volksrepublik Polen (1970, 1976, 1981). In: Ebenda, S. 275–279.
70. Średniowieczna historia Śląska i Pomorza w podręcznikach historii Polski Ludowej. In: Marian Biskup (Red.): Śląsk i Pomorze w historii stosunków polsko-niemieckich w średniowieczu. Wrocław 1983 (= Nr. 52).
71. Polen in der Zeit des Königs Johann III. Sobieski (1674–1696). Innen- und Außenpolitik. In: Die Türken vor Wien. Europa und die Entscheidung an der Donau 1683. 82. Sonderausstellung des Historischen Museums der Stadt Wien. Wien 1983, S. 56–58.
72. Literaturbericht Ostmitteleuropa und Südosteuropa. Teil I und II. In: Geschichte in Wissenschaft und Unterricht, 6 u. 7 (1983), S. 395–408 und 463–472.
73. (Mitarbeit) Fred u. Gabriele Oberhauser: Literarischer Führer durch Deutschland. Ein Insel-Reiselexikon für die Bundesrepublik Deutschland und Berlin. Berlin 1983.
74. Die Darstellung der Geschichte Schlesiens und Pommerns in ihrer Bedeutung für die deutsch-polnischen Beziehungen des 16. bis 18. Jahrhunderts in den polnischen Geschichtslehrbüchern. In: Gemeinsame deutsch-polnische Schulbuchkommission: Schlesien und Pommern in den deutsch-polnischen Beziehungen vom 16. bis 18. Jahrhundert. XIV. deutsch-polnische Schulbuchkonferenz der Historiker vom 9. bis 14. Juni 1981 in Zamość. Braunschweig 1982, S. 159–174.
75. (Mitarbeit) Johannes-Fritz Töllner in Zusammenarbeit mit Enno Meyer, Wouter J. van Bekkum, Harald Schieckel: Die jüdischen Friedhöfe im Oldenburger Land. Bestandsaufnahme der erhaltenen Grabsteine. Oldenburg 1983.
76. Industrialisierung, sozialer Wandel und Arbeiterbewegung in Polen und Deutschland vor 1914: Ihre Darstellung in polnischen Geschichtslehrbüchern. In: Gemeinsame Deutsch-Polnische Schulbuchkommission: Industrialisierung, sozialer Wandel und Arbeiterbewegung in Deutschland und Polen bis 1914. Braunschweig 1984, S. 11–20.
77. Heide und Puszta – philologisch gesehen. In: Naturschutz- und Naturparke, 114 (1984), S. 44.
78. „Oldenburg" – eine namensgeschichtliche Studie. In: Oldenburger Jahrbuch, 84 (1984), S. 1–24.
79. Geschichte der Delmenhorster Juden 1695–1945 (Oldenburger Studien 26). Oldenburg 1985.

80. (Mitarbeit) David Mashall Lang und Christopher J. Walker: Die Armenier. Oldenburg 1985.
81. Heinrich Hirschberg: Meine letzten Tage in Deutschland (1938). Mit einer Einleitung und mit Anmerkungen von Enno Meyer. In: Oldenburger Jahrbuch, 85 (1985), S. 131–138.
82. (Mitarbeit) Wiedersehen mit der Heimat. Dokumentation über den Besuch der früheren jüdischen Bürger der Stadt Oldenburg, 8. bis 15. Mai 1985, hg. von der Gesellschaft für Christlich-Jüdische Zusammenarbeit Oldenburg, Redaktion: Werner Vahlenkamp. Oldenburg 1985.
83. Jüdisches Leben in der Stadt Oldenburg vor 1933. In: Der Oldenburgische Hauskalender 1986. Oldenburg 1985, S. 56–59.
84. Besprechung: Bernhard Parisius: Vom Groll der „Kleinen Leute" zum Programm der kleinen Schitte. Arbeiterbewegung im Herzogtum Oldenburg 1840–1890 (Oldenburger Studien 27). Oldenburg 1985. In: Mitteilungsblatt der Oldenburgischen Landschaft, 49 (1985).
85. Besprechung: Wojciech Wrzesiński: Warmia i Mazury w polskiej mysli politycznej w XIX i XX wieku. In: Zeitschrift für die Geschichte und Altertumskunde Ermlands, 43 (1985), S. 224f.
86. Okres Oświecienia w podręcznikach szkolnych Polskiej Rzeczypospolitej Ludowej. In: Antoni Czubinski, Zbigniew Kulak (Red.): Polska i Niemcy w okresie oświecenia XIII Konferencja Komisji Podręcznikowej PRL – RFN Historyków, 27 V – 1 VI 1980 r. Poznań 1986, S. 137–146 (= Nr. 67).
87. Die deutsch-polnischen Beziehungen in den Jahren 1919–1932. Ihre Darstellung in den Geschichtslehrbüchern der Volksrepublik Polen. In: Wolfgang Jacobmeyer (Red.): Die deutsch-polnischen Beziehungen 1919–1932. XVII. deutsch-polnische Schulbuchkonferenz der Historiker, 11. bis 17. Juni 1984 in Augsburg. Braunschweig 1985, S. 155–164.
88. Menschen zwischen Weser und Ems 1933–1945. Wie sie lebten, was sie erlebten (Quellen zur Regionalgeschichte Nordwest-Niedersachsens 2). Oldenburg 1986.
89. Jüdisches Leben in der Stadt Oldenburg vor 1933. In: Der Oldenburgische Hauskalender 1987. Oldenburg 1986, S. 49–53 (Fortsetzung von Nr. 83).
90. Literaturbericht: Ostmitteleuropa und Südosteuropa. In: Geschichte in Wissenschaft und Unterricht (1986), S. 642–656, 706–717.
91. Średniowieczna historia Śląska i Pomorza w podręcznikach historii Polski Ludowej. In: Śląsk i Pomorze w Historii Stosunków Polsko-Niemieckich w Średniowieczu. Poznań 1987, S. 161–175 (= Nr. 52 u. 70).
92. Industrializacja, przemiany społeczne i ruch robotniczy w Polsce i w Niemczech przed 1914 r. Ich obraz w polskich prodręcznikach historii. In: Antoni Czubiński, Zbigniew Kulak (Red.): Industrializacja, przemiany społeczne i ruch robotniczy w Polsce i w Niemczech do 1914 r. Poznań 1987, S. 19–29.
93. Die Gottschee-Fahrt (1935). In: Festschrift zum 139./100. Stiftungsfest 1987. Münchner Burschenschaft Arminia-Rhenania. München 1987, S. 44–47.

94. Deutschland und die Deutschen in polnischen Geschichtslehrbüchern. In: Otto Benecke Stiftung (Hg.): Deutschlandbild. Zwischen Wunschtraum und Wirklichkeit (Tagungsbericht). Bonn 1987, S. 67–86.
95. Jüdisches Leben in der Stadt Oldenburg vor 1933. In: Der Oldenburgische Hauskalender 1988. Oldenburg 1987, S. 70–73 (Fortsetzung von Nr. 89).
96. Przedstawienie historii Śląska i Pomorza w polskich podręcznikach szkolnych pod kątem ich znaczenia dla stosunków niemiecko-polskich XVI–XVIII w. In: Wspólna Komisja Podrecnikowa PRL – RFN, Śląsk i Pomorze w stosunkach polsko-niemieckich od XVI do XVIII w.. Poznań 1987, S. 179–188 (= 74).
97. Wie ich dazu gekommen bin: Die Vorgeschichte der deutsch-polnischen Schulbuchgespräche 1948–1971 (Studien zur internationalen Schulbuchforschung 56). Braunschweig 1988.
98. Der jüdische Friedhof in Oldenburg. Oldenburg 1988 (Faltblatt).
99. (Gemeinsam mit Ara J. Berkian:) Zwischen Rhein und Arax. 900 Jahre deutsch-armenische Beziehungen. Oldenburg 1988.
100. (Herausgeber und Mitautor) Die Synagogen im Oldenburger Land. Oldenburg 1988.
101. Die deutsch-polnischen Schulbuchgespräche von 1937/38. In: Internationale Schulbuchforschung, 10 (1988), S. 403–418.
102. Das östliche Europa als pädagogisches und wissenschaftliches Anliegen: Beiträge zu Ländern, Völkern und Gruppen jenseits von Oder und Leitha (Veröffentlichungen der Forschungsstelle Ostmitteleuropa an der Universität Dortmund 37). Dortmund 1988.
103. Das Oldenburger Landesrabbinat. In: Die Geschichte der Oldenburger Juden und ihre Vernichtung, hg. v. der Stadt Oldenburg. Oldenburg 1988, S. 45–55.
104. Synagoge und jüdischer Friedhof in Oldenburg. In: Ebenda, S. 56–60.
105. Der Versuch, nach dem Zweiten Weltkrieg die jüdische Gemeinde Oldenburg neu zu beleben. In: Ebenda, S. 107–108.
106. Der Jüdische Friedhof in Oldenburg. Oldenburg 1988.
107. Deutschland und Polen: Eine europäische Nachbarschaft im Zeitalter des Nationalstaatsprinzips. Stuttgart 1989.
108. Die Geschichte des mittleren Schlesien in polnischen Reiseprospekten. In: Internationale Schulbuchforschung, 13 (1991), S. 313–320.

Bildnachweis

Eike Eckert
1.–4. Herder-Institut Marburg

Dieter Goertz
1. Gustav Meyer
2. Familie Meyer-Renschhausen
3. Stadtmuseum Oldenburg, Nachlass Carl Gustav Friedrichsen
4. Familie Meyer-Renschhausen
5. Stadtmuseum Oldenburg, Nachlass Carl Gustav Friedrichsen
6. Nordwest-Zeitung, Peter Kreier

Stefan Guth
1. Familienarchiv Labuda
2. Institut für Zeitgeschichte München

Uwe Hoffmann/Burkhard Olschowsky
1. Allmende
2. Rolf Pottebaum
3.–4. Uwe Hoffmann

Wolfgang Jacobmeyer
1. Georg-Eckert-Institut – Leibniz-Institut für internationale Schulbuchforschung

Borchard Meyer-Renschhausen
1.–3. Familie Meyer-Renschhausen

Elisabeth Meyer-Renschhausen
1.–7. Familie Meyer-Renschhausen
8. Stadtmuseum Oldenburg, Nachlass Carl Gustav Friedrichsen

Martin Meyer-Renschhausen
1.–3. Familie Meyer-Renschhausen

Burkhard Olschowsky
Einführung
1. BKGE

Ein Porträt
1. Bildarchiv Deutsches Historisches Museum
2. Familie Meyer-Renschhausen
3. Alt-Oldenburg.de

4. Privat
5. Aus „10 Jahre Stahlhelm-Kreisgruppe Oldenburg i.O.“
6. Hans von Seggern
7.–8. Familie Meyer-Renschhausen
9. Wikimedia Commons
10. Aus „Planetta“
11. Archiv der Universität Rostock
12. Institut für Auslandsbeziehungen Stuttgart
13. Bildagentur bpk
14. Institut für Auslandsbeziehungen Stuttgart

Ostkundeunterricht
1. Allmende
2.–3. Buchcover

Erinnerung von Kollegen
1. Allmende
2. Familie Meyer-Renschhausen
3. Allmende
4. Privat

Das Jahr 1968
1. Familie Meyer-Renschhausen
2. Allmende
3. Atelier Artmann, Familie Rodenstein

Wandlung nach 1945
1. Archiv der Universität Marburg
2. Hans von Seggern/Rolf Pottebaum
3. Nordwest-Zeitung, Gerd-Ulrich Rump

Krzysztof Ruchniewicz
1. Familie Meyer-Renschhausen
2. Buchcover
3. Familie Meyer-Renschhausen

Thomas Strobel
1. Georg-Eckert-Institut – Leibniz-Institut für internationale Schulbuchforschung
2. Familie Meyer-Renschhausen

Namensregister

Autorenverzeichnis

Eike Eckert, Dr. phil., Historiker und Kurator, Wissenschaftlicher Projektmitarbeiter im Ostpreußischen Landesmuseum Lüneburg, zuständig für die Deutschbaltische Abteilung. Arbeitsschwerpunkte: Integration von Flüchtlingen und Vertriebenen nach 1945, deutsch-polnische Beziehungsgeschichte, Geschichte der Provinz Posen bzw. des „Warthegaus".

Dieter Goertz, Realschul- und Gymnasiallehrer i.R. für Englisch und Geschichte, 11 Jahre an deutschen Auslandsschulen in Argentinien und Chile tätig; Unterrichtserfahrung auch in Spanisch und Deutsch als Fremdsprache. Arbeitsschwerpunkte/ Interessen: jüdische Geschichte Oldenburgs und im Allgemeinen, Kultur und Geschichte Nord- und Südamerikas, Leben und Wirken Friedrich Eberts.

Stefan Guth, Dr. phil., Postdoc am Institut für Osteuropäische Geschichte und Landeskunde der Universität Tübingen, Koordinator des internationalen Forschungsverbunds „Nukleare Technopolitik in der Sowjetunion". Arbeitsschwerpunkte: Historiografiegeschichte, Geschichte der deutsch-polnischen Beziehungen, Wissenschafts-, Technik- und Umweltgeschichte der Sowjetunion.

Uwe Hoffmann, Notar a.D., Castrop-Rauxel, 1961 Abitur an der Hindenburgschule in Oldenburg. Arbeitsschwerpunkte/Interessen: Familiengeschichte, Niederschrift des eigenen Lebenslaufes, Gartenarbeit.

Wolfgang Jacobmeyer, Prof. i.R., Dr. phil., Münster. Arbeitsschwerpunkte: Zeitgeschichte des 20. Jahrhunderts, historische Schulbuchforschung, Didaktik der Geschichte.

Borchard Meyer-Renschhausen, Oberstudienrat i.R., Oldenburg, 13 Jahre als Lehrer und Fachberater in Chile tätig. Arbeitsschwerpunkte/Interessen: Hispanistik, Einführung der spanischen Sprache am Gymnasium, Geographie, Geschichte und soziale Bewegungen Lateinamerikas.

Elisabeth Meyer-Renschhausen, Dr. phil., Berlin, Privatdozentin der Soziologie an der Freien Universität Berlin und freie Publizistin. Arbeitsschwerpunkte: Geschichte der sozialen Bewegungen, Soziologie der Ernährung als Frage der Welternährung, Urban Gardening/Urban Agriculture, Kleinstlandwirtschaft und Gärten in der ländlichen Entwicklung.

Martin Meyer-Renschhausen, Prof. i.R., Dr. rer. pol., Darmstadt. Arbeitsschwerpunkte: Energiewirtschaft, Umweltökonomie, Sektorale Strukturpolitik.

Burkhard Olschowsky, Dr. phil., Wissenschaftlicher Mitarbeiter des Bundesinstituts für Kultur und Geschichte der Deutschen im östlichen Europa, Oldenburg. Arbeitsschwerpunkte: deutsche und polnische Zeitgeschichte, Erinnerungskulturen, vergleichende Gesellschaftsgeschichte im 20. Jahrhundert.

Krzysztof Ruchniewicz, Prof. Dr. habil., Direktor des Willy Brandt Zentrums für Deutschland- und Europastudien der Universität Wroclaw, Lehrstuhlinhaber für Zeitgeschichte am selben Zentrum. Arbeitsschwerpunkte: Geschichte Deutschlands und der deutsch-polnischen Beziehungen im 20. Jahrhundert, Public History und Visual History, internationale Schulbuchforschung.

Thomas Strobel, Dr. phil., 2005–2017 wissenschaftlicher Mitarbeiter am Georg-Eckert-Institut – Leibniz-Institut für internationale Schulbuchforschung in Braunschweig, seit 2017 Referent im Ministerium für Bildung, Jugend und Sport des Landes Brandenburg. Arbeitsschwerpunkte: internationale Beziehungen, schulischer Austausch und Zusammenarbeit mit Partnerregionen.